Achim Stein

Einführung in die französische Sprachwissenschaft

4., aktualisierte und erweiterte Auflage

Mit Abbildungen und Grafiken

Verlag J. B. Metzler Stuttgart · Weimar

Der Autor
Achim Stein (geb. 1962) ist Professor für romanistische Linguistik an der
Universität Stuttgart.

Für Magali

Bibliografische Information Der Deutschen Nationalbibliothek
Die Deutsche Nationalbibliothek verzeichnet diese Publikation in der Deutschen
Nationalbibliografie; detaillierte bibliografische Daten sind im Internet über
<http://dnb.d-nb.de> abrufbar.

Gedruckt auf säure- und chlorfreiem, alterungsbeständigem Papier

ISBN 978-3-476-02511-1

© 2014 J. B. Metzler'sche Verlagsbuchhandlung
und Carl Ernst Poeschel Verlag GmbH in Stuttgart
www.metzlerverlag.de
info@metzlerverlag.de

Umschlaggestaltung und Layout: Ingrid Gnoth | www.gd90.de
Satz: le-tex publishing services GmbH, Leipzig · www.le-tex.de
Druck und Bindung: C. H. Beck, Nördlingen
Printed in Germany
August 2014

Verlag J. B. Metzler Stuttgart · Weimar

Inhaltsverzeichnis

Vorwort

Dieses Buch ist aus Einführungskursen in die französische Sprachwissenschaft an der Universität Stuttgart hervorgegangen. Es wurde konzipiert, um in Bachelor- und Lehramtsstudiengängen mit Schwerpunkt Französisch das linguistische Grundstudium zu begleiten. Idealerweise wird man den Stoff auf zwei Module verteilen: Die Kapitel 1 bis 6 und Teile von Kapitel 8 vermitteln die »systemlinguistischen« Grundlagen, Kapitel 7 bis 9 die sprachgeschichtlichen und varietätenlinguistischen Inhalte. Dies ergänzen die Kapitel zur Sprachverarbeitung und Korpuslinguistik (Kap. 10) und zur Anwendung der theoretischen Begriffe (Kap. 11).

Das Grundgerüst des Buchs bildet weiterhin die Einführung und Erklärung der relevanten Grundbegriffe: Sie sind im Text fett oder farbig hervorgehoben und in den Sachregistern aufgeführt. Die in einer allgemeinen Einführung notwendigerweise oft knappen Erklärungen werden am Ende jedes Artikels durch ausgewählte und kommentierte Literaturangaben komplettiert. Mit Rücksicht auf die heterogene Französischkompetenz am Studienbeginn ist das Buch auf Deutsch abgefasst. Dies wird durch zahlreiche Verweise auf französischsprachige Literatur und vor allem die zweisprachigen Sachregister teilweise ausgeglichen.

Die Überführung des Werks in die Reihe ›BA Studium‹ brachte in der 3. Auflage augenfällige Veränderungen mit sich: die Inhalte sind durch das neue Layout auch optisch strukturiert und reicher illustriert, vieles konnte ausführlicher erklärt werden. Inhaltlich neu ist neben vielen Detailergänzungen die insgesamt stärkere Berücksichtigung von Kognitionswissenschaften und Spracherwerb: Diese Themen ziehen sich von der Einführung durch die Kapitel 4 (Syntax), 5 (Semantik) bis zur diachronen Linguistik (Kap. 7). Im varietätenlinguistischen Teil werden die Kreolsprachen ausführlicher besprochen und mit einem Exkurs ins Antillenkreol abgerundet. Ein kurzes Abschlusskapitel verdeutlicht an einem Analysebeispiel aus der Wortbildung die Zusammenhänge zwischen den verschiedenen Teilbereichen der Linguistik.

Diese Neuauflage enthält über 400 kommentierte Literaturangaben am Ende der Kapitel. Die zweisprachigen Stichwortverzeichnisse in beiden Übersetzungsrichtungen (dt.-frz. und frz.-dt.) haben über 800 Einträge. Auf meiner Homepage stelle ich außerdem Begleitmaterial zur Verfügung.

Bei der Erstellung dieser Auflage habe ich wertvolle Hinweise von vielen Kolleginnen, Kollegen und Studierenden berücksichtigt. Ihnen allen herzlichen Dank! Auch bei dieser Auflage hoffe ich auf eine aufmerksame und kritische Leserschaft und freue mich auf jede Rückmeldung.

Stuttgart, April 2014   Achim Stein

1. Sprache und Sprachwissenschaft

1.1 | Sprechen, Sprachen und Sprachfamilien

Typisch für viele Einführungen in die Sprachwissenschaft ist, dass sie es vermeiden, **Sprache** zu definieren. Vielleicht aus gutem Grund, wie ein Blick in ein Fachwörterbuch zeigt. In der folgenden Definition wird Sprache gleichzeitig, wenn auch aus verschiedenen Blickwinkeln, als Erscheinung, System und Werkzeug bezeichnet:

»Die natürliche Sprache ist eine typisch menschliche und zugleich gesellschaftliche Erscheinung; sie ist das primäre System von Zeichen, ein Werkzeug des Denkens und Handelns und das wichtigste Kommunikationsmittel.« (Lewandowski 1990, S. 994)

Eine umfassende Erklärung des Phänomens ›Sprache‹ ist lang, kompliziert und würde eine Vielzahl von Begriffen enthalten, die in diesem Buch erst nach und nach eingeführt werden. Als Ausgangspunkt für einige grundsätzliche und historische Überlegungen soll daher vorläufig eine kurze Definition genügen:

> → **Sprache** ist ein konventionalisiertes System von willkürlichen Zeichen zur zwischenmenschlichen Kommunikation.

Zum Begriff

Kommunikationsmodelle versuchen die wesentlichen Funktionen von Sprache zu veranschaulichen. Die bekanntesten Modelle sind die von Bühler und Jakobson.

Karl Bühler unterscheidet bereits in seinem nach Plato benannten »**Organon-Modell**« (1934) die drei folgenden sprachlichen Funktionen (Bühler 1999, S. 28):

- **Darstellung:** das Zeichen als »Symbol kraft seiner Zuordnung zu Gegenständen und Sachverhalten«;
- **Ausdruck:** das Zeichen »als Symptom (Anzeichen, Indicium) kraft seiner Abhängigkeit vom Sender, dessen Innerlichkeit es ausdrückt«;
- **Appell:** das Zeichen als Signal »kraft seines Appells an den Hörer«.

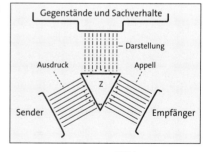

Bühlers
Organon-Modell

Sprechen, Sprachen
und Sprachfamilien

Sprachliche
Funktionen
nach Jakobson

Roman Jakobson, ein Vertreter der Prager Schule (s. u.), möchte auch die Rolle der Sprache in der Literatur erfassen und berücksichtigt in seinem Modell drei zusätzliche Funktionen von Sprache:

- Die **referentielle Funktion** ist die Darstellung von Inhalten (vgl. Bühlers »Darstellung«).
- Die **expressive oder emotive Funktion** drückt die Haltung des Sprechers zum Inhalt aus (vgl. Bühlers »Ausdruck«)
- Die **appellative Funktion** ist die Aufforderung an den Hörer (vgl. Bühlers »Appell«).
- Die **phatische Funktion** ist die Aufrechterhaltung der Beziehung zwischen den Kommunikationspartnern. So dient z. B. die Frage *Ça va?* im Französischen mehr der Kontaktherstellung als der Feststellung der Befindlichkeit.
- Die **poetische Funktion** sieht die Botschaft selbst als Gegenstand der Kommunikation. Sie drückt sich z. B. in Reimen oder einer bestimmten Wortwahl aus.
- Die **metasprachliche Funktion** ist das Sprechen über die Sprache selbst. Metasprachlich wäre z. B. nach dem Ausruf *Ganz schön zugig hier!* die Frage *Ist das eine Aufforderung oder eine Feststellung?*

Seit wann sprechen
Menschen?

Sprechfähigkeit: Die Frage nach der Herausbildung der menschlichen Sprechfähigkeit ist eine weitere Möglichkeit, sich dem Phänomen »Sprache« zu nähern. Gemessen an der Geschichte der Menschheit ist die Sprechfähigkeit eine relativ junge Erscheinung. Manche Paläontologen meinen, dass der Mensch schon vor 100.000 Jahren sprechen konnte, andere halten dagegen, dass der Neandertaler vor 70.000 bis 35.000 Jahren wegen des Baus seines Vokaltrakts nur wenige unterscheidbare Laute hervorbringen konnte. Aufgrund der wesentlich aufrechteren Kopfhaltung des Cro-Magnon-Menschen vor etwa 35.000 Jahren kann man schließen, dass sein Rachenraum (Kehlkopf) auf jeden Fall so ausgebildet war, dass er über ein dem heutigen Menschen vergleichbares Lautrepertoire verfügte. Immerhin benötigen die heutigen Sprachen durchschnittlich 32 verschiedene Laute (9 Vokale und 23 Konsonanten).

Schrift: Die historische Untersuchung von Sprache setzt aber Quellen voraus, und erst seit etwa 6000 Jahren liegen **Schriftsysteme** vor, die auch einigermaßen präzise Aussagen über die von ihnen repräsentierten sprachlichen Strukturen zulassen. Ein Meilenstein in dieser Entwicklung ist der allmähliche Übergang der sumerisch-akkadischen Schrift von einem piktographischen zu einem phonetischen System im 3. Jahrtausend. Bis etwa in diese Epoche konnte die Linguistik auch viele der heute im europäischen Sprachraum angesiedelten Sprachen zurückverfolgen: Sie gehören zur großen Familie der **indoeuropäischen Sprachen**, die von halbnomadischen Völkern aus der südrussischen Steppe ab etwa 3500 über die Donau gebracht wurden und ab etwa 2000 bis ins Adriagebiet reichten. Eine Gruppe der indoeuropäischen Sprachen sind die italischen Sprachen, von denen eine das **Latein** ist. Lateinische Inschriften

liegen seit dem 6. Jh. v. Chr., lateinische Literatur seit dem 3. Jh. v. Chr.
vor.

> → **Die romanischen Sprachen** haben sich aus dem Lateinischen ent-
> wickelt. Sie gingen aber nicht aus der Schriftsprache hervor, die man
> als ›klassisches‹ Latein kennt, sondern aus einem weiter entwickelten
> **gesprochenen Latein.**

Zum Begriff

Romanische Sprachen heute: Durch den Kolonialismus haben sich die romanischen Sprachen auf heute etwa 500 Millionen Sprecher ausgebreitet. Die gemessen an der Sprecherzahl größten sind Französisch, Spanisch, Portugiesisch, Katalanisch, Italienisch, Sardisch, Korsisch, Rumä-
nisch, Okzitanisch und Rätoromanisch.

Die romanische Sprachfamilie kann aber weiter untergliedert werden:
Zu Rätoromanisch gehört Bündnerromanisch, Ladinisch und Friulisch,
zwischen Okzitanisch und Französisch kann das Frankoprovenzalische
als Sprache angesehen werden, Galizisch wäre von Portugiesisch zu unterscheiden usw. Dabei sind ebenso sprachtypologische wie politische Kriterien zu berücksichtigen (s. die in Kap. 1.4.2 genannten Einführungen in
die romanische Sprachwissenschaft). Eine 1898 ausgestorbene romanische Sprache ist das Dalmatische, das an der dalmatischen Küste und auf
einigen Inseln (z. B. Krk) gesprochen wurde. Sprecherzahlen können ohne genaue Kriterien (wer zählt als ›Sprecher‹?) eigentlich nicht angegeben
werden, die folgende Tabelle kann daher lediglich einen Anhaltspunkt bilden (vgl. u. a. Crystal 2004 und Gordon 2005):

Sprache	Sprecherzahlen
Spanisch	150–250 Mio.
Portugiesisch	120–135 Mio.
Französisch	ca. 100 Mio.
Italienisch	56–60 Mio.
Rumänisch	20–25 Mio.
Okzitanisch	9,5–12 Mio.
Katalanisch	5–7 Mio.
übrige romanische Sprachen	< 1 Mio.

Romanische
Sprachen und
Sprecherzahlen

1.2 | Die Entwicklung der Sprachwissenschaft

Die Beschäftigung mit der Sprache ließe sich zwar weit zurückverfolgen
(über die *grammatica* als eine der mittelalterlichen *septem artes libera-
les* bis zurück in die griechische Philosophie), aber die systematische
Beschreibung von Einzelsprachen beginnt in Europa eigentlich erst im

16. Jh. mit dem wachsenden Interesse an den Nationalsprachen und an ihrer Stellung gegenüber dem nach wie vor dominierenden Lateinischen. Die französische Sprachbeschreibung ist dabei deutlich von der italienischen beeinflusst. 1549 verfasst der Pléiade-Dichter Joachim Du Bellay die *Défense et Illustration de la langue française,* in der er für die Bereicherung der französischen Sprache aus verschiedenen Quellen plädiert (s. Kap. 7.5). Etwa zur gleichen Zeit werden auch die ersten lateinisch-französischen und einsprachig französischen Wörterbücher erstellt (s. Kap. 8.3.2).

Ein Jahrhundert später setzen sich diese ersten Ansätze in allerdings eher restriktiven Werken des sprachlichen Purismus fort. Die 1647 erschienenen *Remarques sur la langue française* von Vaugelas prägen maßgeblich den **bon usage** als »langage de la cour et de la ville«, also die Sprache des *honnête homme* und der obersten Schichten des Bürgertums. Ein Beispiel für eher rationalistische Sprachbeschreibung in dieser Epoche des sprachlichen Purismus ist die *Grammaire générale et raisonnée* (1660) von Arnauld und Lancelot aus dem jansenistischen Port-Royal. Im 18. Jh. wurde die Sprachbeschreibung im Wesentlichen unter philosophischen Aspekten weitergeführt. Grammatiken und Wörterbücher dieser Zeit sind in der Regel Neuauflagen oder Bearbeitungen älterer Werke – eine Tendenz, die sich auch aus der bereits weitgehenden Fixierung der Sprache im 17. Jh. erklärt. Der philosophische Ansatz zeigt sich auch in den die Sprache behandelnden Artikeln der *Encyclopédie.* Dort finden sich bereits Definitionen von Sprache, die mit denen des 20. Jh.s beinahe identisch sind: »une langue est la totalité des usages propres à une nation pour exprimer les pensées par la voix« (Nicolas Beauzée im Artikel »langue«). Zu diesen ersten Etappen der Wissenschaftsgeschichte s. auch die entsprechenden Abschnitte in Kapitel 7.

Die Anfänge der Sprachwissenschaft: Von einer wissenschaftlichen Beschäftigung mit der Sprache und damit von der Disziplin der Linguistik spricht man erst ab dem 19. Jh. War Linguistik zuvor eine historische (Hilfs-)Wissenschaft zur Erschließung von Texten, um beispielsweise Zugang zu vergangenen Zivilisationen zu finden, so bildet sich nun mit der **historischen** und **vergleichenden** Sprachwissenschaft eine eigenständige Wissenschaft heraus (in Abb. 1.1 sind die wichtigsten Schulen und Strömungen seit dieser Zeit zusammengefasst). Ihr Ausgangspunkt sind die bereits im 18. Jh. entdeckten Gemeinsamkeiten zwischen dem Sanskrit und vielen europäischen Sprachen. Erst diese historisch-vergleichende Sprachwissenschaft (auch: **Komparatistik**) räumt mit weit verbreiteten und divergierenden Auffassungen über die Herkunft der Sprachen auf (Beauzée vermutet in einem der oben genannten Artikel der *Encyclopédie* noch das Hebräische als den Ursprung aller Sprachen).

| Zum Begriff | → **Historisch-vergleichende Sprachwissenschaft** stellt Sprachen einander gegenüber und rekonstruiert ihre Vorläufer. |

Die Entwicklung der
Sprachwissenschaft

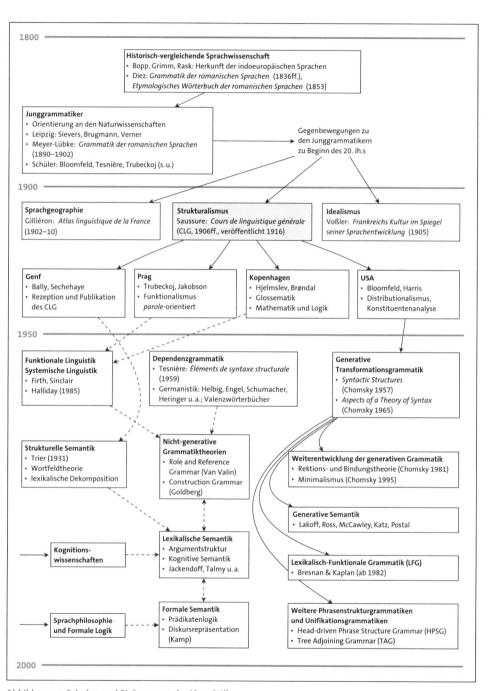

Abbildung 1.1 Schulen und Strömungen der Linguistik

Die Entwicklung der
Sprachwissenschaft

Im Anschluss an Friedrich Schlegel (*Über die Sprache und Weisheit der Indier*, 1808) erforschen Vertreter der **Indogermanistik** (Bopp, Rask und Grimm) die gemeinsame Herkunft der indoeuropäischen Einzelsprachen, und August Schleicher (1821–68) postuliert die **genealogische Gliederung** der Sprachen (Stammbaumtheorie). Der **Sprachgenealogie** steht die **Sprachtypologie** gegenüber, die Sprachen aufgrund inhärenter Merkmale klassifiziert (s. Kap. 3.3). Ein bekanntes Beispiel für die Rekonstruktion indoeuropäischer Wörter sind die Verwandtschaftsnamen, z. B. die Entwicklungen aus dem hypothetischen (daher mit Asterisk markierten) indoeuropäischen Wort für ›Vater‹:

Vergleich
indoeuropäischer
Sprachen

indoeurop. >	griech.	sanskrit	lat.	gotisch	altirisch
*patér	patér	piter	pater	fadar	athir

Grammatik im Sinne der Komparatistik ist weder Sprachphilosophie noch normatives Regelbuch, sondern die Beschreibung des **Sprachwandels**, die zunächst nur die Lautformen, später auch die Bedeutungen der Formen berücksichtigte. Mit der Übertragung dieses Ansatzes auf die Erforschung der romanischen Sprachen ist auch der Grundstein der Romanistik gelegt: Friedrich Diez veröffentlicht 1836–43 die *Grammatik der romanischen Sprachen* und 1853 sein *Etymologisches Wörterbuch der romanischen Sprachen*.

Regeln des Lautwandels: Unter dem Einfluss des **Positivismus** und vor dem Hintergrund der aufblühenden Naturwissenschaften wurde auch die historische Sprachbetrachtung als exakte Wissenschaft verstanden: Die folgende Forschergeneration, von den Älteren spöttisch **Junggrammatiker** genannt, systematisierte das zusammengetragene Material und beschrieb den formalen Sprachwandel durch **Lautgesetze**, die einen ähnlichen Status wie die Naturgesetze haben sollten. Durch diese Systematisierung, die Beschränkung auf begrenzte Zeiträume und die Erforschung der Ursachen des Sprachwandels unterscheiden sich die Junggrammatiker von ihren Vorgängern. Ihr Zentrum war seit 1870 Leipzig mit den Indogermanisten Sievers, Brugmann und Verner. Hermann Pauls *Prinzipien der Sprachgeschichte* (1880) beschreiben die theoretischen Grundlagen dieser Schule.

Zentrale romanistische Werke sind die *Grammatik der romanischen Sprachen* (1890–1902) und das *Romanische etymologische Wörterbuch* (REW, 1930–35), beide von Wilhelm Meyer-Lübke. Die Lautgesetze sind heute Bestandteil jeder historischen Grammatik. Als Beispiel sei nur die Entwicklung des betonten lateinischen Vokals *a* genannt, der sich in freier Silbe zu frz. *e* entwickelt, aber in geschlossener Silbe bleibt (z. B. *ná*[*sum > nez*, aber *pár*]*tem > part*). Der Stellenwert Leipzigs in der Linguistik wird deutlich, wenn man bedenkt, dass Leonard Bloomfield (amerikanischer Strukturalismus), Nikolaj Trubeckoj (Prager Schule) und Lucien Tesnière (Dependenzgrammatik) damals dort studierten (s. Abb. 1.1).

Das folgende Beispiel zeigt die Anwendung der vergleichenden Methode auf die **romanischen Sprachen**: Die Entsprechungen für *lait* zeigen gemeinsam mit den Entsprechungen lautlich ähnlicher Wörter (*fait, nuit* usw.), wie sich die lateinische Lautkombination *ct* in *lactem* regelmäßig zu frz. *it*, sp. *ch*, rum. *pt* usw. entwickelt hat. Ebenso sind Regelmäßigkeiten bei der Entwicklung des *b* zwischen Vokalen aus dem sprechlateinischen *caballum* (statt lat. *equus*) und bei der Entwicklung des Vokals in lat. *tres* erkennbar.

lat. >	frz.	ital.	span.	port.	rum.
lactem	*lait*	*latte*	*leche*	*leite*	*lapte*
caballum	*cheval*	*cavallo*	*caballo*	*cavalo*	*cal*
tres	*trois*	*tre*	*tres*	*três*	*trei*

Vergleich
romanischer
Sprachen

Die linguistischen Ansätze des beginnenden 20. Jahrhunderts können als Gegenbewegungen zur historisch geprägten Linguistik verstanden werden. Karl Voßler, ein Vertreter der **idealistischen** und psychologischen Sprachbeschreibung, stellt die Sprache in *Frankreichs Kultur im Spiegel seiner Sprachentwicklung* (1905) als Illustration der Kultur dar, die er keinen wissenschaftlichen Zwängen unterworfen sehen will. Die **Sprachgeographie** setzt der diachronen Methode eine rein synchrone Erforschung der regionalen Varietäten entgegen (s. auch Kap. 9.2): Jules Gilliéron und sein Explorator Edmond Edmont erstellen den ersten französischen **Sprachatlas** (*Atlas linguistique de la France*, Gilliéron/Edmont 1902f.). Die Sprachgeographie ist auch heute noch ein wichtiges Forschungsgebiet (vgl. Winkelmann 1993).

Strukturalistische Linguistik: Den nachhaltigsten Einfluss auf die Entwicklung der Linguistik hat aber der **Strukturalismus**, dessen Hauptvertreter Ferdinand de Saussure (1857–1913) ist. Ebenso wie Voßler strebt Saussure die Überwindung des junggrammatischen Denkens an, arbeitet aber rein sprachimmanent. Laut Saussure ignoriert die Beschränkung der Sprachbetrachtung auf den Sprachwandel die Systemhaftigkeit der Sprache (in Kap. 1.3 wird ausgeführt, was er mit »System« meint). Saussure lehrt in Genf, und seine zwischen 1906 und 1911 gehaltenen Vorlesungen werden 1916 von seinen Schülern Charles Bally und Albert Sechehaye, den Hauptvertretern der **Genfer Schule**, als *Cours de linguistique générale* (**CLG**) veröffentlicht. Die Rezeption des umfangreichen Materials des *CLG* nahm nicht nur geraume Zeit in Anspruch, sondern führte auch zur Ausbildung strukturalistischer Schulen an anderen Orten, die hier nur kurz charakterisiert werden können:

- **Die Grundthesen der Prager Schule** werden erstmals auf einem Slawistenkongress 1928 vorgetragen. Ihre Hauptvertreter sind Nikolaj Trubeckoj (1890–1938) und Roman Jakobson (1896–1982). Die Prager Forschungen lassen sich am besten mit dem Begriff **Funktionalismus** überschreiben: Trubeckoj und Jakobson wenden sich zunächst der Phonologie zu und unterscheiden dort die praktischen, artikulatorischen

Schulen des
Strukturalismus

Aspekte von der Funktion der Laute im Sprachsystem (s. die Unterscheidung von Phonetik und Phonologie in Kap. 2). Auf der Ebene des Satzes und des Texts prägt die Prager Schule den Begriff der **funktionalen Satzperspektive**, in der die Elemente einer Aussage nach ihrem Informationsgehalt unterschieden werden (s. hierzu Kap. 6.3.2).

- **Der amerikanische Strukturalismus** bildet sich um Leonard Bloomfield (1887–1949) heraus. Bloomfield wollte in seinem Hauptwerk *Language* (1933) ursprünglich nur den damaligen linguistischen Wissensstand beschreiben. Im Gegensatz zu den Funktionalisten hat Bloomfield eine eher mechanistische Vorstellung von der Sprache: Er untersucht systematisch, wie die Elemente in ihrer jeweiligen Umgebung verteilt sind und welche Veränderungen sich durch das Austauschen von Elementen ergeben. Auf diesem Ansatz, den man auch als **Distributionalismus** bezeichnet, basiert u. a. die hierarchische Analyse der Satzstruktur (s. Kap. 4.2.2).

- **Den theoretischen Kern der Kopenhagener Schule** bilden Louis Hjelmslevs (1899–1965) *Prolégomènes à une théorie du langage* (dän. Orig. 1943), mit denen er sein Konzept der **Glossematik** begründet. Hjelmslev baut auf den im Folgenden (Kap. 1.3) dargestellten strukturalistischen Prinzipien auf, insbesondere auf Saussures Unterscheidung zwischen Ausdruck und Inhalt. Im Gegensatz zur Prager Schule ist die Glossematik ein rein formales Relationssystem mit einheitlichen Prinzipien, die sich an der modernen Logik orientieren. Hjelmslev hat damit als Erster eine rein systemimmanente Linguistik betrieben und damit u. a. die Grundlagen einer formalen Semantik geschaffen.

In der zweiten Hälfte des 20. Jahrhunderts spezialisiert sich die Linguistik zunehmend, und das gilt für die Erforschung von Sprachwandel und Sprachvarietäten ebenso wie für die in Abbildung 1.1 in Auswahl dargestellten systemlinguistischen Disziplinen. Einige Prinzipien der hier genannten grammatischen und semantischen Theorien werden in den Kapiteln 4 und 5 angesprochen.

Die Abbildung 1.1 (S. 5) soll außerdem verdeutlichen, dass die Disziplinen untereinander interagieren und dass für viele Bereiche der modernen Linguistik die Interdisziplinarität kennzeichnend ist: Exemplarisch sind in der Abbildung links unten »Kognitionswissenschaften« (s. Kap. 1.4.1) und »formale Logik und Sprachphilosophie« genannt, die vor allem zur Entwicklung von Modellen zur Beschreibung der sprachlichen Bedeutung beigetragen haben. Strukturalismus und kognitive Linguistik werden in den folgenden Abschnitten kurz eingeführt.

1.3 | Prinzipien der strukturalistischen Linguistik

Inzwischen ist deutlich geworden, dass das Thema ›Sprache‹ zu vielfältig ist, als dass man undifferenziert an es herangehen könnte: Sprache muss unter verschiedenen Aspekten gesehen werden, und jeder dieser Aspekte

→ **Strukturalistische Linguistik** geht von folgenden Prinzipien aus:
- Nichthistorische (**synchrone**) Sprachbetrachtung hat Vorrang vor historischer (**diachroner**) Sprachbetrachtung.
- Linguistik untersucht vorrangig die **gesprochene Sprache**.
- Sprache ist ein **System** mit einer bestimmten Struktur. Dieses System (*langue*) ist zu unterscheiden von seiner Realisierung (*parole*).
- Die Elemente des Sprachsystems sind auf zwei Ebenen determiniert: auf der **syntagmatischen Ebene** durch die benachbarten Elemente der Äußerung und auf der **paradigmatischen Ebene** durch die an ihrer Position einsetzbaren Elemente.
- Sprachliche Zeichen sind prinzipiell **arbiträr** und nur ausnahmsweise **motiviert**.
- Linguistik ist **deskriptiv** und beschäftigt sich mit allen Sprachen und Sprachvarianten.

verdient eine eigene Beschreibung. Einen wichtigen Beitrag hierzu hat die strukturalistische Linguistik in der ersten Hälfte des 20. Jh.s geleistet.

Zu den **strukturalistischen oder Saussureschen Dichotomien** gehören die Unterscheidungen zwischen synchron und diachron, *langue* und *parole*, syntagmatisch und paradigmatisch, motiviert und arbiträr usw.

Das Prinzip der synchronen Sprachbetrachtung wurde in Kapitel 1.2 als Reaktion Saussures auf die historisch-vergleichende Methode dargestellt. Das bedeutet natürlich nicht, dass nach Saussure keine historische Sprachwissenschaft mehr betrieben wurde: Die synchrone Sprachuntersuchung war eine neue und oft komplementär eingesetzte Methode. Das beste Beispiel aus der französischen Linguistik ist hierfür Walther von Wartburgs *Évolution et structure de la langue française,* wo er zu bestimmten Epochen der französischen Sprachentwicklung (diachron) eine Art Querschnitt durch das Sprachsystem zieht (synchron).

Die Bevorzugung der gesprochenen Sprache (im Gegensatz zur geschriebenen) ist an sich kein neues Prinzip, denn die Junggrammatiker hatten sich z. B. bei der Aufstellung der Lautgesetze ebenfalls an der gesprochenen Sprache orientiert. Wichtiger ist die Erkenntnis, dass es sich bei der **Schrift** um ein sekundäres System handelt, das die Struktur der Sprache meist nicht zufriedenstellend wiedergibt: Die Schreibung hinkt der Sprachentwicklung oft mit großem Abstand hinterher, sofern sie überhaupt angepasst wird (s. Kap. 2.4 zur Schreibung und Kap. 7 zur Sprachgeschichte).

Die *langue* als abstraktes System der Sprache: Der Unterschied zwischen Sprache im Allgemeinen und Sprache im Besonderen lässt sich gut an den französischen Wörtern *langue* und *langage* erklären: Während *Il a été critiqué pour sa langue* von jemandem gesagt werden kann, der die falsche Sprache wählt (z. B. Englisch statt Französisch), wäre *Il a été critiqué pour son langage* angebracht, wenn der Sprecher zu um-

Ferdinand
de Saussure

gangssprachlich, zu förmlich oder zu dialektal gesprochen hätte. Andererseits kann aber *langage* auch ganz allgemein die menschliche Sprechfähigkeit bezeichnen (*le langage humain*). Diese Differenzierungen des
französischen Wortschatzes finden sich seit dem **Strukturalismus** auch
in den Begriffen *langue* und *parole* wieder, die Saussure im *CLG* einführt.

Zum Begriff

> → *Langue* ist das **Sprachsystem**, also ein abstraktes Gebilde, in dem
> nur berücksichtigt wird, was für das Funktionieren der Sprache rele-
> vant ist. Dieses abstrakte System ist der Gegenstand sprachwissen-
> schaftlicher Beschreibung. Die *langue* ist also als soziale **Konvention**
> vom Individuum weitgehend unabhängig.
> → *Parole* ist dagegen die konkrete Realisierung dieses Sprachsystems:
> Jeder Mensch benutzt das System auf eine individuelle Art. Dies
> schlägt sich z. B. in der Aussprache, dem Sprechrhythmus, der Intona-
> tion oder in der Vorliebe für bestimmte Wörter oder Strukturen nieder
> (im Deutschen wird *parole* auch mit **Rede** übersetzt).

Wie kommt man
zum Sprachsystem?

Ein System besteht aus Elementen, die nach bestimmten Regeln angeordnet sind. Im System »Sprache« versuchen die Linguisten zunächst, diejenigen Elemente zu definieren, die für das Funktionieren des Systems nötig
sind, sie zu beschreiben und schließlich die Regeln aufzustellen, nach denen das System funktioniert. Solche Regeln steuern z. B. die Kombination
von Einheiten (etwa von Wörtern zu Sätzen). Im System haben Elemente
(Formen) nur dann einen **Wert**, wenn sie sich so voneinander unterscheiden, dass sie unterschiedliche Funktionen haben. Man sagt dann, diese
Elemente stehen zueinander in **Opposition**. Zwei Elemente können aber
auch verschieden sein und dieselbe Funktion haben. Dann spricht man
von **Varianten**. Das Prinzip der Opposition zeigt sich auch in Saussures Zitat zur *valeur*: »dans la langue il n'y a que des différences« (CLG,
Kap. IV, §4).

Hinweis

Die Unterscheidung zwischen *langue* und *parole* hat nichts mit der Unterscheidung zwischen geschriebener und gesprochener Sprache zu tun!

Oppositionen: Zum besseren Verständnis dieses wichtigen Prinzips sei ein
Vorgriff auf Kapitel 2 erlaubt, denn am Bereich der Laute lässt sich Opposition einfach darstellen: Im Deutschen und Französischen unterscheidet
man zwischen /r/ und /l/. Von beiden gibt es bei der konkreten Anwendung (*parole*) Varianten, z. B. mit der Zungenspitze gerolltes oder mit
dem Zäpfchen hervorgebrachtes /r/ oder das fränkische /l/, bei dem die
Zungenspitze nicht in der Mundmitte, sondern links oder rechts liegt. Im
Sprachsystem (*langue*) sind diese Varianten uninteressant, weil sie nicht

in Opposition zueinander stehen: Wer im Laden einen *Rolli* verlangt, bekommt normalerweise einen Pullover – unabhängig davon, wie er das /r/ ausspricht. Verlangt er dagegen einen *Lolli*, bekommt er keinen Pullover. /r/ und /l/ stehen in Opposition und erhalten durch sie ihren Wert im Sprachsystem. In anderen Sprachsystemen, wie dem Chinesischen, besteht zwischen /r/ und /l/ keine Opposition, d. h. diese Laute unterscheiden dort keine Wortpaare wie *Rolli : Lolli*. Da nicht die Schreibung, sondern die Lautung das entscheidende Kriterium ist, lässt sich das Beispiel auf die französischen Wortpaare *lit* ›Bett‹ und *riz* ›Reis‹ übertragen (mehr zu diesem Thema in Kap. 2).

Ein Beispiel für Oppositionen im Wortschatz ist frz. *mouton* und engl. *mutton*, die beide ›Hammelfleisch‹ bedeuten. Trotzdem ist ihr Wert unterschiedlich: *mutton* steht in Opposition zu *sheep* und kann deshalb nicht das Tier bezeichnen, wohingegen *mouton* das Tier und sein Fleisch bezeichnen kann. Die Bedeutung eines Worts wird also von den vom Sinn her benachbarten Worten begrenzt (mehr hierzu in Kap. 5.1).

Diese Beispiele sollten verdeutlicht haben, welche zentrale Rolle Oppositionen spielen, um die Elemente des Sprachsystems zu definieren. Es sollte auch klar geworden sein, dass Saussures Unterscheidung zwischen *langue* und *parole* nicht mit dem Unterschied zwischen gesprochener und geschriebener Sprache verwechselt werden darf.

Saussures Schachspiel-Metapher veranschaulicht mehrere strukturalistische Prinzipien: Beim Schachspiel sind Material und Form der Figuren im Prinzip unwichtig und willkürlich wählbar, wurden aber mit der Zeit konventionell fixiert. Schachspielen kann man auch mit anderen Objekten, wenn sie unterscheidbar sind. Jede Figur hat eine Funktion und wird nach Regeln bewegt, die im Gegensatz zur Form der Figuren nicht veränderbar sind. Für die aktuelle Situation auf dem Schachbrett ist die Vorgeschichte unwichtig. Sie kann aber helfen, bestimmte Abläufe besser zu verstehen (Strategien). Stellungen verändern sich; Figuren verschwinden und werden ausgetauscht. Dabei kann sich ihr Wert verändern: Springer und Läufer sind anfangs etwa gleichwertig, aber im Endspiel können zwei Läufer, nicht aber zwei Springer matt setzen; der Wert der Bauern steigt gegen Spielende.

Die Beziehungen zwischen den sprachlichen Zeichen (und damit die Oppositionen zwischen ihnen) sind auf zwei Ebenen angesiedelt:

- **Die syntagmatische Ebene** kann man sich linear oder horizontal vorstellen: Wenn sprachliche Zeichen zu einer größeren Einheit miteinander kombiniert werden (z. B. beim Äußern eines Satzes), so entsteht dabei die Gesamtbedeutung dieser Einheit – vorausgesetzt, die Zeichen wurden gemäß der Regeln des Sprachsystems kombiniert. Dies beschreibt Saussure folgendermaßen:

  »[...] dans le discours, les mots contractent entre eux, en vertu de leur enchaînement, des rapports fondés sur le caractère linéaire de la langue, qui exclut la possibilité de prononcer deux éléments à la fois ([...]). Ceux-ci se rangent les uns à la suite des autres sur la chaîne de la parole. Ces combinaisons qui ont pour support l'étendue peuvent être appelées syntagmes.« (*CLG*, Kap. 5, §1)

- **Die paradigmatische Ebene** kann man sich dagegen vertikal vorstellen: Jedes der miteinander kombinierten Elemente steht in einem Paradigma, das durch die anderen Elemente gebildet wird, die an der gleichen Position einsetzbar sind.

Im folgenden Beispiel hat das (mit ⇒ markierte) **Syntagma** *le chat miaule* vier Positionen, an denen potentiell andere Zeichen eingesetzt werden können, die jeweils ein (mit ⇓ markiertes) **Paradigma** bilden. Man sieht, dass nicht nur Wörter in einem Paradigma stehen können: Auch Teile von Wörtern wie Verbendungen können Zeichen sein (s. Kap. 3). Außerdem wird deutlich, dass sowohl die Form als auch die Bedeutung der Elemente relevant sind: In der Verbindung *La chat miaulit* würden die Formen nicht zusammenpassen, andererseits wäre *L'éléphant coasse* zwar formal möglich, aber die Elemente passen wegen ihrer Bedeutung nicht zusammen.

Syntagma
und Paradigma

	Paradigma			
	⇓	⇓	⇓	⇓
	l'	éléphant	barr-	...
	le	cheval	henn-	-it
Syntagma ⇒	le	chat	miaul-	-e
	la	grenouille	coass-	...

Für Saussure sind syntagmatische Kombinationen auf der Ebene der *parole* zwar prinzipiell frei, aber diese individuelle Freiheit wird durch Regeln auf der Ebene der *langue* eingeschränkt (*CLG*, Kap. 5, §2). Regeln dieser Art gehören zur Syntax (s. Kap. 4.2.1), die Beziehungen zwischen den Elementen eines Paradigmas werden im Kapitel Semantik (5.2.1) behandelt.

Form und Bedeutung: In den Bereich der Semantik gehört auch das Prinzip der **Arbitrarität** des sprachlichen Zeichens. In Abbildung 1.2 sind unterschiedliche Typen von **Zeichen** dargestellt. Im Gegensatz zu anderen Zeichen (z. B. Verkehrsschildern) besteht bei sprachlichen Zeichen in der Regel kein Zusammenhang zwischen der Form des Zeichens (der Lautform des Worts, auch: *signifiant*) und seiner Bedeutung (auch: *signifié*). Sprachliche Zeichen sind daher nicht **motiviert**, sondern **arbiträr** (willkürlich). Ausnahmen sind die **Onomatopoetika**: Sie sind motiviert, weil zwischen ihrer Lautung und ihrem Inhalt ein erkennbarer Zusammenhang besteht (*coucou* ›Kuckuck‹).

Deskriptive Sprachbeschreibung: Das Prinzip der **Deskriptivität** bildet den Gegenpol zu mehreren Auffassungen von Sprachbeschreibung. Zum einen zur mentalistischen Analyse, in der Sprache vor dem Hintergrund der Gedanken und Absichten der Sprecher erklärt wird, und damit auch zum funktionalistischen Ansatz der Prager Schule (s. Kap. 1.2). Zum anderen zur Präskriptivität: Im Gegensatz zur **deskriptiven Linguistik** sind viele Grammatiken **präskriptiv** oder **normativ**: Sie lehren, wie man die Sprache richtig oder ›gut‹ gebraucht (z. B. Vaugelas: *Remarques sur la langue française*, s. Kap. 7.6.2). Linguisten nehmen diese **Norm** zwar

Prinzipien der
strukturalistischen
Linguistik

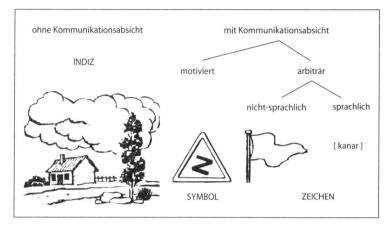

ohne Kommunikationsabsicht

INDIZ

mit Kommunikationsabsicht

motiviert

arbiträr

nicht-sprachlich

sprachlich

[kanar]

SYMBOL

ZEICHEN

Abbildung 1.2
Zeichen (adaptiert
nach Baylon/Fabre
1978, S. 39)

heute zur Kenntnis und machen sie häufig auch zum Ausgangspunkt ihrer Sprachbeschreibung, sie sind sich aber der Tatsache bewusst, dass sie auch die vielfältigen Alternativen des Sprachgebrauchs, die **Varietäten**, zu berücksichtigen haben (zur Norm s. Kap. 9.1).

Varietätenlinguistik: Durch die Beschäftigung mit diesen Varietäten haben sich spezielle Teilgebiete der Linguistik entwickelt:

- **Die Sprachgeographie oder Dialektologie** untersucht eine Sprache in Varietätenlinguistik verschiedenen Regionen (s. Kap. 9.2).
- **Die Soziolinguistik** untersucht den Zusammenhang zwischen Sprache und gesellschaftlichen Faktoren wie Alter, Geschlecht und Bildung der Sprecher sowie die Herausbildung sprachlicher Minderheiten (Kap. 9.4).
- **Die Stilistik** untersucht individuelle Ausprägungen der Sprache, besonders im literarischen Bereich, aber auch in den Spezialsprachen (s. zur Textlinguistik Kap. 6.3 und zu Fachsprachen Kap. 9.4.4).

Analog zur Varietätenlinguistik bildete sich im 20. Jh. die Beschäftigung mit Sprachen heraus, die bis dahin nicht im Mittelpunkt des linguistischen Interesses standen. In den USA begann z. B. die systematische Erforschung der nordamerikanischen Indianersprachen, und bis heute hat sich diese Tendenz in den Bestrebungen fortgesetzt, Regeln für eine **Universalgrammatik** aufzustellen (s. Kap. 4.2.4).

Der Einfluss der strukturalistischen Linguistik schlägt sich auch im Aufbau der folgenden Kapitel nieder: Entsprechend der Gliederung des Sprachsystems in Elemente werden mit den Lauten zunächst die kleineren, in der strukturalistischen Linguistik zuerst erforschten Einheiten betrachtet. Es folgt dann die Besprechung der größeren Einheiten bis hin zu den Sätzen und Texten und ein Kapitel zur Bedeutung des sprachlichen Zeichens. Die weiteren Kapitel haben allgemeinere Aspekte oder das Sprachsystem als Ganzes zum Gegenstand: seine geschichtliche Entwicklung, seinen Wortschatz und seine unterschiedlichen Ausprägungen.

1.4 | Sprache und Kognition

1.4.1 | Kognitionswissenschaft

Zum Begriff

→ **Kognitionswissenschaft** ist ein Fachgebiet, auf dem u. a. Psychologie, Informatik, Linguistik, Philosophie und Neurowissenschaften zusammenarbeiten. Daher wird der Begriff häufig im Plural verwendet. Die Kognitionswissenschaften suchen in interdisziplinärer Zusammenarbeit Antworten auf folgende Fragen:
- Wie hängen Wissen, Denken und Sprechen zusammen?
- Wie ist Wissen im Gedächtnis organisiert und repräsentiert?
- Wie wird das Wissen in kognitiven Prozessen angewendet?

Zur Entwicklung der Kognitionswissenschaften: Am 11.9.1956 findet ein Symposium zur Informationstheorie am Massachusetts Institute of Technology (MIT) statt, das bisweilen als Geburtstag der Kognitionswissenschaften bezeichnet wird, weil dort Bahnbrechendes vorgestellt wird:

Interdisziplinäre Forschung kennzeichnet die Kognitionswissenschaften

- **Informatik:** Der ›Logic Theorist‹ von Alan Newell und Hubert Simon ist eines der ersten Programme der Künstlichen Intelligenz: Es beweist mehrere Theoreme der *Principia Mathematica* von Whitehead & Russell und zeigt, dass auch Computer logische Schlüsse ziehen können.
- **Linguistik:** Noam Chomsky präsentiert in ›Three models of language‹ Argumente für seine Transformationsgrammatik. Auch sie ist ein formales System, das sprachliche Strukturen als berechenbar darstellt (s. Kap. 4.2.3).
- **Psychologie:** Neurologische Zellverbünde werden so, wie man sie sich im Gehirn vorstellt, auf Computern simuliert, und George Miller zeigt in seinem Beitrag ›The Magical Number Seven‹ psychologische Prinzipien der Informationsverarbeitung auf.

Verschiedene Disziplinen versuchen also, auf ihre Weise Wissen zu repräsentieren und betrachten dabei das menschliche Denken wie ein System zur Informationsverarbeitung.

Künstliche Intelligenz: Seit dem Beginn der Entwicklung von Computern besteht der Wunsch, das menschliche Denken zu simulieren und die Maschinen zum Sprechen zu bringen. In der maschinellen Sprachverarbeitung hofft man zunächst auf schnelle Erfolge von automatischen Übersetzungsprogrammen, stellt aber bald fest, dass neben den sprachlichen Strukturen (Grammatik, Lexikon) die Repräsentation von Bedeutung eine zentrale Rolle spielt. Die **künstliche Intelligenz** ist der Versuch, die Modelle der Neurowissenschaften maschinell zu simulieren. So wurden Konzepte in Netzwerken miteinander verknüpft (s. Abb. 5.5, S. 82; auch *WordNet*, s. Kap. 10.1.4) oder **Frames** als Schemata von Ereignissen geschaffen (s. Kap. 5.2.3). Neuronale Netzwerke, modulare Programmierung und verteiltes Rechnen zeigen, welchen Einfluss diese Modelle

Sprache und
Kognition

bis heute haben. Grundlegend ist dabei die Annahme, dass man Prinzipien des Denkens und der Wahrnehmung analog zu den unterschiedlichen Funktionen von Gehirnarealen auch mit Computern modellieren kann.

Neurolinguistik: Zur Zeit wird sehr aktiv auf dem Gebiet der **Neurolinguistik** geforscht: Dort untersucht man die anatomischen und physiologischen Aspekte der Sprachverarbeitung. Schon im 19. Jh. kamen Neuropsychologen durch Beobachtung von Hirnschädigungen zu der Hypothese, dass bestimmte Bereiche des Gehirns für bestimmte kognitive Funktionen verantwortlich sind. Diese Lokalisierung kann man heute mit verschiedenen Messverfahren und bildgebenden Verfahren bestätigen. Schon seit längerem weiß man, dass für die Sprache zwei Areale in der linken Gehirnhälfte besonders wichtig sind: das **Broca-Areal** und das **Wernicke-Areal**.

Bestimmte Areale
des Gehirns sind für
Sprache zuständig.

Aphasie

Zur Vertiefung

Schädigungen an diesen für die Sprache wichtigen Arealen führen zu unterschiedlichen Typen von Aphasie:

- Broca-Aphasiker können nur bruchstückhaft artikulieren, die syntaktische Struktur ist stark reduziert; ihr Sprachverständnis ist aber relativ gut erhalten.
- Wernicke-Aphasiker sprechen flüssig, verwenden aber falsche Wörter oder weitläufige Umschreibungen; ihr Sprachverständnis ist stark beeinträchtigt.

1.4.2 | Theorien des Spracherwerbs

Behaviorismus und Nativismus: Ein wesentlicher Moment in der Entwicklung der modernen Linguistik ist die Kritik von Noam Chomsky an der behavioristischen Auffassung von **Spracherwerb**, die der Verhaltensforscher B. F. Skinner in *Verbal Behavior* (1957) vertritt.

Der Behaviorismus erklärt Spracherwerb dadurch, dass Wortketten als konditionierte Reaktionen auf Reize gebildet werden. Durch Verstärkung (Lächeln, Zuspruch) nähert sich die Sprache des Kindes an die der Erwachsenen an.

Nativismus: Chomskys nativistische (auch »rationalistisch« genannte) Theorie beruht auf der Erkenntnis, dass kindlicher Spracherwerb kaum durch das Verhalten der Eltern beeinflusst wird, dass er trotz unterschiedlicher Umgebungsbedingungen einheitlich verläuft, und dass Kinder auch Strukturen hervorbringen, die sie nachweislich nie gehört haben. Dies ist das sogenannte »poverty of the stimulus«-Argument: mit dem Nativisten begründen, dass bestimmte geistige Fähigkeiten angeboren (und somit genetisch determiniert) sein müssen, weil die Anzahl der Stimuli aus der Außenwelt nicht ausreicht, um ihre Bildung als reine Reaktion zu erklä-

Sprache und
Kognition

Noam Chomsky

ren. In seiner Anwendung dieses Arguments auf den Spracherwerb argumentiert Chomsky dafür, dass die kognitive Fähigkeit des Menschen, bestimmte sprachliche Strukturen zu erlernen, genetisch angelegt ist. Diese sprachlichen Strukturen bzw. die ihnen zugrundeliegenden Prinzipien bezeichnet er als **Universalgrammatik**. Chomsky folgert daraus, dass Menschen eine Art **Sprachorgan** (*language acquisition device*) haben, in dem die Fähigkeit, solche Regeln zu erlernen, von Geburt an angelegt ist.

Dass Erstspracherwerb nicht reine Imitation, sondern das Ableiten sprachlicher Strukturen ist, zeigt sich daran, dass Kinder in einem bestimmten Alter bestimmte Arten von Regeln erwerben. Zum Beispiel erwerben sie unregelmäßige Verbformen wie *er brachte* zunächst als Ganzes (ohne Struktur), produzieren aber in einem bestimmten Alter regelmäßige Formen (wie *er bringte*). Was Erwachsene als Fehler empfinden, resultiert tatsächlich aus dem Erwerb einer Regel. Da dieser Regelerwerb unbewusst erfolgt, reagieren die Kinder in dieser Phase auch nicht auf Korrekturen. Erst später setzen sich dann die unregelmäßigen Formen wieder durch.

Die kritische Phase des Erstspracherwerbs: Natürlich können Kinder die Regeln nur lernen, wenn sie eine Sprache (bei bilingualen Kindern auch mehrere Sprachen) ausreichend hören, also genügend sprachlichen **Input** bekommen. Außerdem ist diese Fähigkeit des **Erstspracherwerbs** auf eine sogenannte **kritische Phase** begrenzt, deren Ende nicht einheitlich definiert wird, in jedem Fall aber vor der Pubertät liegt. Nach dieser kritischen Phase kann die syntaktische Struktur einer Sprache nicht mehr auf natürliche Weise (also unbewusst) erworben werden: Ältere Kinder müssen eine neue Sprache dann als Fremdsprache erwerben (**Zweitspracherwerb**). Heute geht man sogar von mehreren kritischen Phasen des Spracherwerbs aus, die für die verschiedenen sprachlichen Ebenen relevant sind: Die Unterscheidung sprachlicher Laute und der Erwerb des für die Sprache relevanten Lautsystems beginnt z. B. schon im Säuglingsalter. Erst im Verlauf des 2. Lebensjahrs entstehen Wortkombinationen und zunehmend längere Sätze. Sprachliche Äußerungen von Dreijährigen zeigen, dass die wesentlichen grammatischen Strukturen und die grammatischen Besonderheiten der Muttersprache(n) erworben wurden.

Auch wenn in den Kognitionswissenschaften umstritten ist, ob der Spracherwerb an ein Sprachorgan oder an das Zusammenspiel verschiedener kognitiver Fähigkeiten (Gedächtnis, Wahrnehmung, Problemlösung) gebunden ist, ist die Annahme der kritischen Phase empirisch abgesichert und wird zunehmend auch in der Sprachdidaktik berücksichtigt, etwa wenn die Einführung von Fremdsprachen bereits im Vorschulalter oder in der Grundschule empfohlen wird.

Chomskys nativistische Spracherwerbstheorie steht in engem Zusammenhang mit der Entwicklung der sogenannten ›Generativen‹ Grammatik (s. Kap. 4.2.3). Weiterhin spielt sie in Annahmen über den Sprachwandel (s. Kap. 7.1) und für die Erklärung von Kreolsprachen (s. Kap. 9.3.4) eine wichtige Rolle.

Literatur

Für den Bereich der **allgemeinen Sprachwissenschaft** ist Crystal (1998) ein guter Einstieg: Seine *Cambridge Enzyklopädie* ist zwar kein Studienbuch, dafür aber für Laien verständlich und spricht zahlreiche Bereiche an, die hier nicht behandelt werden können, wie Gebärdensprache, Spracherwerb, künstliche Sprachen usw. (2., überarbeitete engl. Auflage 2004). Aufgrund seiner Allgemeinverständlichkeit ist auch Pinker (1994, dt. 1996) sehr empfehlenswert. Für das wissenschaftliche Studium eignen sich eher Auer (2013), Moeschler/Auchlin (2000) und Vater (2002). Das *Nouveau dictionnaire encyclopédique des sciences du langage* (Ducrot/Schaeffer 1999) ist kein Wörterbuch, sondern eine Einführung in die allgemeine Sprachwissenschaft, die u. a. einen guten Überblick über die linguistischen Schulen sowie kurze Einblicke in Gebiete wie Psycho-, Sozio- und Geolinguistik gibt. Über die Sprachfamilien der Welt gibt Gordon (2005) umfassend Auskunft (auch unter http://www.ethnologue.com).

Zur romanischen Sprachwissenschaft: Eine empfehlenswerte Ergänzung zur vorliegenden Einführung aus gesamtromanischer Sicht ist *Linguistique romane* (Gleßgen 2012). Bossong (2008) zeigt an ausgewählten Kriterien die strukturellen Unterschiede zwischen den romanischen Sprachen auf (mit Hörbeispielen auf CD). Einen kurzen Einstieg in die Herausbildung der romanischen Sprachen bietet Selig (2008). Allières (2001) enthält viele Beispiele und Karten aus Sprachatlanten. In die wichtigsten Arbeitsmethoden und Quellen für die Recherche im Romanistikstudium führt Hollender (2012) ein.

Weitere **Einführungen in die romanische Sprachwissenschaft** sind Blasco Ferrer (1996), Klinkenberg (1999), Lindenbauer et al. (1995), Pöckl/Rainer (2007) und Tagliavini (1998);

Einführungen in die französische Sprachwissenschaft sind Battye/Hintze (2002), Delbecque (2002) (setzt trotz des Titels keinen besonderen kognitiven Schwerpunkt), Geckeler/Dietrich (2007), Sokol (2007), Soutet (1995), Yaguello (2003) und Zemmour (2008). Über die Sprachwissenschaft hinaus geht das empfehlenswerte *Handbuch Französisch für Lehrer* (Kolboom et al. 2008).

Für kontrastive Studien empfiehlt sich ein Blick in die Einführungen in die germanistische Sprachwissenschaft von Meibauer et al. (2002) sowie in Auer (2013), in die italienische Sprachwissenschaft von Haase (2007) oder in die spanische Sprachwissenschaft von Becker (2013).

Über die **Geschichte der Sprachwissenschaft** informieren Fuchs/Le Goffic (2000), die Artikel in Auroux et al. (2000) sowie Coseriu/Meisterfeld (2003).

Linguistische Wörterbücher sind Glück (2010) (auch als CD-Rom), Lewandowski (1990), Bußmann (2002) und Dubois et al. (2002). Den Charakter eines thematisch geordneten Wörterbuchs hat Kürschner (2003).

Sprache und Kognition: Einführungen zum Thema sind Wildgen (2008) und Vandeloise (2003); auf Englisch Lee (2001) und Croft/Cruse

(2004). Caron (2008) behandelt sowohl die Neurowissenschaften als auch linguistische Theorien aus sprachpsychologischer Perspektive.

Spracherwerb: Einführend zum Spracherwerb Klann-Delius (2008) und (auf Englisch) Lust (2006), letztere mit übersichtlichem Anhang zu den Etappen der kindlichen Sprachentwicklung. Die Mehrsprachigkeit Deutsch-Französisch-Italienisch wird in Müller et al. (2006) besonders berücksichtigt. Umfassend ist das Handbuch von Meisel (2011), auch zum Zweitspracherwerb.

2. Phonetik und Phonologie

2.1 | Grundlagen

Die Beschäftigung mit der lautlichen Seite der Sprache gliedert sich entsprechend der in Kapitel 1.3 getroffenen Unterscheidung zwischen *parole* und *langue* in die beiden Teilgebiete **Phonetik** und **Phonologie**.

> → Die Phonetik untersucht die Produktion, die akustischen Eigenschaften und die Wahrnehmung von sprachlichen Lauten.
> → Die Phonologie untersucht das Lautsystem einer Sprache.

Zum Begriff

Die Phonetik untersucht den Akt des Sprechens, die **Laute** und Lautsequenzen in ihren unterschiedlichen Realisierungen, auch unter praktischen Gesichtspunkten:

- **Korrektive Phonetik** befasst sich mit Aussprachekorrektur und Sprachbehinderungen.
- **Experimentelle Phonetik** befasst sich mit der instrumentellen Aufzeichnung und Auswertung gesprochener Sprache, z. B. zur maschinellen Spracherkennung (s. dazu Kap. 10.1.1).

Phonetik

Die Phonologie untersucht mit den Lauten das erste Gebiet systematisch nach strukturalistischen Prinzipien. Sie klassifiziert lautliche Einheiten allein nach ihrer Funktion und reduziert dabei die konkreten Laute mit ihren Variationen (z. B. die Varianten von /r/, s. S. 10) auf eine begrenzte Anzahl abstrakter lautlicher Einheiten, die **Phoneme** (s. hierzu Kap. 2.3).

Für die **Transkription der Laute** gibt es verschiedene Systeme. Am verbreitetsten ist das in den Wörterbüchern (und auch in diesem Buch) benutzte System der *Association phonétique internationale* (**API**). Die Tabelle listet die Symbole des API-Systems für die Laute des Französischen auf. In sprachgeschichtlichen Darstellungen wurde außerdem das **Böhmersche System** benutzt, das viele normale Buchstaben mit diakritischen Zeichen einsetzt, z. B. ă für kurzes /a/ und ā für langes /a:/, ǫ für offenes /ɔ/ und ọ für geschlossenes /o/.

Zur Unterscheidung zwischen breiter und enger Transkription s. den Hinweis in Kap. 2.3.

Symbol	Beispiel	Symbol	Beispiel	Symbol	Beispiel
a	patte	ɑ̃	vent	r	roue
ɑ	pâte	ɛ̃	vin	v	vu
e	nez	ɔ̃	bon	f	faux
ɛ	net	œ̃	brun	z	zut
i	riz	j	paille	s	sac
o	pot	ɥ	huit	ʒ	jeu
ɔ	bol	w	ouest	ʃ	chou
u	vous	m	me	b	beau
y	tu	n	ne	p	peau
ø	feu	ŋ	camping	d	de
œ	leur	ɲ	vigne	t	te
ə	le	l	la	g	gain
				k	coq

Auf den WWW-Seiten der *International Phonetic Association* finden Sie Hinweise für die Verwendung von Lautschrift im Allgemeinen: http://www.langsci.ucl.ac.uk/ipa/
Beim *Summer Institute of Linguistics* (SIL) können Sie phonetische Zeichensätze herunterladen: http://scripts.sil.org/encore-ipa

2.2 | Phonetik

2.2.1 | Laute und ihre Merkmale

Die Atemluft wird durch die Stimmbänder und den Sprechapparat über dem Kehlkopf in Schwingung versetzt. So entstehen Laute. Die Lautdifferenzierung erfolgt in der Mund-, Nasen- und Rachenhöhle. Sie sind Resonanzräume und können durch die Artikulationsorgane verändert werden. Wenn die Artikulationsorgane ein Hindernis bilden, entsteht ein **Konsonant**, ansonsten ein **Vokal**.

Vokale: Abbildung 2.1 zeigt einen Schnitt durch den Sprechapparat und erklärt die Artikulationsbedingungen der französischen Vokale:

- **Luftstrom:** Die mit **oral** und **nasal** markierten Pfeile zeigen die Wege des Luftstroms, der durch das **Zäpfchen** (oder **Gaumensegel**, Nr. 7) gelenkt wird.
- Das sogenannte **Vokaltrapez** ist im Mundraum eingezeichnet. In ihm markieren schwarze Punkte den Ort, an dem die Zunge bei der Artikulation des entsprechenden Vokals ihre höchste Position hat. Dieses Kriterium zur Unterscheidung der Vokale ist zwar nicht leicht nachvollziehbar, aber wenn man die Lautkombinationen /ik/ und /uk/ ausspricht, merkt

man, dass sich die Zunge bei /i/ und /u/ an den vorderen bzw. hinteren Gaumen hebt; dabei wird die Mundhöhle geschlossen. Dagegen bleibt sie bei /a/ flach liegen; die Mundhöhle bleibt offen.

- Über die **Zungenhebung** können die Vokale also klassifiziert werden: Bei hoher, vorderer Zungenstellung entsteht z. B. das /i/, ein geschlossener Vorderzungenvokal. Analog ist das /ə/ (wie in *le*) ein halbgeschlossener Mittelzungenvokal, /ɑ/ ein offener Hinterzungenvokal usw.
- **Die Lippenstellung** ist ein weiteres Artikulationsmerkmal. Sie kann neutral (bei /ə/), gerundet (bei /ø/) und gespreizt (bei /i/) sein.
- Die wichtigsten **Artikulationsorte** sind mit den Zahlen in Abbildung 2.1 markiert. Sie sind besonders für die Bildung (und die Bezeichnung) der Konsonanten relevant. Man spricht allerdings auch bei den Vokalen von palatalen (Vorderzungen-) und velaren (Hinterzungen-) Vokalen.

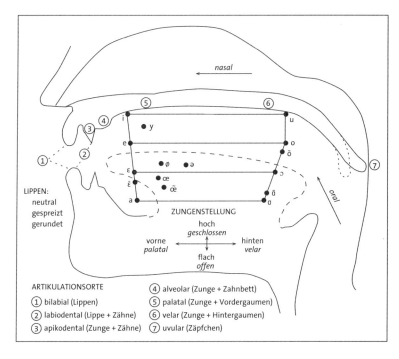

Abbildung 2.1
Sprechapparat und
französische Vokale

Konsonanten: Bei den Konsonanten ist der Artikulationsort die Stelle, an der der Luftstrom behindert wird:

- Bei **bilabialen** Lauten schließen sich die Lippen (Nr. 1).
- Bei **labiodentalen** Lauten berührt die Unterlippe die oberen Schneidezähne (Nr. 2).
- Bei **apikodentalen** Lauten berührt die Zungenspitze die Zähne (Nr. 3).
- Bei **alveolaren** Lauten berührt die Zungenspitze den Zahndamm (Nr. 4).
  Bei **postalveolaren** Lauten liegt sie etwas hinter dem Zahndamm.

Artikulationsorte
von Konsonanten

- Bei **palatalen** Lauten stellt der Zungenrücken Kontakt mit dem vorderen (Nr. 5) und bei **velaren** mit dem hinteren Gaumen her (Nr. 6).
- **Uvulare** Laute werden mit dem Zäpfchen (Nr. 7) gebildet.

An diesen Orten sind zum Teil mehrere **Artikulationsarten** möglich, je nachdem, wie der Luftstrom beim Austreten behindert wird:

- Beim **Halbvokal** (auch **Halbkonsonant**) entweicht die Luft fast ungehindert,
- beim **Frikativ** (auch **Reibelaut** oder **Spirans**) strömt die Luft durch eine Engstelle,
- beim **Lateral** strömt sie seitlich um das Hindernis,
- beim **Nasalkonsonant** durch die Nase (bei geschlossenem Mundraum),
- beim **Okklusiv** (auch **Plosiv** oder **Verschlusslaut**) wird der Luftstrom einmal kurz unterbrochen,
- beim **Vibrant** mehrmals, durch eine vibrierende Bewegung.

Frikative und Okklusive unterscheiden sich außerdem in ihrer **Sonorität**: Sie können **stimmlos** oder **stimmhaft** gesprochen werden.

Artikulationsort: Wo wird der Luftstrom behindert?	Artikulationsart: Wie strömt der Luftstrom aus?							
	durch Engstelle			ungehindert an		nach Verschluss		
	geöffnet	eng		bestimmter Stelle		mehrmals	einmal	
	Halbvokal	*Frikativ*		*Nasal*	*Lateral*	*Vibrant*	*Okklusiv*	
	sth	sth	stl	sth	sth	sth	sth	stl
bilabial	w			m			b	p
labiodental		v	f					
apikodental				n	l		d	t
alveolar		z	s			[r]		
postalveolar		ʒ	ʃ					
palatal	j ɥ			ɲ			g	k
velar				ŋ				
uvular		[ʁ]						

Die Tabelle gibt einen Überblick über die Artikulationsarten und -orte und ordnet ihnen die französischen Konsonanten und Halbvokale zu (sth = stimmhaft, stl = stimmlos). Diese **distinktiven Merkmale** dienen auch zur Bezeichnung der Laute: /b/ ist also ein stimmhafter, bilabialer Okklusiv, /ʃ/ ein stimmloser alveolarer Frikativ usw. Für das /r/ sind zwei **Allophone** (Lautvarianten, s. Kap. 2.3) notiert: Der mit der Zungenspitze erzeugte Vibrant [r] ist eine archaische oder dialektale Variante, Standard ist heute der uvulare Reibelaut [ʁ].

Weitere Merkmale und die Problematik mancher Bezeichnungen werden in den in Kapitel 2.4 genannten Einführungen behandelt.

Bei der Beschreibung von Lauten orientiert man sich am besten an den folgenden Leitfragen:

- Wie strömt die Luft aus?
- Wo wird der Luftstrom behindert?
- Wie wird der Luftstrom behindert?

Diese Fragen kann man am besten beantworten, wenn man den Laut selbst bildet und seine Artikulationsorgane kritisch beobachtet oder befühlt.

Hinweis

2.2.2 | Prosodie

Mit → Prosodie bezeichnet man die Eigenschaften von größeren lautlichen Einheiten, besonders die Tonhöhe und die Betonung.

Zum Begriff

Da die auf der Ebene der Prosodie relevanten Merkmale über die Einzellaute hinausgehen, spricht man auch von **suprasegmentalen** Merkmalen. Die prosodische Struktur der Rede ist an die Merkmale der **Silbe** gebunden: die **Tonhöhe**, die **Betonung** und die **Dauer**. Zur Prosodie gehören weiterhin die Sprechpausen.

Der Begriff **Intonation** wird nicht immer eindeutig verwendet: Er bezeichnet manchmal Prosodie im Allgemeinen, manchmal aber auch die Tonhöhe. Mit der Tonhöhe (manchmal auch als Satzmelodie bezeichnet) können im Französischen wie im Deutschen Aussagesätze von Fragesätzen unterschieden werden:

(1) a. Il est devenu fou. (zum Ende abfallende Tonhöhe)
     b. Il est devenu fou? (zum Ende ansteigende Tonhöhe)

In der Betonung unterscheiden die beiden Sprachen sich dagegen deutlich. Im Deutschen liegt sie in jedem Wort auf einer bestimmten Silbe (häufig der ersten). Dieser sogenannte **Wortakzent** ist auch in Sätzen noch hörbar. Dagegen werden im Französischen mehrere Wörter, die eine Sinneinheit oder eine syntaktische Einheit bilden (z. B. die Subjekt- oder Objektgruppe), zu einem *mot phonique* zusammengezogen (auch *mot phonétique*). Innerhalb des *mot phonique* gibt es keinen Wortakzent, sondern einen **Gruppenakzent**: Die Betonung fällt auf die letzte Silbe der ganzen Gruppe. Nur in Ausnahmefällen darf innerhalb des *mot phonique* eine Silbe durch einen **Insistenzakzent** hervorgehoben werden (*C'est IMpensable!*). Das Französische kompensiert diese beschränkten Möglichkeiten der Wortbetonung z.T. mit syntaktischen Mitteln (s. Kap. 4.3.2).

Die Betonung selbst beruht auf der Kombination mehrerer Faktoren: Im Französischen ist sie besonders durch die Tonhöhe markiert, die je nach Aussagetyp nach oben oder unten abweicht, aber auch durch die **Längung** des Vokals der betonten Silbe. Weniger ausgeprägt sind Abweichungen in der Lautstärke (der **Intensität**).

2.3 | Phonologie

Zum Begriff

> → Das Phonem ist eine abstrakte Einheit der *langue* und wird definiert als die kleinste bedeutungsunterscheidende Einheit.

Entsprechend der strukturalistischen Unterscheidung zwischen *langue* und *parole* (s. Kap. 1.3) ist für die Definition der Phoneme die Funktion der Laute im Sprachsystem entscheidend. Als Kriterium hierfür dient das **Minimalpaar**, d. h. ein Paar von Wörtern, die sich nur in einem Laut unterscheiden: /s/ und /z/ sind Phoneme, weil sich folgende Minimalpaare bilden lassen: *coussin* : *cousin* (/kusɛ̃/ : /kuzɛ̃/), *ils sont* : *ils ont* (/ilsõ/ : /ilzõ/). Die Phoneme unterscheiden sich ihrerseits durch die im Kapitel 2.2 dargestellten Merkmale: Bei den Vokalen unterscheidet z. B. das Merkmal [geschlossen : offen] die Phonempaare /i/ : /e/, /y/ : /ø/ und /u/ : /o/.

Das Phoneminventar des Französischen umfasst 16 Vokale (12 orale und 4 nasale), 3 Halbvokale und 18 Konsonanten. Der Phonemstatus ist unterschiedlich ausgeprägt. /ŋ/ wird vielfach nicht als Phonem bezeichnet, weil es fast nur in englischen, sporadisch auch in anderssprachigen Lehnwörtern auftritt (*camping, weltanschauung*) und keine Minimalpaare bildet. /ɥ/ kann als kombinatorische Variante des /y/ vor Vokalen angesehen werden (*huit*).

Zur Vertiefung

Zum Wert lautlicher Oppositionen

Manche Vokaloppositionen sind nur noch durch wenige Minimalpaare belegt und beginnen zu verschwinden, z. B. /ɑ/ : /a/ und /ɛ̃/ : /œ̃/ (s. Kap. 9.5.2). Die Länge der Laute ist in Einzelfällen phonematisch. Bei den Konsonanten unterscheidet sie in manchen Konjugationen das Imperfekt vom Konditional (*il courait* gegenüber *il courrait*) und, zumindest bei schnellem Sprechen, das *passé simple* vom Futur (*il déclara* gegenüber *il déclarera*). Bei den Vokalen sind die Längenoppositionen heute nicht mehr relevant. Bei älteren Sprechern finden sich noch die Oppositionen /ɛ/ : /ɛː/ (*mettre, maître*) oder /a/ : /ɑː/ (*malle, mâle*). Lange Vokale sind damit heute nur noch kombinatorische Varianten in betonten Silben und vor manchen Konsonanten, z. B. den stimmhaften Frikativen. Weitere phonetische Entwicklungen sind in den Kapiteln 7 und 9.4.2 angeführt.

Allophone: Auf der Ebene der *parole* kann ein Phonem verschiedene Realisierungen haben. Diese Realisierungen haben keinen Einfluss auf die Bedeutung und können nie bedeutungsunterscheidend sein. Man nennt sie **Allophon** oder **Variante**. Es gibt zwei Typen von Varianten:

Varianten

- **Die freie Variante** ist unabhängig von der Lautumgebung: Das Phonem /r/ wird im Französischen meist uvular gesprochen, es gibt aber auch den mit der Zungenspitze erzeugten Vibrant [ʀ], z. B. in nordfranzösischen Dialekten oder in Québec.

- Die **kombinatorische Variante** ist abhängig von der Lautumgebung: der Kontext bestimmt, welches der beiden Allophone eingesetzt werden muss. Ein Beispiel hierfür ist die Quantität (Länge) von Vokalen: Das Phonem /ɛ/ hat eine kurze Variante [ɛ] wie in *il naît* und vor bestimmten Konsonanten eine lange Variante [ɛː] wie in *il neige*. Das Phonem /k/ wird vor bestimmten Vokalen am vorderen Gaumen (z. B. in *kilo*), vor anderen am hinteren Gaumen artikuliert (z. B. in *cou*). Deutlicher hörbare Varianten sind die deutschen Reibelaute in *ich* /iç/ und *ach* /aχ/, die vom vorhergehenden Vokal abhängen.

Die Unterscheidung zwischen Lauten und Phonem spiegelt sich auch in der Lautschrift wider: Man unterscheidet zwischen einer **breiten Transkription** (auch: **phonematische Transkription**), die nur die phonematischen Unterschiede umschreibt und einer **engen Transkription** (auch: **phonetische Transkription**), die auch Varianten berücksichtigt. Die breite Transkription steht zwischen Schrägstrichen, die enge zwischen eckigen Klammern:

	endurer	*il neige*
- phonemische (breite) Umschrift:	/ãdyre/	/ilnɛʒ/
- phonetische (enge) Umschrift:	[ãd̪yˈʁe]	[ilˈnɛːʒ]

Bei dem Beispielwort *endurer* wird in der engen Transkription zusätzlich die apikodentale (s. Abb. 2.1) Artikulation des /d/, der Hauptton vor der letzten Silbe und die uvulare Variante des Phonems /r/ notiert, bei *il neige* die Länge des Vokals vor dem stimmhaftem Endkonsonanten.

→ **Neutralisation** ist die Aufhebung der phonologischen Opposition in einer bestimmten Position.

An bestimmten Positionen kann eine Opposition neutralisiert sein. Dies liegt daran, dass auch die Merkmale, die Phoneme differenzieren, kontextabhängig sind. In Opposition stehen nur noch die **distinktiven Merkmale**. Die gemeinsamen Merkmale bilden das **Archiphonem**. Die Phoneme selbst sind in dieser Position **komplementär distribuiert**.

Im Französischen zeigen z. B. die Minimalpaare *épée : épais, ces : c'est* usw., dass die Vokale /e/ und /ɛ/ in Opposition stehen, also Phoneme sind. Diese Opposition ist nun in bestimmten Positionen aufgehoben, nämlich dann, wenn der Vokal in **geschlossener Silbe** steht (also in einer Silbe, die auf Konsonant endet): In dieser Position gibt es ausschließlich das /ɛ/, Minimalpaare mit /e/ können hier nicht mehr gebildet werden. Die Opposition besteht also im Sprachsystem, ist aber in dieser Position neutralisiert. Analog verhalten sich die Phonempaare /o/ : /ɔ/ und /ø/ : /œ/. In einer der beiden Positionen (diesmal in geschlossener Silbe) können Minimalpaare gebildet werden (*saule : sol* /sol/ : /sɔl/, *jeûne : jeune* /ʒøn/ : /ʒœn/), aber in **offener Silbe** ist die Opposition neutralisiert, denn dort gibt es nur die geschlossenen Phoneme /o/ bzw. /ø/ (*peau, jeu*).

Die beiden Kriterien Opposition und Austauschbarkeit definieren also die vier Relationen, die zwischen zwei Lauten bestehen können. Sie sind in Abbildung 2.2 zusammengefasst. Weitere Beispiele zur Neutralisation finden sich in Kapitel 9.5.3.

Abbildung 2.2
Opposition,
Neutralisation
und Varianten

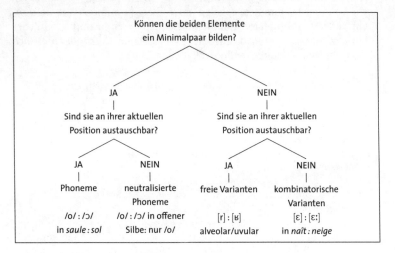

2.4 | Exkurs: Lautung und Schreibung

Zum Begriff

→ **Orthographie** ist präskriptiv betrachtet die Norm für die korrekte **Schreibung** von Wörtern. Deskriptiv betrachtet ist sie die Menge der Regeln, mit denen Laute als Buchstaben wiedergegeben werden.

Entsprechend definiert der *Petit Robert* »orthographe« als »manière d'écrire un mot qui est considérée comme la seule correcte« und »système de notation des sons par des signes écrits«.

Die Sprachwissenschaft hat sich wegen der im Strukturalismus festgelegten Priorität der gesprochenen Sprache erst spät in systematischer Form der Schreibung gewidmet. Hier sollen nur Fragen der Schreibung des heutigen Französisch angesprochen werden; weitere Fakten zur Entwicklung der Schrift und zu historischen Aspekten der Schreibung finden sich in Kapitel 7.4.3.

Die frühe Fixierung
der Schreibung
erklärt heutige
Probleme.

Es herrscht weitgehend Einigkeit darüber, dass die französische Orthographie eine komplizierte Struktur aufweist, schwer zu erlernen ist und Fehler begünstigt. Dieser Sachverhalt ist typisch für Schreibsysteme, die fixiert wurden, bevor wichtige Lautveränderungen abgeschlossen waren, wie im Französischen und Englischen, im Unterschied zum Deutschen oder Italienischen. Nach aktuellen Untersuchungen haben sich im Französischen seit dem 16. Jh. etwa 45 % der Wörter in der Schreibung kaum mehr verändert, obwohl die Aussprache sich meist deutlich weiterentwickelt hat. Bei den anderen Wörtern erfolgten 37 % der Veränderungen bis zum ersten Wörterbuch der *Académie française* (1694) und 57 % im 18. Jh. durch Setzung diakritischer Zeichen (Akzente) anstatt diakritischer Buchstaben (z. B. *estez* > *été*). Indizien für die Komplexität der französischen Orthographie sind der hohe Aufwand, der zu ihrer Vermittlung in der Schule nötig ist, aber auch die Tatsache, dass man sie zu einer Art Volkssport machen kann, wie die von Bernard Pivot initiierten *championnats d'orthographe*.

Schrift und Schreibung: Man unterscheidet zwischen primär **phonographischen Schriftsystemen** wie den Alphabetschriften, in denen die Schreibung normalerweise auf der Lautung basiert, und **ideographischen** Schriftsystemen wie dem Chinesischen, in denen die Schreibung Inhalte ausdrückt. Allerdings spricht man auch bei Alphabetschriften von ideographischen Merkmalen: Wenn gleich gesprochene Wörter unterschiedlich geschrieben werden (*ver*, *verre*, *vers*; *cent*, *sang*, *sans* usw.) oder Stämme trotz unterschiedlicher Aussprache gleich geschrieben werden (*aime* /ɛm/, *aimez* /eme/), hat die Schreibung keine phonetische Funktion mehr, sondern drückt aus, dass Formen nicht zusammengehören bzw. zusammengehören. Diese ideographischen Züge sind im Französischen besonders ausgeprägt, weil es aufgrund der Lautentwicklung (s. Kap. 7) sehr viele einsilbige Wörter gibt, die gleich ausgesprochen werden.

Das graphische Inventar des Französischen umfasst nach Söll (1985) 43 **Buchstaben**: die 26 einfachen des lateinischen Alphabets, 2 Digraphe *œ*, *æ*, und 15 komplexe Buchstaben, die mit den **Diakritika** *accent aigu*, *accent grave*, *accent circonflexe*, Trema und *cédille* gebildet werden.

Das Graphem bildet die Grundeinheit eines Schriftsytems. Grapheme sind einzelne Buchstaben oder Kombinationen von Buchstaben (*eau*). Die Basis für die Beschreibung orthographischer Regelmäßigkeiten sind die **Korrespondenzen** zwischen Phonemen und Graphemen. Die Problematik orthographischer Systeme liegt darin, dass diese Korrespondenzen meist nicht eindeutig sind. Im Französischen gibt es keine einzige eineindeutige Korrespondenz, d. h. kein Phonem entspricht genau einem Graphem und kein Graphem genau einem Phonem. Dies ist z. B. im Spanischen der Fall: /o/ ↔ *o*, /p/ ↔ *p* usw. Französische Korrespondenzen sind dagegen immer gerichtet: *eau* → /o/ ist nicht einfach umkehrbar, sondern /o/ ist mehrdeutig: /o/ → *eau*, /o/ → *au*, /o/ → *o* usw. Ein weiteres Problem ist der Geltungsbereich von Regeln: Nur wenige französische Regeln gelten nahezu ausnahmslos, wie *ou* → /u/ und /gz/ → *x*. Für die meisten Regeln müssen kontextabhängige Einschränkungen formuliert werden, die sich meist auf die folgenden Laute oder Grapheme beziehen: *c* vor *e, i, y* → /s/, und einige Regeln gelten nur für Ausnahmefälle.

Die Anzahl der Grapheme ist aufgrund der Mehrdeutigkeit natürlich höher als die der Phoneme. Catach (2003 und 2011) unterscheidet bis zu 130 Grapheme, die sie aber in einem didaktisch aufgebauten System (*trois*

Im Französischen ist die Beziehung zwischen Schreibung und Aussprache nicht eindeutig.

niveaux de l'écriture) auf 33 **Archigrapheme** reduziert. Auf dieser Basis, die ungefähr der Anzahl der Phoneme entspricht, baut sie ihre Regeln auf. Das Archigraphem O steht z. B. für die Grapheme *o, ô, au, eau* usw., das Archigraphem GN nur für das Graphem *gn*. Eine separate Behandlung erfordern die Wortendungen (z. B. Flexionsendungen), die mit sogenannten **Morphogrammen** geschrieben werden (s. hierzu Kap. 3.4 zur *orthographe grammaticale*).

Orthographiereformen: Allerdings ist auch ein relativ starres System wie das der Schreibung nicht unveränderlich. Einerseits ist die Orthographie weniger geregelt als die meisten Sprachbenutzer annehmen: Der Vergleich der französischen Wörterbücher erbringt Hunderte von graphischen Varianten wie *alaise, alèse; tanin, tannin; mille-feuille, millefeuille; appui-mains, appuie-mains; gnole, gniaule* usw. (vgl. Mathieu-Colas 1988 und 1990). Andererseits wird die Orthographie aufgrund ihrer Komplexität in Frankreich häufiger als in Deutschland bewusst verändert. Die gängige Praxis besteht darin, dass der Staat Kommissionen zur Ausarbeitung von Vorschlägen (*rapports*) einsetzt. Diese gehen dann an die **Académie française** und werden im Falle der Befürwortung staatlich durchgesetzt, d. h. als Gesetz im *Journal Officiel* publiziert. So arbeitet seit 1989 der **Conseil supérieur de la langue française** (**CSLF**, s. auch Kap. 9.1) eng mit der *Académie française* zusammen, um neue Reformvorschläge auszuarbeiten. Einige der Veränderungen sind im »Rapport sur les rectifications de l'orthographe française« publiziert (*Journal officiel* vom 6.12.90). Sie betreffen u. a. den Bindestrich, die Pluralbildung mancher Verb-Nomen-Komposita, den Stammausgleich bei Verben (*j'étiquète* statt *j'étiquette* usw.) und die Akzentsetzung (*évènement* statt *événement*).

Literatur

Zu den **Standardwerken** gehören Carton (1997), Léon (1992) und Hammarström (1998). Als Einstieg eignen sich Röder (1996) und Meisenburg/ Selig (1999) mit deutscher und Eggs/Mordellet (1990) mit französischer Terminologie, außerdem Schwarze/Lahiri (1998). Speziell zur Prosodie vgl. Wunderli (1990). Theorien und dialektale Varietäten kommen zusätzlich bei Pustka (2011) zur Sprache.

Zum Thema **Schreibung und Orthographie** vgl. Catach (2011) und Catach (1991), Börner (1977) und Keller (1991). In Sommant (1992) sind Diktate der *championnats d'orthographe* wiedergegeben. Der Text der Orthographiereform von 1990 ist in Rey-Debove/Le Beau-Bensa (1991) abgedruckt, in Auszügen auch in Catach (2001), im Internet s. http:// academie-francaise.fr unter »Questions de langue«.

3. Morphologie

3.1 | Grundbegriffe

> → Die Morphologie beschäftigt sich mit der Struktur der Wörter und
> zerfällt in die beiden Teilgebiete **Formenlehre (Flexion)** und **Wortbil-**
> **dung**. Ihre Aufgabe ist, Regelmäßigkeiten zu erkennen und ein Inven-
> tar der Bestandteile von Wörtern aufzustellen. Die dabei berücksich-
> tigten Einheiten sind Folgen von Phonemen oder Graphemen, die eine
> Bedeutung haben und somit Zeichen sind.

Zum Begriff

In der Linguistik ist das **Wort** selbst kein klar definierter Begriff. Definiti-
onsversuche für »Wort« sind z. B.:

- **Die graphische Einheit:** Dagegen spricht, dass die Schrift als sekun-   Wortdefinitionen
däres System nicht Ausgangspunkt der sprachlichen Analyse sein sollte.
- **Die phonetische Einheit:** Gegen dieses Kriterium spricht im Französischen das *mot phonétique* (s. 2.2.2).
- **Die enge Verbindung der Bestandteile:** Die Bestandteile eines »Worts«
sind nicht vertauschbar und nicht durch Einfügung anderer Elemente
trennbar, z. B. bei *marcher*: /marʃe/, aber nicht */e-marʃ/ oder */marʃ-
vit-e/ (der **Asterisk** markiert falsche Formen). Dies scheint zwar ein-
leuchtend, setzt aber bereits die Definition kleinerer Elemente voraus.

Morphem: Daher vermeidet man in der Linguistik den Wortbegriff und
spricht stattdessen von Morphemen (in der französischen Linguistik nach
André Martinet auch von *monème*). Ein **Morphem** ist die kleinste bedeu-
tungstragende Einheit einer Sprache, also das kleinste Zeichen. Demnach
ist das Wort *poudreux* kein Morphem, da es in die beiden Bestandteile *poudr-* und *-eux* zerlegbar ist. Ähnlich wie bei den Phonemen kann
auch hier die Bildung von Wortpaaren herangezogen werden: Das Morphem *-eux* kann mit einer Reihe von anderen Morphemen verbunden
werden (*vaseux, fâcheux, miraculeux*), ebenso wie das Morphem *poudr-*
(*poudrage, poudrier*).

Die Bedeutung des Morphems ist manchmal schwer zu definieren,
besonders bei Infixen wie *-iss-* in *nous finissons* oder bei semantisch
verblassten Präfixen wie frz. *pro-* oder dt. *ver-* (zu Infixen und Präfixen
s. Kap. 3.2). Ein zusätzliches Kriterium ist daher die grammatikalische Re-

levanz: Einheiten sind auch dann Morpheme, wenn die Bedeutung zwar nicht eindeutig definierbar ist, sie aber ein in der Grammatik regelmäßig wiederkehrendes Bildungselement darstellen. Damit gibt es zwei Definitionen für Morpheme:

Zum Begriff

> → **Morphem** kann auf zwei Arten definiert werden:
> - Ein Morphem ist die kleinste Phonem- oder Graphemfolge, die eine Bedeutung hat.
> - Ein Morphem ist die kleinste grammatikalisch relevante Phonem- oder Graphemfolge.

Allomorphe: Analog zur Unterscheidung zwischen Lauten und Phonemen wird auch in der Morphologie zwischen Einheiten der *langue* und der *parole* unterschieden: Das Morphem ist die abstrakte Einheit auf der Ebene der *langue* und kann auf der Ebene der *parole* mehrere Varianten haben. Eine solche Variante heißt Allomorph. Zu einem Morphem gehört also die Menge von Allomorphen mit gleicher Bedeutung oder gleicher Funktion. Dabei sind Lautung und Schreibung voneinander zu unterscheiden: In *rendre* (1a) hat der Stamm zwei in der Schreibung gleiche, aber in der Lautung unterschiedliche Allomorphe, in (1b) verhält es sich beim Stamm von *lancer* umgekehrt:

(1)   a. *rend-* für /rā/ und /rād/
      b. *lanç-* und *lanc-* für /lās/

Zur Vertiefung

Allomorphe in der Verbflexion

Nach der Zahl der graphischen Allomorphe im Flexionsparadigma kann wie in (2) die Unregelmäßigkeit von Verben definiert werden (nach Dubois in Pötters/Alsdorf-Bollée 1995):

(2)   a. 1 Allomorph: *parl-*
      b. 2 Allomorphe: *céd- cèd-*
      c. 3 Allomorphe: *joind- joign- join-*
      d. 4 Allomorphe: *doi- dev- doiv- d-*
      e. 5 Allomorphe: *sai- sav- sau- sach- s-*
      f. 6 Allomorphe: *vais, va, vont, all-, aill-, i-*
      g. 7 Allomorphe: *suis, es(t), sont, som-, soi(y)-, ét-, se-*

Im Gegensatz zu den Phonemen haben Morpheme eine eigene Bedeutung, und ihr Austausch führt daher normalerweise zu einer Bedeutungsveränderung. Die bereits in Kapitel 2.3 eingeführten Typen von Varianten kommen aber auch bei Morphemen vor. **Freie Variation**, d. h. Austauschbarkeit, die nicht durch den Kontext bestimmt wird, ist selten: Meist handelt es sich um graphische Varianten wie *pai-* und *pay-* vor *-ement*. Die meisten Varianten sind **kombinatorisch**, also **komplementär distribuiert**: die Allomorphe schließen sich in einer bestimmten Umgebung gegenseitig aus. Beim Artikel *les* sind dies die Allomorphe /le/ und /lez/ je nach folgendem Laut: *les parents*: *les enfants*. Analog funktionieren zahlreiche Fälle von Liaison (*deux, trois* usw.), daher auch im gesprochenen Französisch die häufige Übertragung des Allomorphs mit Bindungs-*s* auf *quatre*: /katrəzwazo/ statt /katrwazo/ für *quatre oiseaux*. Ein deutsches Beispiel für komplementäre Distribution ist die Endung der 3. Person Singular, die je nach Stammauslaut /t/ oder /ət/ lautet (*geht, atmet*).

3.2 | Typen von Morphemen

Grammatikalische und lexikalische Morpheme: Eine Sprache hat nur eine begrenzte Menge von grammatikalischen Morphemen, sie bilden also eine **geschlossene Klasse**, die historisch betrachtet eher konstant bleibt. Hierzu gehören Präpositionen, Pronomina, Konjunktionen und Artikel. Dagegen ist die Menge der lexikalischen Morpheme variabel; sie bilden eine **offene Klasse** und sind historisch betrachtet instabiler. Hierzu gehören Substantive, Verben, Adjektive und Adverbien. Häufig bezeichnet man die grammatikalischen Morpheme einfach als Morpheme und die lexikalischen Morpheme als **Lexeme**.

Freie und gebundene Morpheme: Ein zweites Kriterium betrifft die Realisierungsmöglichkeiten der Morpheme: Während **freie Morpheme** als grammatikalische Wörter selbstständig auftreten können, sind **gebundene Morpheme** immer an ein anderes Morphem gebunden. Dass dieses Kriterium nicht ganz unproblematisch ist, liegt auf der Hand: Natürlich könnte man auch vom französischen Artikel sagen, dass er an ein Substantiv gebunden ist, auch wenn die beiden Formen in der Schreibung getrennt bleiben (dieses Problem wird in Kap. 3.3 vertieft). Die Tabelle nennt Beispiele für die verschiedenen Morphemtypen:

Morpheme	frei	gebunden
lexikalisch	*homme, chaise*	*franco-, -cole*
grammatikalisch	*pour, ce*	*pré-, -able*

Wurzeln und Affixe: Jedes Wort enthält mindestens eine **Wurzel**: sie bildet den Wortkern. Wurzeln sind frei (*amour*) oder gebunden (*ocul-*), lexikalisch (*chien*) oder grammatikalisch (*pour*). Ein Wort muss dagegen kein **Affix** enthalten. Affixe sind immer gebunden und grammatikalisch. Je nach Position wird unterschieden zwischen **Präfix** (*pro-*), **Suffix** (*-able*) und **Infix** (*-iss-* in *finissent*, *-onn-* in *chantonner*). Affixe dienen der Flexion, der Derivation und der **Stammerweiterung**.

Produktivität: Synchron betrachtet bezeichnet man nur diejenigen Morpheme als Affixe, die noch **produktiv** sind, mit denen also noch neue Wörter gebildet werden. Da hier mehrere Kriterien (z. B. Identifizierbarkeit und Frequenz von Neubildungen) zusammenfallen, ist die Grenze zwischen produktiven und nicht mehr produktiven Affixen fließend: Affixe wie *anti-, hyper-, -able, -tion* sind jederzeit durch neu gebildete Wörter belegbar. Andere Affixe wie *mé-, hors-, -onn-* (*mévendre, hors-bord, chantonner*) sind zwar klar identifizierbar, treten aber nur selten in neugebildeten Formen auf. Schließlich sind manche Affixe nur noch durch historisches Sprachwissen erkennbar wie bei *tressauter, tressaillir*, wo *tres-* aus dem lateinischen Präfix *trans-* stammt.

Motiviertheit: Sind die einzelnen Morpheme eines Worts nicht mehr identifizierbar, dann ist es nicht mehr **motiviert**. Die Zerlegung in Morpheme kann dann nur noch historisch begründet werden. So erkennen normale Sprecher des Französischen in *corbeau* ›Rabe‹ nicht mehr afrz. *corp* (< lat. *corvus*), in *message* nicht mehr afrz. *mes* (< lat. *missus* ›Bote‹) und in *couteau* nicht mehr lat. *cultrum*. Ebenso wenig können sie die Bedeutung des Suffixes *-eau* aus lat. *-ellum* erschließen. Synchron betrachtet haben diese Wörter also nur ein Morphem.

Besondere Morpheme: Schließlich gibt es noch spezielle Termini für die Fälle, in denen die Zuordnung von Morphemen zu graphischen oder lautlichen Einheiten problematisch ist:

- Mit **Portemanteaumorphem** bezeichnet man eine Form, in der zwei Morpheme miteinander verschmelzen, wie bei *du* (= *de* + *le*).
- Zum **diskontinuierlichen** Morphem gehören mehrere getrennt realisierte Formen wie bei *ne ... pas*.
- Als **Nullallomorph** bezeichnet man eine unhörbare oder unsichtbare Form, die man nur aus Gründen der Parallelität zu anderen Analysen annimmt: Während die meisten pluralischen Substantive mit dem Pluralmorphem *-s* gebildet werden, kann man die Pluralformen von auf *-s* und *-x* endenden Substantiven als einen Stamm mit Nullallomorph analysieren (*concours, prix, nez*). Das Nullallomorph stellt man mit dem Symbol Ø dar.

3.3 | Sprachtypen

Sprachstrukturen im Vergleich: In der **Sprachtypologie** klassifiziert man die Sprachen nicht aufgrund ihrer genetischen Verwandtschaft, sondern aufgrund ihrer strukturellen Ähnlichkeiten.

Die folgenden Beispiele zeigen auch, wie man in der Linguistik Beispiele aus Sprachen darstellt, die den Lesern nicht bekannt sind: In der ersten Zeile werden die Morpheme voneinander getrennt, in der zweiten Zeile werden sie einzeln übersetzt oder umschrieben (die sogenannte **Glosse**) und in der dritten Zeile wird die Gesamtbedeutung genannt (s. auch das glossierte Beispiel zu Kreolsprachen, Kap. 9.3.4). Für die Form von Glossen sind die ›Leipzig Glossing Rules‹ ein international anerkannter Standard (http://www.eva.mpg.de/lingua/resources/glossing-rules.php).

- **Isolierende Sprachen** haben unveränderliche Wörter ohne Endungen, wie das Chinesische oder Vietnamesische. Im Gegensatz zu den indogermanischen Sprachen muss z. B. das flektierte Verb im Vietnamesischen kein Tempus markieren (obwohl natürlich bei Bedarf ein Tempusmorphem eingefügt werden kann).

- In **agglutinierenden Sprachen** wird jede grammatikalische Kategorie von
  einem eigenen Morphem ausgedrückt, wie in Suaheli (3) oder der aus-
  tralischen Aborigene-Sprache Tiwi (4) (nach Crystal 2004, Kap. 50).

  (3)   a- na-   ze- ni- pat-   ia   maji   (Suaheli)
        er Präs. der mir holen für Wasser
        ›der mir Wasser holt‹

  (4)   ngi- rru-   unthing- apu-   kani   (Tiwi)
        ich   Prät. Zeitlang essen wiederholt
        ›Ich habe weitergegessen‹

- Für die **flektierenden Sprachen**, zu denen auch die in Europa dominierenden indoeuropäischen Sprachen gehören, ist dagegen typisch, dass
  ein Morphem für mehrere grammatikalische Kategorien steht. Hier unterscheidet man weiter zwischen analytischem und synthetischem Flexionstyp. Beim **analytischen** Typ werden Flexionsmorpheme eher vom
  Wort getrennt realisiert, wie im Französischen oder Englischen, beim
  synthetischen Typ verbindet sich das Morphem mit dem Wort, wie im
  klassischen Griechisch oder Latein (Beispiele s. u.).

Der Sprachtyp in historischer Sicht: Die Unterscheidung zwischen analytischem und synthetischem Flexionstyp geht auf Wilhelm Schlegel zu Beginn des 19. Jh.s zurück. Historisch gesehen, stellt man im Französischen
eine Entwicklung vom synthetischen zum analytischen Typ fest. Ein Beispiel hierfür sind die Formen des Perfekt. So schreibt Bischof Gregor von
Tours im 6. Jh. *episcopum invitatum habes* und benutzt damit statt des
klassisch lateinischen *invitavis* bereits eine Hilfsverbkonstruktion, die an
das spätere *passé composé* erinnert. Ebenso bevorzugt man im heutigen
gesprochenen Französisch in vielen Fällen das analytische *futur proche* (*je
vais donner*) anstelle des synthetischen Futurs (*je donnerai*). Vgl. hierzu
auch den Begriff »Grammatikalisierung« (Kap. 7.1.2).

    Das Problem bei der Übertragung von Schlegels **indogermanistisch**
geprägter Differenzierung auf das Französische liegt in der Definition des
freien Morphems. Im Französischen sind die **Flexionsendungen** des Verbs
ebenso wenig frei realisierbar wie der Artikel oder die unbetonten Sub-
jektpronomina (*Qui est là? *Je*). Daher ist auch für Weinrich (1962) das
Französische eher synthetisch als analytisch, wenn man die Isolierbarkeit
als Kriterium für die Wortdefinition wählt. Hinzu kommt, dass zwischen
Morphem und Lexem meist nur grammatikalische Morpheme realisierbar
sind (*il ne le lui donne pas*) und dass Lexeme sich in diesen Positionen
den Morphemen annähern, indem sich ihre Bedeutung auf nur ein semantisches Merkmal reduziert, wie z. B. bei manchen vorgestellten französischen Adjektiven: *une noble famille* (›gut‹), gegenüber *une famille noble*
(›adelig‹).

    Prädeterminierung und Postdeterminierung: Baldinger (1968) schlägt
vor, das Begriffspaar analytisch und synthetisch durch das Begriffspaar
prädeterminierend und **postdeterminierend** zu ersetzen: Da das Fle-
xionsmorphem die Kategorien des Lexems determiniert, ist die Abfolge
Morphem-Lexem wie in *il va faire* prädeterminierend, die Abfolge Lexem-

Morphem wie in *il fais̲a̲i̲t* postdeterminierend. Baldinger verschiebt damit den Akzent von der Selbstständigkeit der Morpheme auf ihre Reihenfolge. Allerdings berücksichtigt diese Unterscheidung auch nicht die Fälle, in denen Lexem und Morphem miteinander verschmelzen, was insbesondere bei hochfrequenten Einheiten vorkommt (*suis, vais* usw.).

Damit lässt sich die historische Entwicklung des Französischen präziser als ein Wandel von der Postdeterminierung zur Prädeterminierung beschreiben. Dies zeigen z. B. die Verbendungen von lat. *amo, amas, amat* verglichen mit den frz. Formen *j'aime, tu aimes, il aime*: Die in der Lautung gleichen Verbformen (/ɛm/) werden nur noch durch das Personalpronomen unterschieden, sind also rein prädeterminiert. Der Grund hierfür liegt in der lautlichen Entwicklung der Verbendungen vom Lateinischen zum Französischen, die (vereinfacht ausgedrückt) die obligatorische Setzung des Personalpronomens erforderlich machte. Im Vorgriff auf die Wortbildung (3.5.3) sei auch auf Komposita wie *vidéocassette* (konkurrierend mit *cassette vidéo*) hingewiesen, die bisweilen mit dem prädeterminierenden Einfluss des Englischen in Verbindung gebracht werden.

	prädeterminiert	postdeterminiert	prä- und post-determiniert
Tempus	subjonctif (*que*)	imparfait passé simple futur	passé composé plus-que-parfait futur proche
Person	1.–3. Sg., 3. Pl., *on*	Imperativ *donne-moi*	1.–2. Pl.

Prä- und Postdeterminierung bei Verben

Am weitesten ist die Entwicklung zur Prädeterminierung beim Nomen fortgeschritten, wo der Numerus, abgesehen von einigen unregelmäßigen Pluralformen (*œufs, yeux, travaux*), rein prädeterminiert ist und nur noch durch den Artikel oder die Liaison markiert wird. Beim Adjektiv zeigen nur einige Klassen noch Reste des postdeterminierten Genus (*blanc, blanche*). Am stärksten ist die Postdeterminierung noch beim Verb (s. Abb., nach Baldinger 1968), aber auch hier weisen moderne Entwicklungen auf die Prädeterminierung hin: Die im gesprochenen Französisch übliche Bildung der 1. Person Plural mit *on* (*on chante*) ist rein prädeterminiert und ersetzt die prä- und postdeterminierte Form *nous chantons*. Analog spiegelt das periphrastische Futur oder *futur proche* (*je vais partir* statt *je partirai*) die Tendenz zur Prädeterminierung wider.

3.4 | Flexion

Zum Begriff

> → Flexion ist die morphologische Veränderung, mit der bestimmte Wortarten in den sogenannten flektierenden Sprachen ihre Funktion im Satz markieren.

Zur Flexion gehört die Formveränderung von Substantiven (**Deklination**), Verben (**Konjugation**) und Adjektiven (**Deklination, Komparation**). Die Formen werden durch Anhängen eines **Flexionsaffixes** an einen Stamm gebildet. Der **Stamm** ist entweder eine **Wurzel** (s. Kap. 3.2) wie *fin-* oder eine Wurzel mit **Stammerweiterung** wie *finiss-*. Die Flexionsformen eines Stamms ergeben ein **Flexionsparadigma**. Von der Derivation, bei der ebenfalls Affixe mit Stämmen verbunden werden (s. Kap. 3.5.2), unterscheidet sich die Flexion durch ihre grammatikalische Funktion.

Die Flexionsmarkierung betrifft bei den verschiedenen Wortarten folgende Kategorien:

- **Adjektive und Substantive** flektieren in **Numerus** und **Genus**. Dabei ist beim Substantiv die Genusflexion auf wenige Klassen beschränkt, die auf männliche oder weibliche Lebewesen referieren (*assistant, assistante*; *lion, lionne*).

Wortarten
und Flexion

- **Verben** flektieren in **Person**, **Numerus**, **Tempus**, **Modus** und dem **Genus verbi** (Aktiv, Passiv).

Grammatikalische Kategorien werden durch Flexionssuffixe, durch analytische Bildungen und durch Stammveränderungen (*œil, yeux*) ausgedrückt oder sie bleiben unmarkiert. In diesem Bereich bestehen erhebliche Diskrepanzen zwischen Lautung und Schreibung, die man unter dem Begriff *orthographe grammaticale* zusammenfasst.

Lautung und Schreibung: Was das Französische anbelangt, ist gerade bei der Flexion die Differenzierung von Schreibung und Lautung von besonderer Bedeutung. Nach Söll (1985), der zwischen *code phonique* und *code graphique* unterscheidet, spricht man von **phonischen** und **graphischen** Merkmalen. Generell gilt für das Französische, dass die Zahl der phonischen Merkmale kleiner oder gleich der Zahl der graphischen Merkmale ist. Im graphischen Code sind die Formen also markierter, im phonischen Code kommt es häufiger zur **Neutralisation** von Kategorien.

- **Beim Adjektiv** *petit* gibt es im graphischen Code vier Formen, im phonischen Code dagegen fünf:

Phonische
und graphische
Merkmale

In den graphischen Formen sind Genus und Numerus eindeutig markiert. Bei den phonischen Formen sind nur die Formen für die Liaison im Plural (4. und 5.) eindeutig. In den Formen unter (1.) und (3.) ist der Numerus neutralisiert, in der Form unter (2.) das Genus.

Graphische und
phonische Formen
des Adjektivs

Graphie	Phonie			
petit	1. /pti/	2. /ptit/		
petite			3. /ptit(ə)/	
petits	1. /pti/			4. /ptiz/
petites			3. /ptit(ə)/	5. /ptit(ə)z/

- **Beim Substantiv** erfolgt die Markierung in der Regel allein durch die Determinanten. Ausnahmen sind der auch phonisch markierte Plural des Typs *-al, -aux*, die Liaison bei vorgestelltem pluralischen Adjektiv (s.o.)

und in gehobener Sprache die Liaison bei nachgestelltem pluralischen Adjektiv (*les frères_heureux*). Im phonischen Code fehlt die prädeterminierende Markierung nur bei *au* und *leur* vor Konsonanten (*au, aux* /o/, *leur, leurs* /lœr/). Im graphischen Code fehlt die Markierung nur bei Substantiven auf *-s, -z, -x*.

- **Beim Verb** ist die Zahl der phonischen Merkmale kleiner als bei den Adjektiven und Substantiven. Die Person ist nur in der 1. und 2. Person Plural redundant markiert, d. h. durch Pronomen und Flexionsendung (*nous chantons, vous chantez*), bei den graphischen Formen dagegen fast durchgehend. Der Numerus ist im graphischen Code immer redundant markiert; im phonischen Code ist er nur in Ausnahmen redundant (*ils ont parlé* /ilzɔ̃parle/), zum Teil einfach markiert (*ils parleront* /ilparlərɔ̃/) und häufig gar nicht (*ils parlaient* /ilparlɛ/).

Insgesamt bleibt die phonische Endungsmarkierung weit hinter der graphischen zurück. Am extremsten ist dieser Sachverhalt bei den Substantiven ausgeprägt.

3.5 | Wortbildung

3.5.1 | Grundbegriffe

Zum Begriff

> → **Neologie** ist der Prozess der Bildung neuer lexikalischer Einheiten. Das Ergebnis bezeichnet man als **Neologismus**.

Neologismen können neue Wortformen und neue Wortbedeutungen sein. Im ersten Fall entsteht durch Ableitung (Derivation), Zusammensetzung (Komposition) oder weitere Verfahren eine neue Form. Im zweiten Fall erhält eine existierende Form eine neue Bedeutung, z. B. durch Bedeutungsübertragung. Die Typen der formalen Neologie sind Gegenstand der folgenden Abschnitte, die Bedeutungsveränderung und die Entlehnung von Wörtern aus anderen Sprachen sind in Kapitel 8.1 behandelt.

3.5.2 | Derivation

Zum Begriff

> → **Derivation** ist die Bildung einer neuen Form durch Anfügen eines **Affixes** an die **Derivationsbasis**.

Präfigierung und Suffigierung

Derivation kann durch **Präfigierung** oder durch **Suffigierung** geschehen:
- Bei der **Präfigierung** tritt ein **Präfix** vor die Basis und verändert ihre Bedeutung (*monter → dé + monter*).
- Bei der **Suffigierung** tritt ein **Suffix** hinter die Basis und verändert die Bedeutung (*jardin → jardin + et*) und in vielen Fällen auch die **Wortart** (*mont-er → mont + age*).

Meist handelt es sich bei der Derivationsbasis um ein Allomorph der entsprechenden freien Form, weil sich durch Anfügen des Affixes die Lautumgebung ändert: So werden z. B. stumme Endkonsonanten hörbar (*débit* → *débiter*), Bindekonsonanten eingeschoben (*numéro* → *numéroter*), oder der Stammvokal ändert sich durch die Verschiebung des Wortakzents (*collège* → *collégien*).

Ein Grenzfall, bei dem man kaum noch von Allomorphen sprechen kann, sind die Alternanzen zwischen den aus dem Lateinischen entwickelten (auch **volkstümlich** oder **Erbwörter** genannten) Formen und den **gelehrten** Formen wie bei *cœur* → *cordial*, *voix* → *vocal* usw. Die Basis *stabil-* in (5) ist ebenfalls ein Beispiel für eine gelehrte Form. Bei der Präfigierung passt sich häufig das Präfix an die Basis an. Durch solche **Assimilationen** entstanden z. B. die Allomorphe von *in-* (*in-actif*, *im-possible*) und von *dé-* (*dé-faire*, *dés-activer*).

Abgeleitete Wörter haben eine interne Struktur: Präfigierung und Suffigierung können mehrfach auf eine Basis angewendet werden und ergeben dann komplexere **Derivate**. Die Analyse lässt sich gut in einer **Konstituentenstruktur** darstellen, in der jeweils ein Element mit dem nächsten hinzutretenden verbunden wird (zur Aufstellung solcher Strukturen s. ausführlich Kap. 4.2.2).

Kombinationsregeln für Affixe: In (5) ist die adjektivische Basis *stabil-* (zu *stable*) zunächst mit dem verbalen (daher mit V markierten) Suffix *-is* verbunden. Das Ergebnis *stabilis-* ist ein Verbstamm (V). Dazu tritt als nächstes das Präfix *dé-*, ohne die Wortart zu verändern (weiterhin V). Das adjektivische Suffix *-able* macht aus dem Verbstamm ein Adjektiv (Adj), dessen Bedeutung schließlich durch das Präfix *in-* ins Negative verändert wird.

Bei der Derivation werden Affixe mit einer Basis kombiniert.

(5)

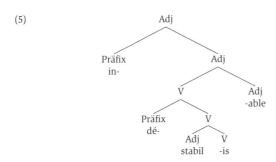

An Beispiel (5) lässt sich auch zeigen, dass für jedes Affix Kombinationsregeln gelten:

- Das negative Präfix *dé-* verbindet sich mit verbalen Basen: *défaire*, *démonter* usw.
- Das bedeutungsähnliche Präfix *in-* verbindet sich dagegen mit adjektivischen Basen: *incapable*, *impossible* usw.
- Das Suffix *-is* macht Adjektive (und Substantive) zu Verben: *valoriser*, *caractériser* usw.

Kombinationsregeln für Affixe

• Das Suffix -*able* macht dagegen Verben zu Adjektiven: *mangeable, payable* usw.

Durch die Termini für Derivate wird ihre Entstehung ausgedrückt: So spricht man von **deverbalen** Substantiven, **deadjektivischen** Verben usw. Eine weitere Klassifizierung kann nach semantischen Gesichtspunkten erfolgen, führt aber zu einer Vielzahl von Typen. Häufige Suffixtypen sind die Abstrakta zu Handlungen oder **prädikative Nominalisierungen** (mit -*age*, -*isme*, -*tion*), die Personenbezeichnungen oder *Nomina agentis* (mit -*eur*, -*ier*, -*iste*) und die Verkleinerungsformen oder **Diminutive** (mit -*et*, -*ot*).

Produktive
Suffigierung
(Galeries Lafayette)

Wenn Präfix und Suffix gleichzeitig mit einer Basis kombiniert werden, spricht man von **Parasynthese**. Beispiele für dieses bei verbalen Basen häufige Phänomen sind *embaucher* und *intonation*: Es gibt weder *embauch*- oder *inton*- noch *baucher* oder *tonation*. Im Gegensatz zu (5) können diese Formen also nicht durch aufeinanderfolgende Ableitungen erklärt werden.

Wortbildungsregeln und Produktivität: Die Kombinationsregeln, nach denen Wörter gebildet sind, bezeichnet man als **Wortbildungsregeln**. Solche Regeln betreffen nicht nur die Derivation, sondern auch die im folgenden Abschnitt behandelte Komposition. Wenn eine Wortbildungsregel noch neue Formen bildet, bezeichnet man sie als **produktiv**.

Derivation wird im Kapitel 11 »Theorie und Anwendung« noch einmal aufgenommen.

3.5.3 | Komposition

Zum Begriff

> → **Komposition** ist die Zusammensetzung von freien Morphemen. Dadurch entsteht ein **Kompositum**.

Die Bestandteile des Kompositums sind flektierte Wörter (*lance-pierres, rendez-vous, cessez-le-feu*) oder Stämme (*sous* + *estim*- ergibt einen neuen Stamm, der als Verb flektiert: *sousestim-er* usw.). Die Komposition steht hierarchisch über der Derivation, d. h. abgeleitete Formen können ihrerseits Elemente von Kompositionen werden (*jardinier-fleuriste*).

Komposita können nach der **Wortart** ihrer Bestandteile klassifiziert werden, wie in (6):

(6) | | |
|---|---|
| N + N | *guide-interprète, timbre-poste* |
| N + P + N | *arc-en-ciel* |
| N + Adj | *amour propre* |
| Adj + N | *grand-mère, petite-fille* |
| P + N | *sous-bois* |
| V + N | *cure-dent, ouvre-bouteille* |
| Adj + Adj | *aigre-doux* |

Bei gelehrten Bildungen können Komposita auch Elemente enthalten, die nicht frei vorkommen, wie *thermo-* in *thermomètre* oder *iso-* in *isoglosse*. Viele Komposita dieses Typs stammen aus den Fachsprachen. In der Gemeinsprache werden die gängigsten Formen häufig verkürzt (*photographie* zu *photo*) und können in dieser Form wieder neue Verbindungen eingehen wie *photo-roman, photothèque* usw.

Bei Komposita mit präpositionalen Elementen ist die Abgrenzung von den Ableitungen nicht ganz eindeutig: In Fällen wie *contredire, surmonter, sous-exposer* kann man sagen, dass es sich tatsächlich um Bildungen mit den Präpositionen *contre, sur* und *sous* handelt. Weil diese freie Morpheme sind, sind die Bildungen Komposita. In Fällen wie *poursuivre* oder *survivre* ist die Bedeutung der Präposition nicht mehr eindeutig erkennbar. In diesem Fall kann man entweder Derivation durch Präfixe *pour-, sur-* etc. annehmen oder die Formen als nicht mehr motiviert und folglich auch als nicht zerlegbar betrachten.

Produktive Formen der Komposition: Die bisher besprochenen Komposita bestanden aus direkt zusammengesetzten Morphemen. In der Schreibung wurde die Zusammensetzung meist durch einen Bindestrich markiert. Weitaus **produktiver** ist im Französischen die Kompositabildung mit Präpositionen, die als Bindeglieder zwischen den Elementen fungieren, wie in *fer à repasser, machine à laver, mesure de sécurité*. In vielen dieser Bildungen hat die Präposition ihren semantischen Wert verloren, es gibt aber auch Oppositionen wie *tasse à café* ›Kaffeetasse‹ und *tasse de café* ›Tasse Kaffee‹. Wenn das zweite Element des Kompositums durch den Artikel determiniert ist, gehen die Bildungen in freie Syntagmen (Wortgruppen) über. Man spricht dann von **syntagmatischen** Komposita. Im Deutschen können diese Fälle entweder als freies Syntagma oder als Kompositum wiedergegeben werden, z. B. *position de la pédale* als *Pedalposition* oder *Position des Pedals* oder *circuit de l'huile de graissage* als *Schmierölkreislauf* oder (seltener) *Kreislauf des Schmieröls*.

Asyndetische Komposita sind eine andere produktive Form der Nominalkomposition, die an die Wortbildungsmöglichkeiten des Englischen erinnert: Zwei Substantive werden ohne präpositionales Bindeglied nebeneinandergestellt. Diese verbindungslose Bildung nennt man **asyndetisch**. Im Unterschied zum Englischen wird dabei allerdings die typisch französische postdeterminierende Abfolge eingehalten. Das zweite Substantiv verhält sich wie ein attributives Adjektiv und wird daher auch als *substantif épithète* bezeichnet (Noailly 1993). Diese Methode eignet sich besonders für die Bildung von **ad-hoc-Komposita**, d. h. spontan gebildete, noch nicht lexikalisierte Komposita. In der Umgangssprache oder der Sprache der Jugend wird dieser Typ häufig mit qualifizierenden Sub-

asyndetisches Kompositum	attributives Adjektiv
un temps catastrophe	un temps catastrophique
une conduite exemple	une conduite exemplaire
un document programme	un document programmatique

Determinierung durch Nomen (Komposition) oder Adjektiv

stantiven gebildet (*une idée bidon* ›eine dumme Idee‹, *un film culte* usw., s. auch Kap. 9.4.2), aber auch in der Zeitungssprache findet sich *une grève prétexte*, *un discours programme*, *une valeur refuge* usw. Die tabellarische Gegenüberstellung auf S. 39 zeigt, dass dieser asyndetische Typ mit der Determinierung durch das attributive Adjektiv konkurrieren kann.

3.5.4 | Weitere Wortbildungstypen

Als **Konversion** bezeichnet man die Wortartveränderung ohne Formveränderung. Konversion ist im Französischen seltener als im Englischen oder Deutschen: Adjektive sind bezüglich ihrer Wortart am flexibelsten und können als Substantive (*le vrai*, *le rouge*), mit Einschränkungen auch als Adverbien (*voir rouge*, *marcher tranquille*) verwendet werden. Der Übergang vom Verb zum Substantiv lässt sich zwar belegen, die meisten Fälle sind aber lexikalisiert (*le déjeuner*, *le savoir*), und diese Konversionsrichtung (V → N) ist nicht sehr produktiv.

Wortverkürzung und Wortmischung: Die Verkürzung von Wortformen ist ein weiteres gebräuchliches Muster. Man unterscheidet mehrere Formen der Verkürzung:

Formen der Verkürzung

- Bei der **Apokope** wird am Wortende gekürzt: *microphone* → *micro*.
- Bei der **Aphärese** wird am Wortanfang gekürzt: *autobus* → *bus*.
- Bei der **Sigelbildung** werden die Anfangsbuchstaben von Mehrwortlexemen zu einer Abkürzung, einem sogenannten **Sigel**, kombiniert.

Ein Blick in eine beliebige Tageszeitung und mehr noch in eine Fachzeitung zeigt, wie häufig Abkürzungen im heutigen Französisch sind. Wenn möglich, werden ihre Bestandteile gebunden ausgesprochen und teilweise auch ohne graphische Trennung geschrieben (*P.D.G.* /pedeʒe/, *SIDA* /sida/). Man spricht dann von **Akronymen**.

Kürzungen können Basis für neue Ableitungen sein.

Die Akronyme verlieren ihren graphischen Sonderstatus, wenn sie weiteren Ableitungen unterworfen werden. So entstand das bereits lexikalisierte (*Petit Robert*) *vépéciste* zu *V.P.C* (= *vente par correspondance* ›Versandhandel‹), das neuere *vététiste* zu *V.T.T.* (= *vélo tout terrain*), *cégétiste* zur Gewerkschaft *C.G.T.* oder die ironische (nicht lexikalisierte) Bildung *pédégère* zu *P.D.G.* (= *président-directeur général*).

Wenn größere Wortbestandteile wie *vel(ours)* und *cro(chet)* zu *velcro* ›Klettverschluss‹ kombiniert werden, spricht man von **Wortmischung** (engl. *blending*).

Die Zusammensetzung von freien Syntagmen ist im Französischen ein marginaler Typ. Schon ab dem 16. Jh. ist *je ne sais quoi* als Substantiv belegt (*Ces je ne sais quoi qu'on ne peut expliquer*, Corneille). Diese Formen können auch als Basis für weitere Ableitungen dienen: Der *Petit Robert* nennt z. B. die Substantive *je-m'en-foutiste* oder *je-m'en-foutisme* zu *je m'en fous* ›das ist mir egal‹, analog *jusqu'au-boutiste* und *jusqu'au-boutisme*.

Literatur

Zur **Einführung und Vertiefung:** Als Arbeitsbuch zur französischen Morphologie sind Schpak-Dolt (2010) und Huot (2005) geeignet. Die bereits in Kapitel 4 empfohlene *Grammaire méthodique* enthält auch einen Überblick zur Morphologie (Riegel et al. 2009). Fradin (2003) bietet vertiefte Einblicke in morphologische Theorien und ihre Anwendung.

Zu **Einzelthemen:** Das Problem »synthetisches oder analytisches Französisch« behandeln Weinrich (1962), Baldinger (1968) und Geckeler (1985). Zur *orthographe grammaticale* vgl. Söll (1985), statistische Daten liefert Stammerjohann (1983).

Zur **Wortbildung** vgl. Thiele (1993) und Corbin (1991), speziell zur Neologie Sablayrolles (2000) und zur Präfigierung Weidenbusch (1993). Berechnungsmethoden für Produktivität stellt Baayen (1992, 1993) vor.

4. Syntax

> → Syntax ist die Lehre von den Relationen zwischen den Elementen eines Satzes. Bezogen auf *eine* Sprache ist Syntax die Lehre vom Bau aller Sätze dieser Sprache.
> Deskriptive Syntax hat die Beschreibung von Sätzen zum Ziel. Formale Syntax hat ein System zur Repräsentation oder Generierung aller möglichen Sätze zum Ziel.
> → Grammatik bezeichnete in der Antike die Beschäftigung mit Texten und umfasste lange Zeit auch die Stilistik und die Rhetorik. Heute fallen die Bedeutungen von »Syntax« und »Grammatik« in vielen Verwendungen zusammen.

Zum Begriff

4.1 | Vom Satz zur Syntax

Ein Satz besteht aus Elementen. Solche Elemente können Wörter oder Gruppen von Wörtern sein. Sie können nicht in beliebiger Reihenfolge stehen. Alle Sprecher einer Sprache können beurteilen, ob diese Reihenfolge im Satz stimmt, d. h. ob der Satz **wohlgeformt** ist. Sie können dies mit Hilfe ihrer natürlichen **Sprachkompetenz** und ohne jede theoretische Kenntnis der Grammatik, weil zwischen den Elementen des Satzes bestimmte Relationen bestehen. Sobald die Elemente in einer Reihenfolge stehen, in der sinnvolle Relationen zwischen ihnen herstellbar sind, wird der Satz als **wohlgeformt** eingestuft.

Die Lehre von den Relationen zwischen den Elementen im Satz heißt **Syntax**. Wenn die Relationen in Form von Regeln ausgedrückt werden, spricht man von einer **Grammatik**. In einer Grammatik wird versucht, mit Hilfe der Regeln dasselbe zu leisten wie die Sprachkompetenz des *native speaker*, nämlich wohlgeformte von nicht wohlgeformten Sätzen zu unterscheiden. Je nachdem, ob Sätze nach den Regeln der Grammatik wohlgeformt sind oder nicht, spricht man von **grammatischen** und **ungrammatischen** Sätzen. Durch die muttersprachliche Sprachkompetenz lassen sich die beiden folgenden Sätze, zumindest von deutschen Muttersprachlern, eindeutig als ungrammatisch einstufen, wobei Satz (1b) vermutlich als ungrammatischer empfunden wird als Satz (1a):

Sprachkompetenz: Unterscheidung zwischen grammatischen und ungrammatischen Strukturen.

(1)   a.   *Hans glaubt vielleicht, habe er gesagt, sie bürge für ihn.
        b.   *Ihn für bürge sie, gesagt habe er, vielleicht glaubt Hans.

Vom Satz
zur Syntax

Ungrammatische Sätze werden mit einem vorgestellten **Asterisk** (*) markiert, Sätze von fragwürdiger Grammatikalität mit einem oder zwei vorgestellten Fragezeichen (? oder ??).
Der Asterisk markiert außerdem rekonstruierte (nicht belegte) Wortformen (für Beispiele s. Kap. 7).

Dass diese grammatische **Kompetenz** nicht auf der linearen Ebene (der Reihenfolge von Wörtern) angesiedelt ist, zeigt sich daran, dass man nicht spontan erkennt, dass (1b) rückwärts gelesen einen grammatischen Satz ergibt. Gesicherte Erkenntnisse über die Art, wie Menschen syntaktische Information verarbeiten, gibt es allerdings noch nicht. Vieles deutet aber darauf hin, dass dabei hierarchisch aufgebaute Strukturen eine Rolle spielen, und solche Strukturen werden auch in vielen syntaktischen Modellen eingesetzt. Vor der Darstellung von Prinzipien dieser Modelle sind einige Grundbegriffe der Satzanalyse zu klären.

Kategorien und Syntagmen: In der Syntax werden zunächst zwei Prinzipien angewendet, um sprachliche Strukturen zu vereinfachen:

Kategorien und
Syntagmen
- **Klassenbildung:** Erstens werden die Elemente in Klassen zusammengefasst, und diese Klassen erhalten Namen. Dafür bieten sich die bekannten **Wortarten** an, wie Verb, Nomen, Adjektiv usw. Syntaktische Regeln sind nun einfacher zu bilden, weil sie sich statt auf Wörter auf diese Klassen beziehen können. Statt »Wortart« verwendet man häufig auch den Begriff **Kategorie**.
- **Gruppenbildung:** Zweitens werden zusammengehörende Elemente zu größeren Gruppen zusammengefasst. Diese Gruppen erhalten ebenfalls einen Namen, der sich an einem ihrer Elemente orientiert, z. B. Verbgruppe, Nominalgruppe. Welches das jeweils ausschlaggebende Element einer Gruppe ist, wird unten zu klären sein. Die Gruppen heißen auch Syntagmen. Die Begriffe **Syntagma**, **Phrase** und **Gruppe** werden synonym gebraucht.

Für die Syntagmen gibt es verschiedene Abkürzungen. Am meisten verbreitet sind die Kombinationen mit . . . P für Phrase (also NP für Nominalphrase, VP für Verbphrase usw.). Sie werden auch hier verwendet, vgl. die Strukturen ab Beispiel (21).In französischen Arbeiten findet man dagegen S. . . für *syntagme* oder G. . . für *groupe* (also SN, SV usw. oder GN, GV usw.).

Regelbildung an einem Beispiel: Aus dem Satz *Le méchant garçon torture la petite souris* macht das erste Prinzip vier Wortarten (Artikel, Adjektiv, Nomen, Verb). Das zweite Prinzip fasst jeweils Artikel, Adjektiv und Nomen zu einer Nominalphrase zusammen. Phrasen werden von eckigen Klammern umschlossen:

(2)   [Le méchant garçon] torture [la petite souris]

Damit sind nur noch drei Dinge nötig, um grammatische Sätze dieses Typs zu bilden:
1. die Wortart der Elemente,
2. die Regel »Artikel, Adjektiv und Nomen bilden eine Nominalphrase«,
3. die Regel »Nominalphrase, Verb und Nominalphrase bilden einen Satz«.

Dabei bleibt natürlich noch vieles unberücksichtigt, z. B. die Form der Adjektive, aber zunächst soll es nur um die Reihenfolge der Elemente gehen.

    Distribution: Die Zuordnung der Elemente zu Klassen ist nun nicht, wie es das Beispiel nahelegen könnte, unabhängig von den syntaktischen Regeln, sondern untrennbar mit ihnen verbunden. Dies zeigt sich daran, dass die Sprecher einer Sprache auch die syntaktische Kategorie unbekannter Wörter erkennen können. Dabei helfen sowohl die Form der Wörter als auch die syntaktischen Regeln. Satz (3) ist zwar nicht inhaltlich interpretierbar, aber er kann wohl von jedem Französischsprecher strukturell analysiert werden:

(3)   Li constisses ponquent lo driche sit li drosses proferges.

Um syntaktische Kategorien zu bilden, müssen auch nicht die vordefinierten (aus der lateinischen Grammatik übernommenen) Wortarten herhalten, denn eine Kategorie bildet sich ganz natürlich aus allen Elementen, die an einer bestimmten Position im Satz austauschbar sind, also die gleiche **Distribution** haben oder ein Paradigma bilden. Dies gilt sowohl für Wörter als auch für Syntagmen. In (2) kann *garçon* gegen *homme* ausgetauscht werden (Kategorie Nomen), *le méchant garçon* gegen *la gentille fille*, gegen *Jean* oder gegen *le garçon qui habite à côté* (Kategorie Nominalphrase).

    Form und Funktion: Bisher wurde nur die Form der Elemente berücksichtigt. Mit den oben aufgestellten syntaktischen Regeln ließe sich auch der grammatische Satz (4) bilden:

(4)   La petite souris torture le méchant garçon.

Dass dieser Satz trotz gleicher Form nicht mehr die gleiche Bedeutung wie (2) hat, liegt daran, dass den Formen im Satz eine grammatische **Funktion** zugewiesen wird. Beispiele für solche Funktionen sind das **Subjekt**, das direkte und das indirekte **Objekt**, die prädikative Ergänzung und die adverbiale Ergänzung. Da **Formen** und **Funktionen** unabhängig voneinander sind, kann die NP *la petite souris* sowohl Subjektfunktion wie in (4) als auch Objektfunktion wie in (2) haben.

    Die rein auf die Form bezogenen Regeln genügen also nicht; zusätzliche Regeln sind nötig, um den Elementen ihre Funktion zuzuweisen. Für das Subjekt könnte eine solche Regel heißen: »Im französischen Aussagesatz steht das Subjekt links des Verbs« oder »Im Deutschen steht das Subjekt im Kasus Nominativ«. Auch zu diesen Regeln ließen sich natürlich Ausnahmen finden. Daher sollen nun, anstatt die unsystematische Erweiterung der Grammatik weiter fortzusetzen, zunächst einige Grundbegriffe eingeführt werden, die für die Formulierung syntaktischer Regeln

Kategorien
sind durch ihre
Distribution
definiert.

besonders wichtig sind. Es sollte aber klar geworden sein, dass in der Syntax die gleichen strukturalistischen Prinzipien angewendet werden wie in der Phonologie oder in der Morphologie: Sprachliche Einheiten (in diesem Fall Sätze) werden in Elemente zerlegt, Klassen zugeordnet und in ihrer Funktion beschrieben, indem ihr Verhältnis zu anderen Elementen untersucht wird. Dabei kommen bereits erprobte Kriterien wie die Distribution der Elemente zur Anwendung.

4.2 | Syntaktische Strukturen

In der Syntaxtheorie werden Prinzipien gesucht, mit denen die Relationen im Satz am besten dargestellt werden können. Zwei dieser Prinzipien heißen Dependenz und Konstituenz, die entsprechenden Theorien heißen Dependenzgrammatik und Konstituentenanalyse.

4.2.1 | Dependenz und Valenz

Zum Begriff

→ **Dependenz** ist ein Prinzip zur Strukturierung von Sätzen, das die Abhängigkeiten zwischen den Wörtern des Satzes berücksichtigt.
→ **Valenz** ist die Fähigkeit eines Worts, bestimmte syntaktische Positionen mit ausgewählten Elementen zu besetzen.

Das Verb bildet das Zentrum des Satzes.

Die **Dependenzgrammatik** fragt allgemein danach, welche Elemente eines Satzes von anderen abhängig sind. Die Erkenntnis, dass das Verb den stärksten Einfluss darauf hat, wo die Elemente im Satz stehen, welche Form und welche Funktionen sie haben, ist seit den 1950er Jahren in der **Valenztheorie** weiterverfolgt worden. Sie sieht das Verb als das zentrale Element des Satzes. Seine Valenz oder **Wertigkeit** ergibt sich aus der Zahl der Elemente, die es benötigt, um einen vollständigen Satz zu bilden.

Man spricht daher auch von einem **Satzbauplan**, der durch das Verb definiert wird. Die Valenztheorie ist also das Teilgebiet der Dependenzgrammatik, das sich hauptsächlich mit dem **Valenzträger**, d.h. primär mit dem Verb, sekundär auch mit dem Nomen und dem Adjektiv, beschäftigt (s. hierzu das in Kap. 8.3.3 besprochene *Französische Verblexikon*).

Nach **Lucien Tesnière**, dem Begründer der französischen Valenzgrammatik (Tesnière 1965), ist der Satz in (5) als Dependenzstruktur dargestellt. Darin markieren die durchgezogenen Linien strukturelle Abhängigkeiten und die gestrichelte Linie einen semantischen Bezug: *ministres* hängt von *déclenchaient* ab, *les* von *ministres* und *leurs* bezieht sich auf *ministres*. Die Koordination von *ministres* und *cabinets* ist auf der gleichen Ebene repräsentiert. (Für

Lucien Tesnière

die zahlreichen weiteren Darstellungsmöglichkeiten, die Tesnières Modell
für syntaktische Phänomene bietet, wird auf die unten genannte Literatur
verwiesen.)

(5)   les ministres et leurs cabinets déclenchaient les hostilités

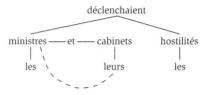

Hinweis

> Dependenzstrukturen sind von Konstituentenstrukturen einfach zu unter-
> scheiden: Sie stellen direkte Abhängigkeiten zwischen *Wörtern* dar. Die
> Strukturen bestehen daher aus Wörtern, die durch Linien verbunden sind.
> Sie enthalten keine Namen für Wortgruppen – im Gegensatz zu Konstitu-
> entenstrukturen (s. Kap. 4.2.2).

Argumente und Angaben: In einem Satz gibt es zwei Arten von Elementen: **Argumente** gehören zum Satzkern, **Angaben** nicht. Je nach Autor
oder Grammatikmodell sind auch andere Bezeichnungen üblich: Argumente werden auch **Komplemente** oder **Ergänzungen** genannt, Angaben
auch **Adjunkte**. Dass die zum Satzkern gehörenden Elemente nicht weglassbar sind, ist ein erster Test zur Unterscheidung von Argumenten und
Angaben. In (6) sind *hier* und *à Paris* weglassbar, also Angaben. Wenn
sie weggelassen werden, ergibt sich immer noch ein grammatischer Satz.
Die Zahl der obligatorischen Argumente wird vom Verb bestimmt. Ein
zweiwertiges Verb wie *habiter* benötigt zwei Argumente im Satz. Daher
ist *à Paris* in (7) nicht weglassbar:

(6)   Hier, Marie a rencontré Jeanne à Paris.

(7)   Jean habite à Paris.

Da in jedem Satz mindestens das **Subjekt** vorhanden sein muss (zumindest im Deutschen und Französischen) sind Verben mindestens einwertig.
Man bezeichnet aber einige Verben, die nur das unpersönliche *il* als Subjekt zulassen, als nullwertig. Meist werden Verben als maximal dreiwertig
eingestuft. Es gibt aber auch Ansätze, die Verben wie *acheter* eine höhere
Valenz zusprechen, z. B. Kotschi (1979).

(8)   a.   *0-wertig:* Il pleut.
        b.   *1-wertig:* Marie éternue.
        c.   *2-wertig:* Jean habite à Paris.
        d.   *3-wertig:* J'ai emprunté ce livre à mon frère.

Für Tesnière haben die Argumente im Satz eine ähnliche Funktion wie die
Schauspieler in einem Theaterstück. Daher nennt er Argumente ***actants***
und Angaben ***circonstants***.

Semantische Rollen: Dieses Bild findet seine Fortsetzung in später entwickelten Ansätzen wie der **Kasusgrammatik** von Charles Fillmore (1968), in der jedem Argument eine **semantische Rolle** zugewiesen wird (auch hier gibt es alternative Termini wie **Tiefenkasus, thematische Rolle** oder in der Generativen Grammatik **Theta-Rolle**, s. Kap. 4.2.4). So steht z. B. an der Position des Subjekts häufig der Urheber einer Handlung (Rolle **Agens**) und an der Stelle des Objekts die Person oder Sache, der die Handlung widerfährt (Rolle **Patiens**). Welche dieser Rollen vorhanden sein müssen, ergibt sich aus der Bedeutung des Verbs. Zu dem syntaktischen Kriterium der Quantität (»Wie viele Argumente?«) tritt nun also das semantische Kriterium der Qualität (»Was für Argumente?«). Fillmore geht außerdem von einer **Rollenhierarchie** (9) aus, in der der Agens über dem Instrument, und das Instrument über dem Patiens steht:

(9)   AGENS > ... > INSTRUMENT > ... > PATIENS

Semantische Rollen sind Etiketten für die Argumente des Prädikats.	Damit kann der Zusammenhang zwischen der Bedeutung (der semantischen Rolle) und der syntaktischen Positionen (Subjekt, Objekt usw.) ausgedrückt werden: Die hierarchisch höchste Rolle muss immer in der Subjektposition stehen. In (10a) sind alle drei Rollen realisiert: der Agens (*Pierre*) muss also **Subjekt** sein. Wenn wie in (10b) das Instrument Subjekt ist, darf der Agens nicht mehr realisiert sein. Und in (10c) ist der Patiens Subjekt und folglich ist keine der rangniedrigeren Rollen mehr realisierbar:

(10)   a.   Pierre$_{\text{AGENS}}$ casse la vitre$_{\text{PATIENS}}$ avec le marteau$_{\text{INSTRUMENT}}$.
      b.   Le marteau$_{\text{INSTRUMENT}}$ casse la vitre$_{\text{PATIENS}}$.
          *Le marteau casse la vitre par Pierre.
      c.   La vitre$_{\text{PATIENS}}$ (se) casse.
          *La vitre (se) casse par Pierre.
          *La vitre (se) casse par le marteau.

Das **Prädikat** bildet mit seinen Argumenten die sogenannte **Argumentstruktur**. Sie enthält, wie das Beispiel (10) gezeigt hat, syntaktische und semantische Informationen.

Selektionsrestriktionen: Ein weiteres Beispiel für die Bedingungen, die das Verb an seine Argumente stellt, und zwar sowohl an ihre Bedeutung als auch an ihre Form, sind die **Selektionsrestriktionen:** *disperser* kann nur mit einem **Objekt** verknüpft werden, dessen Bedeutung das Element ›Plural‹ enthält. Dabei ist die Form unwesentlich, denn *la foule* ist nur inhaltlich, nicht aber formal ein Plural. Entsprechend sind (11a) und (11b) grammatisch. *Le jeune homme* scheidet dagegen als mögliches Objekt aus (11c). Das Verb *s'intéresser* verlangt von seinem Objekt, dass es durch eine bestimmte Präposition, nämlich *à*, eingeleitet wird (12).

(11)   a.   La police disperse les manifestants.
      b.   La police disperse la foule.
      c.   *La police disperse le jeune homme.

(12)   a.   Jean s'intéresse à Marie.
      b.   *Jean s'intéresse pour Marie.

Diesen Sachverhalt bezeichnet man als **Subkategorisierung** (weil der Valenzträger nur bestimmte Unterkategorien als Argument zulässt) oder als **Selektion** (weil er seine Argumente auswählt). Bei Angaben gibt es zwar auch inhaltliche und formale Beschränkungen, aber diese werden nicht ausschließlich durch das Verb definiert, sondern durch Eigenschaften der Angabe selbst. In (13) selegiert nicht *habiter* die Präposition, sondern *Paris*, *France* und *île* selegieren *à*, *en* und *sur*:

(13)   On s'amuse bien {*à* Paris / *en* France / *sur* une île}.

Argumente sind nicht nur hinsichtlich ihrer Form und ihres Inhalts beschränkter, auch ihre Position im Satz ist stärker fixiert als die der Angaben. Dieser Unterschied ist besonders augenfällig, wenn das gleiche Element einmal als Argument und einmal als Angabe auftritt, wie *à Paris* in (14):

Für Argumente
gelten stärkere
Restriktionen.

(14)   a.   *Argument:* Jean habite à Paris. ⇒ *À Paris, Jean habite.
        b.   *Angabe:* Jean a rencontré Marie à Paris. ⇒ À Paris, Jean a rencontré Marie.

Die Abgrenzung von Argumenten und Angaben ist allerdings nicht immer so klar, wie es die oben genannten Kriterien vermuten lassen. Dies zeigen die folgenden Beispiele:

(15)   a.   Pierre mange sa soupe.
        b.   Le bébé mange.

(16)   a.   J'ai donné le livre à mon frère.
        b.   Il a donné cent euros.

Für die unterschiedlichen Valenzen von *manger* und *donner* gibt es verschiedene Erklärungen. Bei *manger* könnte man sagen, dass in (15b) das zweite Argument fehlt, weil nicht wichtig ist, was das Baby isst. An der Argumentstelle lässt sich daher *quelque chose* einsetzen. Bei (16b) würde dagegen die Ergänzung *à quelqu'un* den Sinn verändern, d. h. die Interpretation ›spenden‹ ausschließen. In einem konkreten **Kontext** (im Text oder in einer Situation) können Argumente also fakultativ sein, selbst wenn sie den übrigen Kriterien genügen.

4.2.2 | Konstituenz und Konstituentenstrukturen

> → **Konstituenz** ist die Zugehörigkeit von Elementen zu einer größeren syntaktischen Einheit, die man **Syntagma** oder **Konstituente** nennt.

Zum Begriff

Die Methode der **Konstituentenanalyse** führt von den Elementen zu den größeren Einheiten, den **Konstituenten**. Man nennt sie auch **IC-Analyse** (IC für engl. ***immediate constituents***, ›unmittelbare Bestandteile‹). Konstituente ist ein allgemeinerer Begriff als Phrase und Syntagma: Konstituenten gibt es auf jeder Ebene, Phrasen bzw. Syntagmen hingegen sind die höchsten Konstituenten einer Klasse, d. h. in der nächsthöheren Ebene beginnt der Bereich einer anderen Phrase.

Eigenschaften von Konstituenten: Nach der traditionellen Grammatik besteht der Satz aus einem **Subjekt** und einem Prädikat, das Prädikat aus einem Verb und seinen **Objekten** usw. In dieser Perspektive geht es also um die Bildung eines Satzes. Im Folgenden soll es zunächst um die Analyse von Sätzen gehen: Die Frage ist, welche Elemente zu einer Konstituente zusammengefasst werden können. Nach dieser Methode wurden bereits oben sprachliche Strukturen vereinfacht: In (2) wurden intuitiv Wörter zusammengefasst, die zusammengehörig erschienen.

Zum Begriff

> → **Konstituenten** sind nach Regeln gebildete Gruppen von Kategorien und bilden die Struktur des Satzes.

Der Begriff der Konstituente wird nun präzisiert: Konstituenten haben einige charakteristische Eigenschaften, die man durch Tests prüfen kann, wenn die Intuition versagt:

Tests für Konstituenten
- **Ersetzbarkeit:** Konstituenten lassen sich durch andere Konstituenten ersetzen (17b).
- **Verschiebbarkeit:** Konstituenten können an bestimmte andere Postitionen im Satz verschoben werden (17c).
- **Erfragbarkeit:** Konstituenten können die Antwort auf eine Frage bilden (17d).
- **Koordinierbarkeit:** Konstituenten sind koordinierbar (17e).
- **Weglassbarkeit:** Konstituenten sind in bestimmten Kontexten weglassbar (17f).

(17) a. J'aime [mon petit chat]
      b. Je [l']aime
      c. C'est [mon petit chat] que j'aime
      d. »Qu'est-ce que j'aime?« — »mon petit chat«
      e. J'aime [mon petit chat] et [mon gros chien]
      f. J'aime [...] et je nourris [mon petit chat]

Der Aufbau von Konstituentenstrukturen: In einer **Konstituentenstruktur** werden immer zwei Elemente, die nach den genannten Kriterien zusammengehören, eingeklammert oder durch Linien verbunden. Dies wird nun am folgenden Satz gezeigt:

(18) Jean cherche le fils de la voisine avec le chien.

Die Wörter *la* und *voisine* bilden eine Konstituente, weil sie z. B. durch ein Pronomen wie *celle-ci* ersetzbar sind, ebenso *le* und *fils*, weil stattdessen auch *celui-ci* einsetzbar ist. Dabei ist anzumerken, dass nicht immer alle genannten Tests anwendbar sind: Im Französischen ist etwa die Umstellung des Objekts nicht so problemlos möglich wie im Deutschen, sondern es muss auf besondere Möglichkeiten wie ***mise en relief*** usw. zurückgegriffen werden. *De la voisine* ist eine Konstituente, weil sie weglassbar ist. Diese Tests sind wohlgemerkt nur auf die komplette Konstituente anwendbar, nicht auf Teile von ihr. Dass auch die durch *avec le chien* erweiterte Verbphrase eine Konstituente ist, zeigt der Test »Koordination mit Ellipse« in (19), analog zu (17f):

(19)   Jean [$_{VP}$ [$_{VP}$ cherche le fils de la voisine] [avec le chien]], et
       Paul [$_{VP}$ [$_{VP}$ ...] [en voiture]].

Die Konstituentenstruktur für den ganzen Satz lässt sich entweder mit indizierter Klammerung wie in (20) oder als Baum (**Stemma**) wie in (21) darstellen. In der Klammerstruktur fehlen allerdings aus Gründen der Übersichtlichkeit die Indizes für die Basiskategorien V, N usw. Die Kategorie D steht für alle möglichen Determinanten des Nomens (wie *déterminant*).

(20)   [$_S$ Jean [$_{VP}$ [$_{VP}$ cherche [$_{NP}$ [$_{NP}$ le fils] [$_{PP}$ de [$_{NP}$ la voisine]]]] [$_{PP}$ avec [$_{NP}$ le chien]]]]

(21)

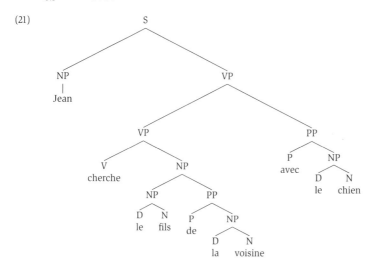

Kongruenz, d. h. die Übereinstimmung morphologischer Merkmale, ist ein weiteres Indiz für die Zusammengehörigkeit der Elemente: Im Beispielsatz haben jeweils alle Elemente der NPs *le fils* und *la voisine* den gleichen Kasus (Akkusativ bzw. Genitiv, vgl. die dt. Übersetzungen *den Sohn* und *der Nachbarin*), das gleiche Genus (maskulinum bzw. femininum) und den gleichen Numerus (Singular). Diese Merkmale sind also immer typisch für die gesamte Konstituente. Die **Kasuszuweisung** selbst ist auch nur in ganz bestimmten Strukturen möglich: Das Verb weist Kasus nur an NPs zu, die innerhalb der VP stehen. Bei den PPs innerhalb der VP bestimmt es, mit welcher Präposition sie gebildet werden, vgl. *intéresser* in (12). In der PP bestimmt dann wiederum die Präposition, in welchem Kasus die

NP stehen muss (z. B. dt. *von* mit Dativ-NP). Auf diesen Kasus hat das Verb keinen Einfluss.

Dominanz und Rektion: In Kapitel 4.1 wurde gesagt, dass Phrasen nach einer ihrer Kategorien benannt sind. Die gerade gewonnenen Erkenntnisse helfen bei der Auswahl der jeweils wichtigsten Kategorie: Sie bestimmt die Eigenschaften der anderen Konstituenten innerhalb der Phrase. Diese Kategorie heißt daher auch **Kopf**. Der Kopf trägt die morphologischen Merkmale der Phrase (also z. B. den zugewiesenen Kasus) und er **regiert** die benachbarte Konstituente. Das Verb V ist also der Kopf der VP und regiert die NP, die das **Objekt** des Verbs ist. Die Präposition P ist der Kopf der PP und regiert die NP, die neben ihr hängt.

Mit diesem Begriff der **Rektion** (von *regieren*) lässt sich auch die in Kapitel 4.2.1 getroffene Unterscheidung zwischen Argumenten und Angaben präzisieren: Innerhalb der Struktur müssen die Argumente relativ zum Verb ganz bestimmte Positionen einnehmen, damit etwa die Zuweisung semantischer Rollen stattfinden kann. So ist ein **Subjekt** immer die Konstituente, die unter S und neben VP hängt. Man sagt, sie wird von S **dominiert** und ist der **Schwesterknoten** von VP. Dagegen ist ein **Objekt** der Schwesterknoten von V. Unabhängig von neueren Entwicklungen (s. Kap. 4.2.4) sind **Rektion** und **Dominanz** zwei wesentliche Begriffe der **Generativen Grammatik**.

Phrasenstruktur-
regeln stehen für
allgemein gültige
Regeln der Gramma-
tik einer Sprache.

Phrasenstrukturregeln: Bisher wurde der Satz analysiert und aus ihm die Struktur abgeleitet. Nun geht es um die Produktion von Sätzen: Ausgehend vom höchsten Knoten kann man aus einer Struktur Regeln ableiten, die angeben, aus welchen Konstituenten jeder Knoten besteht. Die Regeln aus der Struktur (21) sind in (22) aufgelistet. Sie heißen **Phrasenstrukturregeln**. Das Symbol → bedeutet ›besteht aus‹:

(22) a. S → NP VP
     b. VP → VP PP
     c. VP → V NP
     d. NP → NP PP
     e. PP → P NP
     f. NP → D N

Phrasenstrukturgrammatik (PSG): Die Regeln in (22) bilden das Fragment einer Phrasenstrukturgrammatik. Die beiden Regeln (22b) und (22d) unterscheiden sich von den übrigen Regeln dadurch, dass die Kategorie auf der linken Seite auch auf der rechten Seite der Regel vorkommt. Solche Regeln heißen **rekursiv**, weil sie sich theoretisch unendlich oft anwenden lassen. Dabei wird jedes Mal eine neue Konstituente **adjungiert** (daher auch der in Kapitel 4.2.1 genannte Begriff **Adjunkt** für Angaben). **Rekursivität** ist eine wichtige Eigenschaft natürlicher Sprache und für Strukturen verantwortlich wie in (23), wo mit der Regel NP → NP PP mehrere PPs an die NP *le fils* adjungiert wurden:

(23) [$_{NP}$ [$_{NP}$ [$_{NP}$ [$_{NP}$ le fils] [$_{PP}$ de la voisine]] [$_{PP}$ avec le ballon]] [$_{PP}$ dans la piscine]]

Strukturelle Mehrdeutigkeit: Mit der in (20) und (21) abgebildeten Struktur wurde nur eine von mehreren Interpretationen des Satzes berücksichtigt, nämlich: ›Die Suchaktion von Hans findet mit seinem Hund statt‹. Der Satz ist aber **mehrdeutig (ambig)**: Ebenso gut könnte man auch verstehen, dass Hans (a) denjenigen Sohn der Nachbarin sucht, der einen Hund hat, oder dass er (b) den Sohn derjenigen Nachbarin sucht, die einen Hund hat. In der hierarchischen Struktur des Satzes ist diese **Ambiguität** aufgelöst. Im Fall (a) hat die PP *avec le chien* dieselbe Funktion wie *de la voisine*: Sie modifiziert die NP *le fils*. Anstelle der Regel (22a) wird hier die rekursive Regel (22d) zweimal angewendet, um beide PPs an die Objekt-NP zu adjungieren. Im Fall (b) wird zuerst die PP *avec le chien* an die NP *la voisine* adjungiert und dann diese komplexe NP an die NP *le fils*. Beide Möglichkeiten sind in (24) und (25) als Klammerstruktur und Stemma abgebildet:

Unterschiedliche
Bedeutungen
haben unterschiedliche Strukturen.

(24) [NP [NP [NP le fils] [PP de la voisine]] [PP avec le chien]]

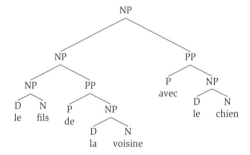

(25) [NP [NP le fils] [PP de [NP [NP la voisine] [PP avec le chien]]]]]

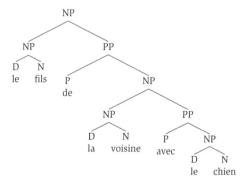

Die adjungierten PPs haben im Verhältnis zu der NP, auf die sie sich beziehen, die Funktion des **Attributs**. Auch diese Funktion ist unabhängig von der Form: An der Stelle der PP hätte auch ein Adjektiv oder ein Relativsatz adjungiert werden können. Wichtig ist, dass hier ein Zusammenhang zwischen der Funktion und der syntaktischen Struktur besteht: Die Funktionen Subjekt und Objekt lassen sich ebenso in der Struktur lokalisieren wie das Attribut.

4.2.3 | Generative Syntax und X-bar-Theorie

Generative
Grammatik ist
ursprünglich
kognitiv motiviert.

Die Generative Grammatik wurde von Noam Chomsky begründet. In Chomsky (1957) und (1965) widerlegt er die These der Behavioristen, Sprache werde durch Imitation erworben. Die von ihm vertretene nativistische Auffassung sieht Sprache als ein genetisch verankertes System von Prinzipien, die zur sprachlichen **Kompetenz** des Menschen gehören (s. Kap. 1.4.2).

Spracherwerb und Grammatik: Wichtige Indizien hierfür liefert der **Spracherwerb**: Erstens hört das Kind während des Erwerbs seiner Muttersprache auch ungrammatische Sätze, zweitens hört es nur einen Bruchteil der möglichen Konstruktionen und drittens erwirbt es Strukturen, die sich nicht aus den gehörten Sätzen erschließen lassen. Solche Diskrepanzen zwischen dem »**Input**« und dem »**Output**« sind erklärbar, wenn man davon ausgeht, dass der Mensch über eine Art interne, angeborene Grammatik verfügt. Dabei handelt es sich natürlich nicht um die spezifische Grammatik *einer* Sprache, sondern um eine universale Anlage, die dem Menschen das Erlernen von Sprache im Allgemeinen, und somit von jeder einzelnen menschlichen Sprache, ermöglicht.

Diese sogenannte **Universalgrammatik** (UG) umfasst die allen Sprachen gemeinsamen Prinzipien, wie z. B. die Existenz von **Subjekt**, **Objekt** und Verb oder die Tatsache, dass Sätze in andere eingebettet sein können. Von diesen universalen Prinzipien unterscheidet man je nach Einzelsprache variierende Parameter und spricht daher auch vom **Prinzipien-und-Parameter-Modell**. Aus dem sprachlichen »Input« leitet das Kind die Regeln seiner Muttersprache ab und setzt die nötigen **Parameter**, so z. B. den Parameter für die relative Position von Subjekt (S), Objekt (O) und Verb (V): Französisch ist beispielsweise eine sogenannte **SVO-Sprache**, Japanisch dagegen ebenso wie das klassische Latein eine **SOV-Sprache**.

Mit Chomsky (1981) wurde die Generative Grammatik zur sogenannten **Rektions- und Bindungstheorie** (engl. *Theory of Government and Binding*, kurz: **GB**) weiterentwickelt, in der für die verschiedenen Ebenen der sprachlichen Beschreibung jeweils eigene Module zuständig sind, z. B. die **logische Form** und die **phonologische Form**. Die Generative Grammatik ist heute so weit verbreitet, dass syntaktische Probleme fast in allen Bereichen der Linguistik, vom Spracherwerb über die historische Syntax bis zum typologischen Sprachvergleich, in diesem Modell behandelt werden (s. auch Abb. 1.1, S. 5). Durch diese intensive Forschungstätigkeit entwickelt sie sich allerdings auch selbst schnell weiter: Chomsky (1995) hat eine weitere Vereinfachung der syntaktischen Komponente im Rahmen des **Minimalismus** eingeleitet. Nach dem minimalistischen Programm steuern im Wesentlichen die drei Operationen *Merge*, *Move* und *Agree* den Aufbau syntaktischer Strukturen.

X-bar-Theorie: Im Folgenden wird die Phrasenstruktur der Generativen Grammatik in ihren Grundzügen eingeführt. Dafür wird die in Kapitel 4.2.2 aufgebaute Satzstruktur verallgemeinert und ergänzt. Dies ist aus zwei Gründen erforderlich. Erstens bietet die bisher aufgebaute Phrasenstruktur nicht für alle Sätze genügend Positionen, denn wo sollen etwa die Konjunktion und das Hilfsverb im Komplementsatz (26) stehen?

(26) Je sais que Jean avait cherché le fils de la voisine.

Zweitens ist aus theoretischer Sicht unbefriedigend, dass die Kategorie für den Satz (S) sich von allen übrigen Kategorien dadurch unterscheidet, dass sie keinen Kopf hat, denn S dominiert nach Regel (22b) nur NP und VP, die mit N bzw. V jeweils ihre eigenen Köpfe haben.

In der Generativen Grammatik geht es um ein möglichst allgemein gültiges syntaktisches Modell. Die **X-bar-Theorie** basiert auf dem Prinzip der Konstituenz, strukturiert aber die Kategorien nach einem einheitlichen Muster, dem sogenannten **X-bar-Schema** (auch X′-Schema, nach engl. *bar* ›Strich‹). In diesem Schema ist nach wie vor der Kopf das wichtigste Element der Kategorie und gibt ihr ihren Namen. Alle Verzweigungen sind binär, d. h. von einem Knoten werden nie mehr als zwei Tochterknoten dominiert. Folglich muss zwischen dem Kopf (z. B. N) und der maximalen Projektion (z. B. NP) eine zusätzliche Ebene eingeschoben werden, um Platz für weitere Positionen zu schaffen. Diese Ebene wird mit einem Strich markiert (z. B. N′).

(27)

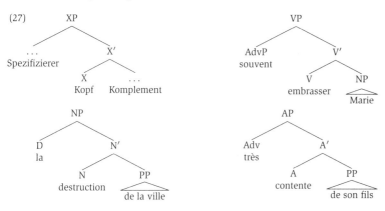

Die Struktur des X-bar-Schemas ist in (27) dargestellt. Außer dem Kopf gibt es zwei Positionen: das **Komplement** und den **Spezifizierer**. Die Strukturen für die verschiedenen lexikalischen Kategorien zeigen, dass es durchaus sinnvoll ist, für andere Kategorien als das Verb Komplemente anzunehmen (bereits in Kapitel 4.2.1 wurde erwähnt, dass es neben dem Verb auch andere »Valenzträger« gibt). Die Spezifiziererposition (abgekürzt »Spec«) ist weniger einheitlich besetzt: in der NP kann dort beispielsweise ein determinierendes Element (D) stehen, in der abgebildeten AP *très contente de son fils* oder in einer PP wie *juste devant la maison* ein Adverb. (27) zeigt das allgemeine Schema und seine Anwendung auf VP, AP und NP (das Dreieck steht abkürzend über nicht weiter ausgeführten Teilstrukturen).

Funktionale Kategorien: Wie sieht nun die Struktur des Satzes aus? Am Beispielsatz (26) wird vorgeführt, wie das X-bar-Schema auf der Ebene des Satzes eingesetzt wird, und dabei sollen auch einige Prinzipien der generativen Syntax veranschaulicht werden.

Die Flexionsendung bildet das Zentrum des Satzes.

Zum einen müssen für die Konjunktion *que* und das Hilfsverb *avait* Positionen geschaffen werden, zum anderen wird auch für S ein Kopf benötigt. Wenn der Kopf, wie oben gesagt, die wichtigsten Merkmale der Kategorie trägt, dann bietet sich an, das Hilfsverb zum Kopf des Satzes zu machen, denn für Sätze ist das Merkmal der Finitheit wesentlich: Hauptsätze haben immer ein finites Verb, Nebensätze benötigen nicht unbedingt ein finites Verb (z. B. Infinitivsätze).

Im Beispielsatz wird Finitheit durch das Hilfsverb ausgedrückt, genauer gesagt durch seine Flexionsendung. Daher nennt man diese Kategorie (analog zu engl. *inflection* ›Flexion‹) **INFL** oder kurz I. I umfasst die Flexionsmerkmale Finitheit, Person und Numerus. Wenn nun I der Kopf des Satzes ist, dann ist IP die Kategorie für den ganzen Satz, analog zu dem Verhältnis von N zu NP, V zu VP usw. Entsprechend der X-bar-Theorie befindet sich in der Struktur (28) zwischen I und IP die Projektion I'; das **Subjekt** ist also der Spezifizierer des ganzen Satzes (SpecIP).

(28)

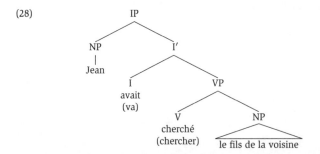

Dass der (finite) Kopf I hier die (infinite) VP regiert, lässt sich gut nachvollziehen, denn verschiedene Hilfsverben weisen der VP auch verschiedene Merkmale zu: bei der *passé composé*-Bildung mit *avoir* muss V ein Partizip sein (*Jean avait cherché...*), nach Modalverben oder bei periphrastischem Futur muss V ein Infinitiv sein (*Jean veut/va chercher ...*).

Kopfbewegung: Ein weiteres Indiz für diese Aufteilung der finiten und infiniten Bestandteile des Verbs auf I und V ist die Position von französischen Adverbien wie *souvent*. Die folgenden tabellarisch angeordneten Sätze zeigen, dass das finite Verb nicht hinter dem Adverb stehen darf (29a), sondern seine Position links vom Adverb hat (29b). Entsprechend verteilen sich auch das Hilfsverb *avait* und das Partizip *embrassé* in (29c):

(29)

		I		V	
a.	*Jean		souvent	embrasse	Marie.
b.	Jean	embrasse	souvent		Marie.
c.	Jean	avait	souvent	embrassé	Marie.

Die Beispiele in (29a) und (29b) zeigen eine weitere wichtige Annahme der generativen Syntax: **Bewegung**. Das Verb *embrasser* hat seine ursprüngliche Position im Kopf der VP, weil es sein Komplement regiert. Andererseits soll es aber bei den Flexionsmerkmalen im Kopf des Satzes (I) stehen. Man nimmt also an, dass es sich vom Kopf V zum Kopf I bewegt und spricht daher auch von **Kopfbewegung**. In Struktur (30) ist diese Bewegung durch einen Pfeil verdeutlicht. Außerdem sieht man, dass das bewegte Element eine Spur hinterlässt (engl. *trace*, abgekürzt t), die den gleichen Index wie das bewegte Verb trägt, also t_i.

(30)

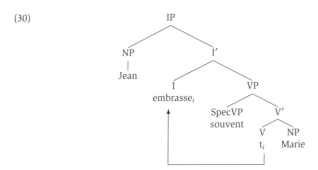

Die Annahme von Bewegung hilft, viele syntaktische Phänomene zu erklären. Gleichzeitig ist Bewegung ein gutes Beispiel für einzelsprachliche **Parameter**, denn (31a) und (31c) zeigen, dass sich das Verb im Englischen nicht vor das Adverb nach I bewegt. Für die Negation muss daher das Hilfsverb *do* (31d) in I stehen.

(31)   a.   *John kisses often Mary.

        b.   John often kisses Mary.

        c.   *John kisses not Mary.

        d.   John does not kiss Mary.

Der Komplementierer (C) als weitere funktionale Kategorie: Da in der eingeführten Position I primär grammatische Kategorien stehen, nennt man sie eine **funktionale Kategorie**. Wichtig ist, dass nicht nur lexikalische, sondern eben auch grammatische Morpheme Phrasen »projizieren« können (vgl. die Unterscheidung der Morphemtypen in Kap. 3.2). Auch die Konjunktion *que* ist ein grammatisches Morphem und steht in Satz (26) daher an der Position einer funktionalen Kategorie. Diese heißt **Komplementierer**, abgekürzt als Comp oder C. Auch die von C projizierte Phrase (CP) entspricht dem X-bar-Schema. In (32) ist der Spezifizierer nicht besetzt (und daher auch nicht abgebildet), im Kopf C steht die Konjunktion *que*, und das Komplement von *que* ist die IP des Nebensatzes.

(32)

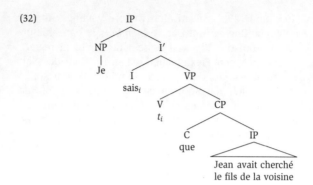

Auch die Struktur in (32) lässt sich mit den verschiedenen Beziehungen zwischen Köpfen und Komplementen gut begründen: *savoir* regiert einen konjunktionalen Nebensatz (CP als Komplement von V). Die Konjunktion *que* wiederum regiert einen finiten Satz (IP als Komplement von C). Entsprechend anders sähe die Struktur mit einem anderen Verb im Hauptsatz aus, z. B. bei *Je vois Jean chercher le fils de la voisine*, wo das Verb *voir* einen Infinitivsatz ohne Konjunktion, d. h. eine IP, regiert.

Fragesätze und WH-Bewegung: C und I haben nicht nur gemeinsam, dass sie funktionale Kategorien sind. Beide können auch »Landeplätze« für bewegte Konstituenten sein. Die französische Inversionsfrage (im Gegensatz zur Intonationsfrage oder zur Frage mit *est-ce que*) ist ein weiteres Beispiel für Bewegung: In Fragen wie *Cherchait-elle le fils de la voisine?* bewegt sich das Verb, das sich, wie oben erklärt, bereits von V nach I bewegt hat, weiter nach vorne in den Kopf C. In (33) sieht man, dass die Inversion nicht möglich ist, wenn C schon besetzt ist, wie durch das Fragepronomen *si* in (33c):

(33)		C	SpecIP	I	
a.		Cherchait$_i$-	elle	t_i	le fils?
b.	Je me demande	si	elle	cherchait	le fils.
c.	*Je me demande	si cherchait-	elle		le fils.

Fragesätze zeigen,
an welche
Positionen sich die
Konstituenten
bewegen.

Die CP bietet mit ihrer Spezifiziererposition (SpecCP) die Möglichkeit, partielle Fragen nach bestimmten Konstituenten zu realisieren, wie etwa *Que cherchait-elle?* oder *Quel fils cherchait-elle?* Zusätzlich zur bereits eingeführten Verbbewegung (von V nach I nach C) bewegt sich die erfragte Konstituente (hier die NP *le fils* . . .) vor das bewegte Verb an den Anfang des Satzes und hinterlässt die Spur mit dem Index *k*, wie in (34) dargestellt. Da die meisten englischen Interrogativpronomen mit *wh-* beginnen, nennt man diese Bewegung **WH-Bewegung**.

Mit der im Rahmen der X-bar-Theorie erarbeiteten Satzstruktur und der Annahme, dass sich Konstituenten bewegen, können also eine Reihe von möglichen syntaktischen Konstruktionen dargestellt werden.

(34)

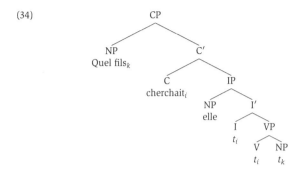

Weitaus aufwändiger ist es, die Beschränkungen genau zu erklären, z. B.
an welche Positionen sich Konstituenten bewegen dürfen und an welche
nicht. Hierfür spielen in der generativen Syntax verschiedene **Prinzipien**
zusammen, die hier nicht ausgeführt werden können. Eine wichtige Rolle
spielt aber die oben genannte Kasuszuweisung, die festlegt, an welchen
Positionen die Argumente des Verbs stehen dürfen (auch in Sprachen wie
Französisch, in denen Kasus nicht oder nur ausnahmsweise sichtbar ist,
müssen alle Argumente Kasus tragen).

    Bindung: Andere Prinzipien beschränken die Entfernung von Bewe-
gungen und hier müssen wie bereits in (31) Parameter für einzelne Sprachen berücksichtigt werden: Nur im Italienischen (35c), nicht aber im
Französischen (35a) oder Deutschen (35b) darf sich die erfragte Konstituente über die Nebensatzgrenze hinaus in die Spezifizierer-Position des
Hauptsatzes (SpecCP) bewegen:

(35)   a. Tu dis qu'elle cherche le fils. → *Qui$_i$ dis-tu qu'elle cherche t_i?

       b. Du sagst, dass sie den Sohn sucht.
           → *Wen$_i$ sagst Du, dass sie t_i sucht?

       c. Dici che cerca il figlio. → Chi$_i$ dici che cerca t_i?

Die mit Asterisk markierten französischen und deutschen Sätze sind ungrammatisch, weil die bewegte Konstituente (*qui*, *wen*) die Spur *t* in der
ursprünglichen Position nicht mehr »binden« kann. Oder anders gesagt:
Im Französischen und Deutschen bildet der Komplementierer C eine **Bar-
riere**.

    Damit sollten auch einige Begriffe in den für die Generative Gram-
matik wesentlichen Publikationen Chomskys klarer geworden sein, wie
z. B. *Lectures on Government and Binding* (Chomsky 1981) oder *Barriers*
(Chomsky 1986). Außerdem dürften selbst die wenigen hier diskutierten
Beispiele gezeigt haben, dass es sich bei der Generativen Grammatik (von
der das hier vorgestellte Syntaxmodell wiederum nur ein Modul ist), um
eine äußerst komplexe Theorie mit hohem Erklärungsanspruch handelt.
Für die eingehendere Beschäftigung mit der Generativen Grammatik sind
in Kapitel 4.3.2 spezielle Einführungen genannt.

Die wichtigsten Merkmale der Generativen Grammatik sind hier zusammengefasst:

- **Spracherwerb** ist durch eine Universalgrammatik determiniert.
- **Parameter** werden angenommen, um den Unterschieden zwischen einzelnen Sprachen Rechnung zu tragen.
- **Konstituenten** sind nach einem einheitlichen X-bar-Schema aufgebaut.
- **Funktionale Kategorien** können ebenso Phrasen projizieren wie lexikalische Kategorien.
- **Der Satz** ist selbst auch die Projektion einer funktionalen Kategorie.
- **Bewegung** von Konstituenten ist durch unabhängige Prinzipien motiviert und begrenzt.

4.2.4 | Weitere Syntaxmodelle

Die in den Kapiteln 4.2.1 und 4.2.2 behandelten Prinzipien Valenz und Konstituenz finden sich nicht nur in der generativen Syntax wieder, sondern auch in einer Reihe von heute gebräuchlichen syntaktischen Theorien, die hier nur kurz angesprochen werden können.

Die Gruppe der Unifikationsgrammatiken benutzt ebenfalls Phrasenstrukturen. Unifikationsgrammatiken entstanden u. a. als Reaktion auf die Generative Grammatik, die anfangs wichtige Aspekte der Bedeutung vernachlässigte und besonders bei Sprachen mit freier Wortstellung Probleme aufwarf. Logiker und Informatiker konstruierten unifikationsbasierte grammatische Modelle für die maschinelle Sprachverarbeitung. Für sie ist kennzeichnend, dass den Konstituenten **Attribut-Wert-Paare** zugeordnet werden, in denen z. B. morphologische und semantische Merkmale ausgedrückt werden (Attribut ist hier als eine Art Etikett zu verstehen und hat nichts mit der grammatischen Funktion zu tun). Die an sich banale Tatsache, dass bestimmte Kategorien innerhalb einer Phrase übereinstimmen müssen (s. Kongruenz in Kap. 4.2.2), lässt sich in Unifikationsgrammatiken leicht formalisieren und in sprachverarbeitenden Programmen einsetzen.

Die in (36) abgebildete Struktur ist ein einfaches Beispiel für die Notation der Nominalphrase *des corps* als Attribut-Wert-Struktur (Abeillé 1993,

$$
(36) \quad
\begin{bmatrix}
\textrm{Cat} & = & \textrm{GN} \\
\textrm{Nombre} & = & \textrm{pluriel} \\
\textrm{Genre} & = & \textrm{masc} \\
\textrm{Det} & = &
\begin{bmatrix}
\textrm{Cat} & = & \textrm{D} \\
\textrm{Nombre} & = & \textrm{pluriel} \\
\textrm{Genre} & = & \textrm{masc} \\
\textrm{Lex} & = & \textrm{des}
\end{bmatrix} \\
\textrm{Nom} & = &
\begin{bmatrix}
\textrm{Cat} & = & \textrm{N} \\
\textrm{Nombre} & = & \textrm{pluriel} \\
\textrm{Genre} & = & \textrm{masc} \\
\textrm{Lex} & = & \textrm{corps}
\end{bmatrix}
\end{bmatrix}
$$

S. 17). Man sieht, dass die Phrase (Cat = GN) aus Determinans (Dᴇᴛ) und Nomen (Nᴏᴍ) besteht, von denen sie die übereinstimmenden (und daher unifizierbaren) Werte für Numerus und Genus übernimmt. Die Form selbst ist jeweils als Wert von Lᴇx eingetragen.

Die Unifikationsgrammatiken haben dazu beigetragen, dass das Lexikon der Sprache (also die Eigenschaften der Wörter) in den syntaktischen Modellen wieder stärker berücksichtigt wird. Durch die Notation von Attributen und Werten bei den Kategorien können alle möglichen Eigenschaften von Wörtern, z. B. auch semantische Selektionsbeschränkungen, in der Grammatik berücksichtigt werden. Hier werden nur die wesentlichsten Charakteristika dreier unifikationsbasierter Modelle genannt:

- Die **lexikalisch-funktionale Grammatik** (**LFG**) baut parallel zur Konstituentenstruktur eine funktionale Struktur (**F-Struktur**) für die grammatischen Funktionen auf. Durch sie werden z. B. die Valenzeigenschaften des Verbs in die Konstituentenstruktur projiziert. Struktur und funktionale Beschreibung müssen unifizierbar sein, also z. B. eine NP mit der Funktion »Subjekt«, die VP mit der Funktion »Prädikat« usw.

  Unifikations-
  grammatiken

- Die **Head driven Phrase Structure Grammar** (**HPSG**) ist von GB und LFG inspiriert worden. Verglichen mit GB benutzt sie vereinfachte syntaktische Strukturen, in denen die von den Wörtern eingebrachten Attribute nach streng festgelegten Prinzipien weitergegeben werden. Die verwendeten Attribute sind in einer **Typhierarchie** definiert, d. h. jeder Kategorie ist eine bestimmte Menge von Attributen zugeordnet. Die Valenzinformation erscheint (als Attribut Subcat) ähnlich wie bei LFG im Lexikoneintrag der Verben (und anderer Valenzträger).

- Die **Tree Adjoining Grammar** (**TAG**) stellt das Lexikon noch stärker in den Vordergrund: Bildhaft ausgedrückt gehört zu den Wörtern bereits ein Teil der Struktur (also ein Ast im Strukturbaum) und diese Teile werden mit nur wenigen Regeln (Anhängen oder Ersetzen) kombiniert; ein Verb wie *aimer* brächte z. B. bereits eine Struktur mit, in die seine Argumente (Subjekt und Objekt) nur noch eingehängt werden müssen.

Syntaxmodelle

Zur Vertiefung

Eine grundsätzliche Bemerkung gilt für alle syntaktischen Modelle: Sie dienen vor allem der Darstellung syntaktischen Wissens, gehören aber selbst nicht zur Grammatik einer Sprache.

Für die heutige Linguistik, die sich nicht mit der Darstellung einiger Regeln begnügt (z. B. für Sprachlernende), sondern eine vollständige und kohärente Beschreibung der Syntax einer Sprache liefern möchte, sind formalisierte syntaktische Modelle für die Überprüfung der aufgestellten Regeln unumgänglich. Die Weiterentwicklung dieser Modelle wird auch durch die maschinelle Sprachverarbeitung vorangetrieben (s. Kap. 10.1.3).

4.3 | Aspekte der französischen Syntax

4.3.1 | Grammatische Funktionen

In Kapitel 4.1 wurde bereits der Unterschied zwischen Form und Funktion betont: Eine gegebene Form wie *le garçon* kann im Satz je nach ihrer Position verschiedene Funktionen haben, z. B. Subjekt oder Objekt. Mit verschiedenen Tests, ähnlich denen, die bereits bei der Definition von Konstituenten genannt wurden, kann die jeweilige Funktion präziser ermittelt werden. Dabei wird wiederum das Prinzip der **Distribution** angewendet: Die **grammatischen Funktionen** unterscheiden sich durch die Formen ihrer Pronominalisierung (vgl. Kotschi 1981). Dieses rein formale Kriterium kann zu einer feineren Klassifizierung der Ergänzungen führen als in der traditionellen Grammatik, wie z. B. beim indirekten Objekt.

Subjekt und Objekt: Konstituenten mit Subjektfunktion können durch ein Subjektpronomen (*il*, *elle* usw.) ersetzt oder mit *c'est ... qui* oder *ce sont ... qui* hervorgehoben werden:

(37) a. *Les Français* aiment la bonne chère. ⇒ *Ils* aiment la bonne chère.
  b. *Paris* est la capitale de la France. ⇒ *C'est Paris qui* est la capitale de la France.

Analog zum Subjekt kann das **direkte Objekt** durch ein Objektpronomen ersetzt werden, wobei nicht nur *le*, *la*, *les*, sondern auch *en* und *en ... un(e)* möglich sind, vgl.:

(38) a. Marie a mangé la pomme. Elle *l'*a mangée.
  b. Marie a mangé une pomme. Elle *en* a mangé *une*.

Das indirekte Objekt oder Präpositionalobjekt erweist sich unter den gleichen Bedingungen als eine heterogenere Kategorie: In vielen Fällen ist die Pronominalisierung durch eine Präposition mit einem betonten Pronomen möglich, zusätzlich gibt es aber das Paradigma *lui*, *leur* und die Pronomina *en* und *y*. In einigen Fällen ist die Art der Pronominalisierung von der Verbvalenz festgelegt, vgl. *parler* und *penser* in (39), in anderen Fällen bestimmen semantische Merkmale des Objekts die Auswahl, wie bei der Opposition ›Person‹ und ›Sache‹ in (40):

(39) a. Jean parle à sa copine. ⇒ Il *lui* parle.
  b. Jean pense à sa copine. ⇒ Il pense *à elle*.

(40) a. Jean parle de son voyage. ⇒ Il *en* parle.
  b. Jean parle de sa copine. ⇒ Il parle *d'elle*.

Prädikative Ergänzungen sind dadurch gekennzeichnet, dass zwischen ihnen und entweder dem Subjekt oder dem Objekt eine ›sein‹-Beziehung besteht. Die Ergänzung selbst kann in einer Vielzahl von Formen auftreten (Substantiv, Adjektiv, Satz usw.). Die prädikative Ergänzung zum

Subjekt wird unabhängig von ihrer Form durch das unmarkierte Pronomen *le* ersetzt. Darin unterscheidet sie sich vom direkten Objekt, bei dem
das Genus differenziert wird (*le, la*):

(41) a. Mon fils est malade. ⇒ Il *l'*est.
      b. Jeanne est une fille intelligente. ⇒ Elle *l'*est.
      c. Elle veut devenir physicienne. ⇒ Elle *le* deviendra.
      d. Ils resteront les plus beaux. ⇒ Ils *le* resteront.

Die Verben, die eine prädikative Ergänzung zum Objekt subkategorisieren,
zerfallen in zwei Gruppen. Verben der ersten Gruppe können auch einen
Nebensatz anschließen, der die ›sein‹-Relation explizit ausdrückt (42a),
bei den Verben der zweiten Gruppe ist dies nicht möglich (42b), obwohl
auch dem zweiten Satz die Aussage *Il est malade* zugrunde liegt:

(42) a. Je trouve ce travail insupportable. ⇒ Je trouve que ce travail est
          insupportable.
      b. Son travail l'a rendu malade. ⇒ *Son travail a rendu qu'il est malade.

Adverbiale drücken Umstände aus und heißen daher auch **Umstandsbe-
stimmungen**. Sie können durch die jeweils passenden Adverbien (*ici, là,
ainsi, alors*) oder Fragewörter (*où, quand, pourquoi* usw.) ersetzt werden.
Man unterscheidet zwischen den **adverbialen Ergänzungen** des Verbs
und den **adverbialen Angaben**, die den Inhalt des ganzen Satzes modifi-
zieren (s. Kap. 4.2.1).

4.3.2 | Besondere Satzgliedstellungen

Die Elemente im französischen Satz sind verglichen mit dem Deutschen
relativ unbeweglich, was die Realisierung der Ergänzungen des Verbs betrifft: Subjekt, direktes Objekt und indirektes Objekt sind auf bestimmte
Positionen vor und nach dem Verb festgelegt. Nur in engen Grenzen sind
Abweichungen wie die Vertauschung von indirektem und direktem Objekt
möglich. Die modifizierenden Elemente sind unterschiedlich beweglich:
Manche attributiven Adjektive können vor oder nach dem Nomen stehen,
adverbiale Angaben haben meist mehrere Positionen zur Verfügung. Von
seiner rhythmischen und intonativen Struktur her lässt der französische
Satz dem Sprecher wenig Spielraum zur Betonung einzelner Elemente.
Die **Inversion** von Subjekt und Verb kommt zwar vor, ist aber entweder
eine fakultative Variante in speziellen Registern, wie bei der **einfachen** Inversion (Bühnenanweisungen, administrative Fachsprache), oder sie wird
obligatorisch von bestimmten Kontexten gefordert, wie die **komplexe** Inversion nach manchen satzeinleitenden Adverbien (*peut-être, sans doute*).
    Aufgrund dieser Beschränkungen haben sich im Französischen eini-
ge syntaktische Strukturen herausgebildet, mit denen bestimmte Satzteile
dennoch hervorgehoben oder als weniger wichtig markiert werden können. Die Anwendung dieser Strukturen hängt also vom **Kontext** und der
Bewertung einzelner Konstituenten durch den Sprecher ab.

Zur Vertiefung

Informationsstruktur

Die Informationsstruktur untergliedert den Satz nach dem **Mitteilungswert** seiner Elemente. Dabei wird mit unterschiedlichen Begriffspaaren das Bekannte (niedrigerer Informationsgehalt) vom Unbekannten (höherer Informationsgehalt) unterschieden (s. Kap. 6.3.2):

bekannt	unbekannt	Autor
Thema	Rhema	Firbas (1964)
topic	*comment*	Gundel (1974)
proposition	*focus*	Ward (1985)

Als Extraposition bezeichnet man die Konstruktion, in der die Subjektposition durch das **unpersönliche Pronomen** *il* (nicht zu verwechseln mit dem Personalpronomen *il*) besetzt wird. Das Subjekt wird nach dem Verb realisiert. Diese Konstruktion ist nur bei bestimmten intransitiven, indirekt transitiven und reflexiven Verben möglich.

(43) Il m'est arrivé une chose étrange.

In der gesprochenen Sprache trifft man häufig auf eine Relativsatzkonstruktion, die mit der **Präsentativformel** *il y a* eingeleitet wird. Sie ist universeller als die Extraposition, weil sie nicht an bestimmte Verbklassen gebunden ist:

(44) a. Il y a une chose étrange qui m'est arrivée.
     b. Il y a Jean qui est malade.

Von Segmentierung spricht man, wenn eine Konstituente an den Beginn oder das Ende des Satzes verschoben und an ihrer ursprünglichen Position durch ein Pronomen ersetzt wird. Die verschobene Konstituente wird in der Regel durch ein Komma oder eine Sprechpause abgetrennt. Die Segmentierung ist typisch für die gesprochene Sprache. Mit dem segmentierten Element wird das **Thema** der Konversation wiederaufgenommen (s. Kap. 6.3.2). In geeigneten Kontexten können wie in (45c) sogar zwei Elemente segmentiert werden.

(45) a. Mon frère, il est malade.
     b. Je n'y vais jamais, à cet endroit-là.
     c. Mon bébé, à ma sœur, je ne le lui donnerai jamais!

Der Spaltsatz wird auch als *mise en relief* bezeichnet, da er primär zur Hervorhebung eines als wichtig eingestuften Elements des Satzes dient, z. B. bei einer Korrektur. Das wichtige Element wird auch »**Rhema**« genannt (s. Kap. 6.3.2). Der Spaltsatz hat damit ähnliche Funktion wie die Präsentation mit *il y a* in (44), ist aber nicht auf die gesprochene Sprache festgelegt. In der Umgangssprache kann im Plural die Angleichung von *c'est* zu *ce sont* vernachlässigt werden, wie in (46c).

(46) a. C'est le bénéfice qui compte.
 b. Ce sont les avantages qui l'emportent sur les inconvénients.
 c. En général, c'est les riches qui se plaignent des impôts.

Der Sperrsatz oder Pseudospaltsatz ist eine Art umgedrehter Spaltsatz und hat eine ähnlich hervorhebende Funktion (47): Am Beginn steht der mit *ce* eingeleitete Relativsatz, dann folgt das mit *c'est* hervorgehobene Element. Im Unterschied zum Spaltsatz kann im Sperrsatz auch ein Kompletivsatz (47c) oder ein Infinitivsatz (47d) hervorgehoben werden.

(47) a. Ce qui est gênant, ce sont les petits ennuis quotidiens.
 b. Ce dont j'ai besoin, c'est d'un moment de tranquilité.
 c. Ce qu'on lui reproche, c'est que sa voiture était défectueuse.
 d. Ce qu'on lui reproche, c'est de ne pas être intervenu.

Literatur

Valenz und Dependenz: Als Einführung in die Valenztheorie eignen sich Kotschi (1981) und die Einleitung von Busse/Dubost (1983), als weiterführende Lektüre Welke (2007). Ein gutes germanistisches Arbeitsbuch zur Dependenzgrammatik ist Weber (1997). Der erste Band des internationalen Handbuchs von Agel et al. (2003) enthält eine Reihe weiterführender Beiträge zu Tesnière (Kap II) und Grundfragen von Valenz und Dependenz (Kap III-IV).

Generative Grammatik: Als Kurzeinführung in die X-bar-Syntax eignet sich Kapitel 4 in Grewendorf et al. (2001). Als Einstieg in generative und formale Grammatiken ist Kapitel 7 in Moeschler/Auchlin (2000) geeignet. Einführungen in die generative Syntax des Französischen sind Gledhill (2003) (engl.) sowie Tellier (2003) und Laenzlinger (2003) (frz., beide mit Übungen). Eine französischsprachige Darstellung des Minimalismus ist Pollock (1997).

Als deutsche Arbeitsbücher empfehlenswert sind Müller/Riemer (1998), die das Französische mit anderen romanischen Sprachen vergleichen, sowie Gabriel/Müller (2013), auch zum Minimalismus und mit mehrsprachigem Sachindex.

Unter der Vielzahl der englischen Arbeitsbücher zur generativen Syntax ist Haegeman (2001) zu nennen. Die Fachgruppe Sprachwissenschaft der Universität Konstanz (Bestelladresse: Fach D 185, 78457 Konstanz) bietet eine für Studierende geschriebene Einführung in LFG (Schwarze 1996). Abeillé (1993) ist eine französische Einführung in Unifikationsgrammatiken. Klenk (2003) führt sowohl in die generative Grammatik als auch in Unifikationsgrammatiken ein, Müller (2008) in HPSG.

Deskriptive Grammatik des Französischen: Ein kurzer Überblick über syntaktische Grundbegriffe mit französischen Beispielen ist der Artikel von Kleineidam (1990), an dem sich auch Kapitel 4.3 orientiert.

Maingueneau (2010) erklärt grammatische Terminologie zur Prüfungsvor-
bereitung. Das Referenzwerk für alle Fragen der französischen Grammatik
ist *Le bon usage* Grevisse (2011), aber als Arbeitsgrammatik mit theoreti-
schem Anspruch ist die *Grammaire méthodique* (Riegel et al. 2009) geeigneter.

5. Semantik

> → Die Semantik untersucht die Bedeutung sprachlicher Zeichen. Mit semantischen Modellen kann man die Bedeutung von Ausdrücken (Wörtern und Sätzen) analysieren und darstellen.

Zum Begriff

Die Aufgabe der Semantik kann analog zu der in Kapitel 4 besprochenen syntaktischen Modellbildung mit der menschlichen Sprachkompetenz in Verbindung gebracht werden: Ebenso wie ein Mensch beurteilen kann, ob eine Äußerung syntaktisch richtig oder falsch (grammatisch oder ungrammatisch) ist, kann er einen Satz als semantisch **akzeptabel** oder nicht akzeptabel einstufen.

Die genaue Begründung der **Ungrammatikalität** oder **Inakzeptabilität** erfordert dagegen eine längere Analyse. Dies zeigt sich auch im einfacheren Bereich der Wortbedeutung: Ein fremdsprachliches Wort wie *livre* wird zwar spontan als bekannt erkannt, aber es dauert erheblich länger, seine Bedeutung zufriedenstellend zu definieren.

Im Folgenden wird zunächst der Bereich der Wortsemantik oder lexikalischen Semantik behandelt. Bei den anschließend dargestellten semantischen Relationen werden die in Kap. 1.3 eingeführten zwei Ebenen der Sprachbetrachtung unterschieden:

- Auf der paradigmatischen Ebene bilden die Elemente, die in einer Äußerung gegeneinander austauschbar sind, ein **Paradigma**.
- Auf der syntagmatischen Ebene geht es dagegen um die semantischen Beziehungen zwischen Elementen, die gemeinsam in einer Äußerung auftreten können.

Syntagmatik und Paradigmatik

5.1 | Lexikalische Semantik

5.1.1 | Semantische Merkmale

Im Zeichenmodell von Saussure bilden der Lautkörper (*signifiant*) und das mit ihm verbundene Konzept (*signifié*) das sprachliche Zeichen. Die Beziehung zwischen *signifiant* und *signifié* ist **arbiträr** (s. Kap. 1.3), d. h. willkürlich. Auch in der Semantik finden sich Oppositionen als wesentliches Prinzip strukturalistischer Begriffsbildung wieder: Ebenso wie das Phonem als phonologische Einheit ist die Bedeutung durch die **distinktiven Merkmale** definiert, die sie von anderen Bedeutungen unterscheiden, aber nicht durch den Bezug auf die reale Welt. Diese Prinzipien sind zu

einer Theorie der Merkmale ausgearbeitet worden, deren praktische Anwendung die Untersuchung von Wortfeldern ist. Im Folgenden geht es
zunächst um die **Strukturelle Semantik** oder **Merkmalsemantik**, bevor
Kapitel 5.1.2 die Elemente des Zeichenmodells wieder aufgreift.

Strukturelle Semantik: Den Grundstein der Wortfeldanalyse legte
der Germanist Jost Trier mit einer historischen Arbeit zum Wortschatz
des Verstandes (1931), beeinflusst von Humboldt und Saussure. In den
1960er Jahren fand die Methode in Europa breite Anwendung mit den
Arbeiten von Pottier (1963), Greimas (1966), Coseriu (1973) und vielen
anderen.

Ein **Wortfeld** ist ein lexikalisches Paradigma, dessen Einheiten (**Lexeme**) durch einfache Merkmale in Opposition zueinander stehen. Diese Merkmale der Wortbedeutung heißen **Komponenten** oder **Seme**. Man
spricht daher auch von **Semanalyse, Komponentenanalyse** oder **Merkmalsemantik**.

Semanalyse im Wortfeld: Ein klassisches Beispiel für die Semanalyse ist das Wortfeld der Sitzgelegenheiten nach Bernard Pottier in Abbildung 5.1. Dieses Wortfeld kann einem **Oberbegriff** (**Archilexem**) zugeordnet werden, nämlich *sièges* ›Sitzgelegenheiten‹, aber es gibt z. B. keinen Oberbegriff für alle Altersadjektive.

Die tabellarische Anordnung differenziert fünf Lexeme des Wortfelds
›Sitzgelegenheiten‹ durch sechs Seme, wobei Sem 4 ›pour s'asseoir‹ auf
den ersten Blick redundant ist, da es bei allen Lexemen gleich markiert
ist. Da es von allen Unterbegriffen geteilt wird, nennt man es in der strukturalistischen Terminologie **Archisem**. Sem 3 ›pour une personne‹ unterscheidet *fauteuil* von *canapé*. Sem 5 ›avec bras‹ unterscheidet beide von
den drei übrigen Lexemen. Sem 1 ›avec dossier‹ unterscheidet *chaise* von
tabouret und *pouf* ›Sitzkissen‹, die wiederum durch Sem 2 ›sur pieds‹
(oder Sem 6) unterschieden sind. Für eine streng strukturalistische Be-
deutungsdefinition genügen vier Merkmale (die Seme 1, 2, 3 und 5), da
sie alle Lexeme voneinander unterscheiden.

Abbildung 5.1
Das Wortfeld der
Sitzgelegenheiten
(nach Pottier)

	Sem 1	Sem 2	Sem 3	Sem 4	Sem 5	Sem 6
	avec dossier	sur pieds	pour une personne	pour s'asseoir	avec bras	matériau rigide
chaise	+	+	+	+	–	+
fauteuil	+	+	+	+	+	+
tabouret	–	+	+	+	–	+
canapé	+	+	–	+	+	+
pouf	–	–	+	+	–	–

Die Kritiker der Wortfeldtheorie nennen u. a. folgende Punkte: Im Hinblick auf die Definition des Wortfelds gibt es weder genaue Kriterien
für seine äußeren Grenzen noch für seine lückenlose Abdeckung. In al-

len Analysen wird das Material intuitiv ausgewählt. Im Hinblick auf den Status des Sems wird die Frage gestellt, ob es wirklich Teil der Wortbedeutung oder nur eine simple Beschreibung der Wirklichkeit ist. Hier kommt also die in Kapitel 5.1.2 behandelte Referenz ins Spiel. Insgesamt erscheint die Wortfeldtheorie aus heutiger Sicht zu wenig formalisiert, was aber nichts daran ändert, dass die Komponentenanalyse in fast allen semantischen Modellen in irgendeiner Form weiterbesteht und damit einen ähnlich fundamentalen Status hat wie die Konstituentenanalyse in der Syntax.

Semasiologie und Onomasiologie: Am Wortfeld lassen sich auch zwei verschiedene Ansätze der semantischen Analyse zeigen: Der **semasiologische** Ansatz geht vom *signifiant* aus und untersucht die ihm entsprechenden Bedeutungen (oder Referenten), während der **onomasiologische** Ansatz vom Inhalt ausgeht und nach den entsprechenden *signifiants* fragt. Oft treten **Semasiologie** und **Onomasiologie** gemeinsam auf: Die Auswahl der Lexeme eines Wortfelds erfolgt onomasiologisch (welche Formen bezeichnen Sitzgelegenheiten?), ihre Differenzierung semasiologisch (was bedeuten *tabouret*, *pouf* usw.?). Beide Ansätze sind ausführlich in Baldinger (1964) diskutiert.

Universalität von Merkmalen: Die Analyse vieler Sprachsysteme zeigt, dass manche Merkmale des Referenzbereichs offensichtlich so dominant sind, dass sie auch annähernd universell in der Sprache vorkommen. Diese Merkmale werden als **Klasseme** (auch engl. *markers*) bezeichnet, z. B. VERTIKAL, FEST, BELEBT. In der Regel sind Klasseme, nicht Seme, relevant für **Selektionsrestriktionen** (s. Kap. 4.2.1 und Kap. 8.2). Die Grenze zwischen Klassemen und Semen ist jedoch einzelsprachlich sehr unterschiedlich: Nichts hindert eine Sprache, das eine oder andere semantische Merkmal – und sei es nur in ganz bestimmten Kontexten – syntaktisch relevant werden zu lassen. Vgl. frz. *se marier* gegenüber ital. *ammogliarsi* für männliche und *maritarsi* für weibliche Subjekte.

Im Text hebt man sprachliche Formen durch kursive Schrift oder Unterstreichung hervor. Dagegen stehen Bedeutungen in einfachen Anführungszeichen (beliebiger Form). Semantische Merkmale notiert man meist in eckigen Klammern. Einige Schreibbeispiele:
haine ›Hass‹ ist germanischen Ursprungs. Das Subjekt von *nager* ›schwimmen‹ hat das Merkmal [+ belebt], das Subjekt von *flotter* ›treiben‹ hat das Merkmal [– belebt].

Hinweis

Semantische Primitive: Eines der Hauptprobleme der Semantik besteht heute darin, die für die Sprache relevanten Kategorien zu definieren: Hat frz. *rue* z. B. andere Merkmale als dt. *Straße*, damit in beiden Sprachen die jeweils adäquate Präposition eingesetzt wird (*dans la rue*, aber *auf der Straße*)? Verknüpft mit der Frage nach der Universalität der Merkmale (und ebenso umstritten) ist ihre kognitive Grundlage. Im Bereich der

Auch in der Semantik sucht man nach universellen Prinzipien.

Lexikalische
Semantik

kognitiven Semantik gibt es eine Reihe von Ansätzen, die ähnlich wie die strukturelle Semantik Bedeutungen durch Zerlegung in Komponenten zu erfassen versuchen (s. Kap. 5.1.3). Im Detail gehen diese Ansätze weit auseinander, insbesondere hinsichtlich des Inventars der Komponenten: Für einige Vertreter bilden sie eine geschlossene Liste von sogenannten **Primitiven**, während andere sie (weniger doktrinär) als veränderliches Resultat semantischer Analysen betrachten. Zu letzteren gehört Ray Jackendoff, der semantische und syntaktische Eigenschaften als kognitiv motivierte **lexikalisch-konzeptuelle Struktur** darstellt (s. S. 70).

Zur Vertiefung

Lexikalisch-konzeptuelle Strukturen (nach Ray Jackendoff)

Ein Beispiel für diesen kognitiven Ansatz ist die Repräsentation von *acheter* (analog zu engl. *buy* nach Jackendoff 1990, S. 61). Die Klammerstruktur (1) nach der Angabe von Kategorie und Valenz lässt sich paraphrasieren als:

»*Es findet ein Besitzwechsel (GO$_{Poss}$) des Objekts* j *von* k *zu* i *statt, bei gleichzeitigem Besitzwechsel des Geldes von* i *zu* k«.

Die Indizes *i, j, k* verbinden die Argumente mit syntaktischen Positionen und stellen so die Schnittstelle zwischen Semantik und Syntax her: Mit Index *k* ist in der Syntax die fakultative Ergänzung *de quelqu'un* markiert, in der Semantik die Argumente von FROM (Herkunft des Objekts) und TO (Ziel des Geldtransfers). Damit ist diese Struktur auch ein Beispiel dafür, wie man die **Argumentstruktur** eines Prädikats formal darstellen kann.

(1) acheter: V

___ NP$_j$ < de NP$_k$ >

[GO$_{Poss}$ ([. . .]$_j$, [FROM [. . .]$_k$ TO [. . .]$_i$]),

EXCH [GO$_{Poss}$ ([MONEY], [FROM [. . .]$_i$ TO [. . .]$_k$])]]

5.1.2 | Zeichenmodelle

Das oben angesprochene Problem der **Referenz** war bereits den Philosophen des Mittelalters bekannt: Sie unterschieden die *significatio* als Zusammenhang zwischen Form und Konzept von der *suppositio* als Zusammenhang zwischen Form und realen Objekten. Dieser später u. a. von Gottlob Frege ausgearbeiteten Unterscheidung trägt das sogenannte **triadische Zeichenmodell** von Ogden/Richards (1923) Rechnung, das als Grundlage für Abbildung 5.2 diente.

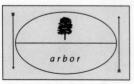

Saussures
Zeichenmodell

Saussure unterscheidet im **CLG** bereits zwischen *signifié* und *référent*, wenn auch sein Zeichenmodell nur **signifiant** und **signifié** enthält und den Referenten als außersprachliche Einheit ausklammert. Gemäß dem Prinzip der **Opposition** sind Bedeutungen für Saussure negativ definiert: »Leur plus exacte caractéristique est d'être ce que les autres ne sont pas« (CLG, Kap. 4, § 2). Ein *signifié* enthält also nur die Merkmale, die es von anderen Zeichen der Sprache unterscheiden, nicht aber eine Beschreibung der Objekte, die es bezeichnen kann.

Lexikalische
Semantik

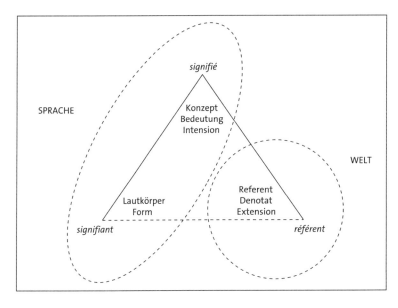

Abbildung 5.2
Das triadische Zei-
chenmodell (in An-
lehnung an Ogden/
Richards 1923)

Referenz: Durch die explizite Erweiterung des Modells um den **Referenten** können semantische Phänomene dargestellt werden, bei denen sich
Konzept und Referent nicht analog verhalten. Die Bedeutung von *cabot* ›Köter‹ unterscheidet sich von der Bedeutung von *chien* durch eine zusätzliche abwertende (**pejorative**) Komponente. Dennoch können
beide Wörter in entsprechenden Situationen den selben Hund bezeichnen. Frege nennt das Beispiel von *Morgenstern* und *Abendstern*, die beide den selben Referenten, die Venus, bezeichnen, aber dennoch nicht
beliebig gegeneinander austauschbar sind: *Peter weiß, dass die Venus
der Morgenstern ist* kann nicht unbedingt durch *Peter weiß, dass die Venus der Abendstern ist* ersetzt werden. Der Referent ist also die Menge der Objekte, die eine Form bezeichnen kann, wohingegen die Bedeutung aus den Informationen besteht, mit denen der Bezug zu diesen Objekten hergestellt wird. Der Bezug zwischen Form und Referent ist also
indirekt und führt über die Bedeutung (daher die gestrichelte Linie in
Abb. 5.2).

Die Bezeichnung ist somit die Beziehung zwischen dem sprachlichen
Zeichen und dem Referenten. Erst die Verwendung eines Zeichens definiert seine Referenz, und so kann der abstrakte *signifié* je nach **Kontext**
verschiedene Wirklichkeiten bezeichnen, wie *canard* in (2):

(2) a. l'hiver, on chasse le canard (›animal‹)
  b. on mange du canard (›plat‹)
  c. le chanteur fait un canard (›fausse note‹)
  d. les politiciens lancent souvent des canards (›fausses nouvelles‹)
  e. avec son café, il prend un canard (›sucre trempé dans une liqueur‹)
  f. son article est paru dans un canard (›journal‹)

Denotation: Zusätzlich zur ›eigentlichen‹ Bedeutung können mit Wörtern zusätzliche Inhalte übermittelt werden. Daher werden folgende Begriffe unterschieden:

Denotation,
Konnotation,
Assoziation

- **Die Denotation** (oder **denotative Bedeutung**) umfasst die Teile der Wortbedeutung, die notwendig sind, um einen bestimmten Referenten zu bezeichnen. Dementsprechend wurde in Abbildung 5.2 der Begriff ›Denotat‹ in der Nähe des Referenten angeordnet. In diesem Sinne steht die Denotation der Konnotation und der Assoziation gegenüber.
- Zur **Konnotation** gehören zusätzliche Bedeutungskomponenten, die den denotativen Bedeutungskern ergänzen. Meist geht es dabei um emotionale, bewertende Nuancen (vgl. *responsable des ressources humaines – chef du personnel, chien – cabot*). Im Gegensatz zu Assoziationen sind Konnotationen durch soziale Konvention festgelegt.
- Unter **Assoziation** versteht man individuelle Merkmale, die mit der denotativen Bedeutung verbunden werden. So können z. B. mit *mer* je nach Sprecher oder Situation positive (*vacances, soleil*) oder auch negative (*danger, tempête*) Assoziationen verbunden sein.

Intension und Extension: Analog zur Unterscheidung zwischen Bedeutung und Referenz verhält sich das in der Philosophie (bei den Stoikern und den Scholastikern) seit langem bekannte Begriffspaar Intension und Extension:

Intension
und Extension

- **Die Intension** entspricht der Bedeutung, umfasst in der Wortsemantik also die Summe aller Bedeutungskomponenten eines Begriffs. Intension wird heute viel in der Satzsemantik gebraucht: Dort ist die intensionale Bedeutung eines Satzes durch die Umstände definiert, in denen der Satz wahr ist (zum Wahrheitswert s. Kap. 6.2).
- **Die Extension** entspricht dagegen dem **Referenzpotential**, also allen Objekten, auf die sich ein Wort beziehen kann.

Das Verhältnis zwischen Intension und Extension ist wie folgt: Je größer die Intension, desto präziser (merkmalhaltiger) ist die Bedeutung und desto kleiner ist die Extension. Allgemeine Begriffe können viele Objekte bezeichnen, präzise Begriffe nur wenige (zu Extension und Intension s. auch Kap. 5.2.1).

Das triadische Zeichenmodell ist nur eines von zahlreichen Modellen der Beziehung zwischen Form, Bedeutung, Wirklichkeit. In kognitiv orientierten Ansätzen wird z. B. das *signifié* in eine sprachliche (*signifié*) und eine kognitive Komponente (Begriff) aufgespalten, so dass ein trapezförmiges Modell entsteht (vgl. Heger 1966).

5.1.3 | Kognitive Semantik und Prototypentheorie

Zum Begriff

> → **Die kognitive Semantik** orientiert sich im Gegensatz zur strukturalistischen Semantik an den Kognitionswissenschaften (s. Kap. 1.4.1), indem sie die mentale Strukturierung und Verabeitung von Bedeutung in ihre Theorien einbezieht.

Lexikalische
Semantik

Der Prototypentheorie liegt die Annahme zugrunde, dass nicht alle Unterbegriffe eines **Oberbegriffs** gleichberechtigt sind, sondern dass es mehr oder weniger ideale Vertreter einer Kategorie gibt: Ein Prototyp für die Kategorie ›Frucht‹ ist *pomme* (nicht *olive*), ein Prototyp für ›Vogel‹ ist *moineau* (nicht *autruche*). Untersuchungen haben gezeigt, dass Prototypen innerhalb einer Sprachgemeinschaft recht stabil sind, sieht man einmal von abstrakteren Begriffen wie *jazz* ab, bei denen bereits bei den Merkmalen des Oberbegriffs Uneinigkeit herrscht.

Das Ziel der Prototypensemantik war ursprünglich eine weniger strikte Handhabung der **Merkmalsemantik** durch die Anwendung der Prototypentheorie: Ein Unterbegriff muss nicht unbedingt alle Merkmale des Oberbegriffs enthalten (es muss also kein **Archisem** geben).

Salienz und die Struktur von Kategorien: Die kognitive Semantik arbeitet empirisch: Sie definiert Konzepte durch Tests an Sprachbenutzern. So unterscheidet sie **saliente**, d. h. als wichtiger eingestufte Merkmale, von weniger salienten Merkmalen. Der **Prototyp** wird dann als der Vertreter einer Kategorie definiert, der die meisten salienten Merkmale auf sich vereint. Von den Testpersonen werden solche prototypischen Exemplare schneller als Vertreter einer Kategorie identifiziert (die Reaktionszeiten sind kürzer) und häufiger als Vertreter der Kategorie genannt.

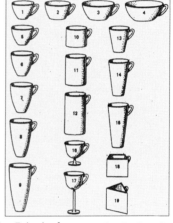

Was ist eine Tasse?
(Labov 1973)

Die unterschiedliche **Salienz** von Merkmalen hat zur Folge, dass eine Kategorie intern nicht homogen strukturiert ist und unscharfe Grenzen hat: Sie hat zentrale, weniger zentrale und randständige Vertreter. An die Stelle des alle Vertreter einer Kategorie verbindenden Merkmals tritt das Prinzip der **Familienähnlichkeit** (nach Ludwig Wittgenstein, 1889–1951): Ein Vertreter einer Kategorie teilt mit manchen anderen Vertretern Merkmale, aber nicht unbedingt mit jedem anderen.

Das Beispiel der Kategorie ›Vogel‹ in Abbildung 5.3 verdeutlicht dies: Die gemeinsamen Merkmale aller Vögel sind [ovipare] (›legt Eier‹) und [a un bec] (›hat einen Schnabel‹). Die folglich aus strukturalistischer Sicht einzig mögliche Definition der Kategorie ›Vogel‹ als »eierlegendes Tier mit Schnabel« mag Biologen zufrieden stellen, aber sie entspricht nicht der Intuition der Sprachbenutzer, bei denen das Wort *Vogel* in der Regel das Bild eines fliegenden Tiers hervorruft. Das Merkmal des [capable de voler] (›flugfähig‹) prototypischen Vertreters (des Spatzen) wird aber von mehreren randständigeren Vertretern der Kategorie nicht geteilt (Pinguin, Kiwi, Strauß, Küken).

Prototypensemantik
führt zu anders
strukturierten
Kategorien als die
Semanalyse.

Wenn man auf randständige Vertreter referiert, macht man dies auch sprachlich deutlich, z. B. mit Wendungen wie *une sorte de*. . . . Außerdem werden Prototypen bei Vergleichen oder Hypothesen wie in den folgenden Sätzen (Kleiber 1990, S. 108) sichtbar; der Satz (3b) mit den Merkmalen

Lexikalische
Semantik

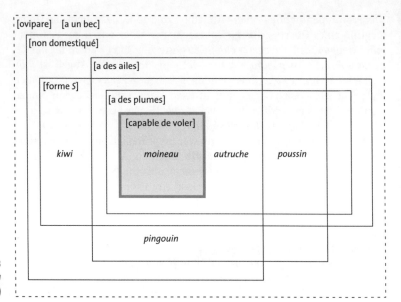

Abbildung 5.3
Prototyp von *oiseau*
(nach Kleiber 1990)

eines weniger zentralen Vertreters (einer Ente) ist eher unwahrschein-
lich:

(3)   a. Si j'étais un oiseau, je volerais vers toi, mon enfant.
         b. Si j'étais un oiseau, j'irais vers toi, mon enfant, en me dandinant.

Der wesentliche Vorteil der Prototypensemantik gegenüber der orthodo-
xen Merkmalsemantik liegt darin, dass sich die Beschreibung der lexikalischen Bedeutung nicht auf rein minimalistische Differenzierung beschränkt, sondern auch nicht-kontrastive Merkmale einbezieht und darüber hinaus das Konzept durch die unterschiedliche Prominenz der Merkmale intern strukturiert.

Zur Vertiefung

Weitere Anwendungen der Prototypentheorie

Die Prototypensemantik stellt die Prinzipien der Merkmaltheorie nicht
in Frage, sondern baut auf ihnen auf und verfeinert sie. Die Annahme
von Prototypen, die hier nur kurz am Beispiel der Semantik dargestellt
wurde, ist auch auf andere Gebiete der Linguistik angewendet worden:
Ein Beispiel aus der Syntax ist der im Französischen bisweilen fließende
Übergang zwischen der Kategorie »Adjektiv« und benachbarten Wortarten (vgl. die durch Punkte markierte Abstufung zwischen *nombreux* und
pilote in der grafischen Darstellung nach Goes 1999, S. 285 s. Abb. hier
S. 75), in der Textlinguistik gibt es mehr oder weniger typische Textsorten
(s. Kap. 6.3.3) und auch diachron sind prototypische sprachliche Veränderungen feststellbar (vgl. z. B. Geeraerts 1997).

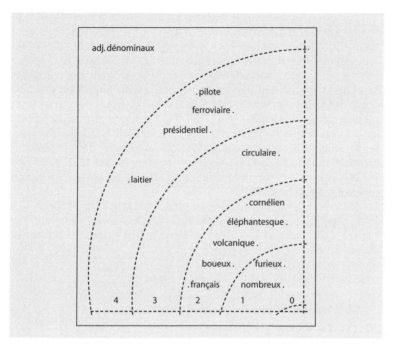

Denominale
Adjektive bei Goes
(1999)

5.2 | Lexikalische Relationen

5.2.1 | Paradigmatik

Synonymie: Mit **Synonymie** bezeichnet man die Tatsache, dass mehrere Formen die gleiche Bedeutung haben. In der engsten Definition des Begriffs sind zwei Wörter synonym, wenn sie sich in allen Kontexten gegeneinander austauschen lassen. Diese absolute Synonymie kommt in natürlicher Sprache selten vor (die Konjunktionen *bien que* und *quoique* sind mögliche Kandidaten), häufiger dagegen in künstlich geschaffenen Terminologien wie der linguistischen Fachsprache (vgl. *spirante* und *fricative*). In der Regel ist Synonymie approximativ, d. h. es geht um bedeutungsähnliche Wörter wie *revue, magazine, périodique,* die sich nur in wenigen Merkmalen unterscheiden. Synonymie kann auf Dublettenbildung beruhen: Eine **Dublette** entsteht, wenn ein früher entlehntes Wort noch ein zweites Mal entlehnt wird – ein Vorgang der normalerweise nur bei den Kultursprachen vorkommt. Die neue Form wird entweder in einer anderen Bedeutung entlehnt, oder es findet mit der Zeit eine Differenzierung der Synonyme statt, vgl. z. B. *sécurité – sûreté, livrer – libérer.*

Polysemie: Im Falle der **Polysemie** hat eine Form mehrere Bedeutungen. In natürlichen Sprachen sind viele Formen polysem, auch wenn Polysemie (wie Synonymie) auf den ersten Blick ein Problem für das Funktionieren des Sprachsystems ist. In Kapitel 4.2.2 wurde gezeigt, dass Äußerungen strukturell **mehrdeutig** (**ambig**) sein können, und zu dieser **Ambiguität** kommt nun die Ambiguität der Lexeme hinzu. Für den normalen Sprachgebrauch ist dieser Zustand nicht störend, auch wenn er mitunter große Probleme bereitet, z. B. bei der Interpretation oder Übersetzung juristischer Fachtexte oder der maschinellen Sprachverarbeitung. Bei genauerem Hinsehen widerspricht Polysemie nicht dem Prinzip der **Sprachökonomie**, denn Eindeutigkeit wäre nur mit wesentlich mehr und deutlich komplizierteren Grammatikregeln und einem um ein Vielfaches größeres Lexikon herzustellen.

Unproblematischer ist Ambiguität auf der syntagmatischen Ebene, weil oft der **Kontext** bei der Auswahl der aktuellen Bedeutung weiterhilft. Die folgenden Satzpaare aktualisieren jeweils eine Bedeutung der polysemen Lexeme *temps*, *lentille* und *voler*:

(4) a. Il fait beau temps. (›Wetter‹)
    b. On a passé du beau temps ensemble. (›Zeit‹)

(5) a. Il aime tout sauf les lentilles. (›Linsen‹)
    b. Depuis hier, il porte des lentilles. (›Kontaktlinsen‹)

(6) a. L'oiseau vole. (›fliegen‹)
    b. On nous a volé 200 euros hier. (›stehlen‹)

Homonymie: Ein anderer Fall von Mehrdeutigkeit entsteht durch **Homonymie**. Auch hier geht es um gleiche Formen mit verschiedener Bedeutung, wobei allerdings diese Formen zu verschiedenen Lexemen gehören. Von Homonymie spricht man also, wenn zwei Wörter die gleiche Form haben, sei es in der Lautung (**Homophonie**) oder in der Schreibung (**Homographie**). Bei unterschiedlicher Schreibung ist augenfällig, dass es sich um verschiedene Wörter handelt, z. B. /vɛr/ für *vert*, *verre*, *ver*, *vers* usw. Liegt aber Homophonie und Homographie vor, so kann nur die diachrone Analyse zeigen, ob es sich um Polysemie oder Homonymie handelt. Das Verb *louer* kommt in der Bedeutung ›loben‹ von lat. *laudare*, in der Bedeutung ›(ver)mieten‹ von lat. *locare*. Es handelt sich also um verschiedene Wörter mit gleicher Form und somit um Homonymie. Synchron betrachtet könnte höchstens die Entfernung zwischen beiden Bedeutungen als Kriterium dienen. Wie aber stellt man fest, ob sich die Bedeutungen ›fliegen‹ und ›stehlen‹ des polysemen Verbs *voler* näher stehen als die Bedeutungen ›mieten‹ und ›loben‹ der Homonyme *louer*?

Polysemie und Homonymie im Wörterbuch

Die lexikographische Tradition folgt eher dem intuitiven als dem historischen Kriterium: Der *Petit Robert* legt sowohl für *voler* als auch für *louer* je zwei Wörterbuchartikel an und behandelt *errer* in beiden Bedeutungen (›sich irren‹ < lat. *errare* und ›herumirren‹ < lat. *itinerare*) im selben Artikel, da hier ohne Weiteres ein semantischer Zusammenhang hergestellt werden kann. Dass dieser Zusammenhang bei *voler* früher deutlicher war, geht aus den Einträgen im *Trésor de la langue française* (s. Kap. 8.3.3) hervor: Bei der Falkenjagd hatte *voler* die inzwischen verlorengegangene Bedeutung ›im Flug fangen‹.

Antonymie besteht zwischen Wörtern, deren Bedeutungen zueinander in einem Gegensatz stehen. Man unterscheidet folgende Gegensatztypen:

- Die **graduelle Opposition** oder **skalare Opposition** wird durch Vergleich nachgewiesen: *X est plus chaud que Y*.
- Die **kontradiktorische Opposition** besteht bei Gegensatzpaaren und wird durch Verneinung nachgewiesen. Die Verneinung eines der beiden Pole impliziert den anderen Pol: *non mâle → femelle*.
- Die **konverse Opposition** ergibt sich aus dem implizierten Gegenteil: *X vend → Y achète*.
- Die **direktionale Opposition** ergibt sich aus der Betrachtung eines Sachverhalts aus unterschiedlicher Perspektive, z. B. *kommen – gehen, hinauf – herauf*.

Antonyme teilen viele semantische Merkmale.

Typen von Oppositionen

Die Aufhebung einer Opposition ist ein Fall von **Neutralisation**. Bei **äquipollenten** Oppositionen sind beide Pole gleichberechtigt und werden durch einen dritten Begriff neutralisiert, wie *Mensch* zu *Mann* und *Frau*. Bei **inklusiven Oppositionen** ist einer der beiden Pole gleichzeitig der neutrale Begriff, wie bei *homme* ›Mensch‹ zu *homme* ›Mann‹ und *femme* ›Frau‹. Hier ist *homme* der **unmarkierte** Pol und *femme* der **markierte** Pol. Bei den graduellen Oppositionen wird der unmarkierte Pol für Nominalisierungen (*Größe: . . .*) oder in neutralen Fragen verwendet, wo der markierte Pol bereits Vorgaben hinsichtlich der erwarteten Antwort machen würde, wie in (7):

(7) a. Wie groß (?klein) ist Peter?
     b. Il est intéressant (?ennuyeux), ce film?

Pragmatisch gesehen, verhält sich der unmarkierte Pol der graduellen Oppositionen daher oft wie ein Pol der kontradiktorischen Opposition. Die Antwort auf die Frage in (8a) kommt daher meist der Aussage gleich, er sei ein schlechter Schachspieler. Dagegen deckt die Negation des markierten Pols in (8b) die gesamte Skala mit Ausnahme dieses Pols ab, kann also durchaus bis ›sehr gut‹ reichen:

(8) a. Est-ce qu'il est un bon joueur d'échecs? — Non.
     b. Il joue comment? — Pas mal.

Hierarchische Relationen: Hyponymie ist die Relation zwischen einem spezifischen, untergeordneten und einem allgemeineren, übergeordneten Lexem. Der komplementäre Begriff ist **Hyperonymie**. Zwischen einem Hyperonym A *fleur* und einem Hyponym B *tulipe* besteht eine Inklusionsbeziehung A ⊃ B bezogen auf die **Extension** der Lexeme (die Menge der Blumen ist eine Obermenge der Menge der Tulpen). Bezogen auf die **Intension** gilt das umgekehrte Verhältnis B ⊃ A, da *tulipe* alle Merkmale von *fleur* und zusätzliche Merkmale hat (die Menge *der Merkmale* von Tulpen ist eine Obermenge der Menge der Merkmale von Blumen).

Meronymie: Hyponymie darf nicht mit **Meronymie**, der **Teil-Ganzes-Relation**, verwechselt werden. Die Paraphrase von Hyponymie ist »eine Art von«, die Paraphrase von Meronymie ist »ein Teil von«. Ein Lexem, das ein Teil eines anderen bezeichnet, heißt **Meronym** im Verhältnis zum **Holonym**. Teil-Ganzes-Relationen werden in der Hierarchie sprachlicher Bedeutungen nur beschränkt nach unten weitergegeben (s. den Begriff der Vererbung in Kap. 5.2.3), obwohl sie im Referenzbereich vererbbar sind: Ein Türgriff ist Teil einer Tür, eine Tür Teil eines Hauses, aber sprachliche Umsetzungen von Meronymie sind von fragwürdiger Akzeptabilität, wenn sie eine Stufe überspringen (*?Das Haus hat eine Klinke*), wohingegen im Bereich der Hyponymie durchaus mehrere Hierarchiestufen übersprungen werden dürfen (*Die Wüstenspringmaus ist ein Säugetier*). Außerdem gibt es verschiedene Arten von Meronymie-Beziehungen: ›Teil eines Objekts‹ *branche – arbre*, ›Objekt einer Menge‹ *arbre – forêt*, ›Material‹ *aluminium – avion* usw.

5.2.2 | Syntagmatik

Auf der **syntagmatischen Ebene** geht es um die semantischen Beziehungen zwischen Elementen, die gemeinsam im Satz auftreten. In der Syntax treten solche Beziehungen zwischen Prädikaten und ihren Argumenten auf. Diese **Selektionsrestriktionen** (s. Kap. 4.2.1) beziehen sich aber meist nur auf einzelne Merkmale des Arguments wie belebt : unbelebt. Im Folgenden geht es um **Wortverbindungen** aller Art, also nicht nur im Prädikat-Argument-Bereich. Bei vielen dieser Verbindungen lässt sich nicht mit wenigen Merkmalen begründen, worin die Zusammengehörigkeit ihrer Elemente besteht.

Typen von Wortverbindungen: Die Terminologie für die verschiedenen Typen von Verbindungen ist nicht fixiert. Als Oberbegriffe werden **nicht-freie Verbindungen** und **Mehrwortlexeme** benutzt. Die hier eingeführten Termini stammen aus verschiedenen Arbeiten und bezeichnen Verbindungen, die zunächst durch den Grad ihrer **Fixiertheit** unterschieden werden können:

- **Freie Verbindungen** sind am wenigsten fixiert. Bei ihnen spielen höchstens Selektionsrestriktionen eine Rolle (*une maison bleue, manger une salade*).
- Bei **Kollokationen** ist die Zusammengehörigkeit stärker: Sie bestehen aus Elementen, die in bestimmten Kontexten gemeinsam auftreten, werden aber von den Sprechern nicht als besonderer Sprachgebrauch eingestuft (*conclure un mariage* ›eine Ehe schließen‹).
- **Idiome** werden dagegen als besonderes Ausdrucksmittel empfunden: Sie sind stark fixiert und können nur in engen Grenzen formal verändert

werden (*poser un lapin à quelqu'un* ›jdn. versetzen‹). Idiome werden
auch als **Redewendungen** bezeichnet.

Die Eigenschaften von Mehrwortlexemen: Die Klassifikation der Verbindungen in Abbildung 5.4 nennt neben den Redewendungen noch Wort-
bildungen wie *chambre forte* als fixierte Wortverbindungen. Unter den
nicht-fixierten Verbindungen werden außerdem **Konter-Kreationen** eingeführt: Sie sind dadurch gekennzeichnet, dass Elemente kombiniert werden, die eigentlich nicht kombinierbar sind. Es handelt sich also um einen
uneigentlichen Wortgebrauch, der auch als **bildhaft** oder **metaphorisch**
bezeichnet wird, wie in *la route se rabougrit* (*se rabougrir*, ›sich zusam-
menkauern‹). Für Konter-Kreation steht im Folgenden kurz **Metapher**.

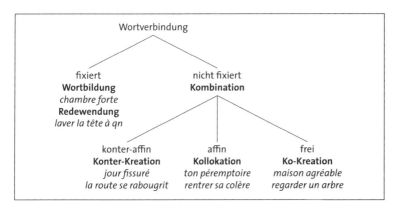

Abbildung 5.4
Klassifikation der
Wortverbindungen
(in Anlehnung an
Hausmann 1984,
S. 399)

Die syntaktische **Fixiertheit** von Wortverbindungen kann durch Umformungen gezeigt werden. Die Sätze in (9) zeigen, dass Passivierung (b)
und Objekt-Koordination (c) nicht uneingeschränkt möglich sind, während der Anschluss von Relativ- oder Partizipialkonstruktionen (d) leich-
ter akzeptiert wird. Bei Idiomen sind dagegen auch Relativsätze völlig
ausgeschlossen (**le lapin que Marie a posé a Jean*).

(9)   *nourrir un espoir*:
    a. Marie nourrissait l'espoir de revoir son frère un jour.
    b. *L'espoir de revoir son frère était toujours nourri par Marie.
    c. *Marie nourrissait le bébé et l'espoir de revoir son frère.
    d. L'espoir que Marie nourrissait était vain.

Dennoch sind solche Umformungen kein besonders zuverlässiges Kriterium für die Klassifikation der Verbindungen. Die Unterschiede ergeben
sich eher aus der Kombination mehrerer Eigenschaften: Akzeptanz, lexikalische Bevorzugung, Bedeutungsveränderung und Frequenz. Vor dem
Hintergrund dieser Kriterien werden nun die verschiedenen Wortverbindungen betrachtet (s. auch Tabelle S. 81):

- **Akzeptanz:** Von den Sprechern werden freie Verbindungen und Kollokationen als unmarkierter, üblicher Sprachgebrauch akzeptiert. Zwar wer-

den manche der beteiligten Wörter als **gewählt** angesehen, dieses Urteil bezieht sich dann aber auf das einzelne Wort und nicht auf die Kombination insgesamt. Die Verwendung von Idiomen ist markierter, und dies zeigt sich auch daran, dass es bei Ausländern als kurios empfunden wird, wenn sie bei noch nicht vollkommener Sprachbeherrschung (Akzent, Grammatikfehler) gehäuft Idiome verwenden. Manche Idiome können allerdings auch so gebräuchlich sein, dass sie bereits in der Nähe des normalen Sprachgebrauchs stehen. Deutlich grenzt das Kriterium der Akzeptanz die Metapher von allen anderen Verbindungen ab: Eine frische Metapher kann nur mit einem im gegebenen Kontext nicht allgemein akzeptierten Wort gebildet werden.

- **Lexikalische Präferenz** betrifft die Frage, warum bestimmte Wörter eine Verbindung eingehen oder nicht. Sogar bei den freien Verbindungen bestehen semantische Beschränkungen, und zwar auf zwei Ebenen: Wörter sind entweder inkompatibel, weil sie einen Widerspruch im Referenzbereich ergeben, also Unmögliches bezeichnen würden (*de l'eau sèche, un homme enceint*), oder weil **Selektionsrestriktionen**, also Merkmale ihrer Bedeutung, verletzt werden (*cheveux marron* anstatt richtig *cheveux bruns*). Für Kollokationen ist kennzeichnend, dass eine lexikalische Auswahl stattfindet, die nicht durch Restriktionen im Referenz- oder Bedeutungsbereich erklärbar ist: Warum sagt man *avoir peur*, aber nicht *avoir colère*, warum *être en colère*, aber nicht *être en peur* usw.? Bei Metaphern wird bewusst gegen diese Restriktionen verstoßen, und für Idiome ist die Frage nicht relevant, weil sie fixiert sind und keine lexikalische Auswahl getroffen wird.

- **Bedeutungsveränderung:** Betrachtet man die Bedeutungsveränderung der an Verbindungen beteiligten Elemente, ergibt sich folgendes Bild: In Idiomen verändern sich die Bedeutungen aller Lexeme. In *poser un lapin* haben weder *poser* noch *lapin* ihre eigentliche Bedeutung, ebenso wenig *laver* und *tête* in *laver la tête à qn*. Idiome sind also Ausdrücke mit einer Bedeutung, die nicht aus der Summe der Bedeutungen ihrer Bestandteile ableitbar ist. Bei den Kollokationen hat dagegen eines der beiden Elemente seine übliche Bedeutung. Dieses Element ist die **Basis** der Kollokation, das andere Element heißt **Kollokator**. Die Bedeutung des Kollokators kann von seiner Grundbedeutung abweichen, ist aber im Zusammenhang mit der Basis erschließbar: In *rentrer sa colère* ist *colère* die Basis und *rentrer* der Kollokator. Die Frage, inwieweit man die Bedeutung des Kollokators noch mit seiner Grundbedeutung assoziieren kann, ist ein Problem bei der Abgrenzung von Kollokationen und freien Verbindungen. Durch den Grad der Bedeutungsveränderung lassen sich drei Klassen von Kollokationen unterscheiden:

- Der Kollokator behält seine Grundbedeutung. Der Unterschied zur freien Verbindung besteht dann nur noch in der lexikalischen Präferenz des Kollokators, z. B. bei *grande peur* (vgl. dt. *große Angst*).
- Der Kollokator behält einen Teil seiner Bedeutung bei. Meist sind dies die allgemeineren Seme (z. B. Intensität), während speziellere Bedeu-

tungskomponenten (z. B. die lokale Dimension bei Adjektiven) weg-
fallen, z. B. bei *consternation profonde* (vgl. *tiefe Bestürzung*).
– Der Zusammenhang zwischen Grundbedeutung und Kollokator-Be-
deutung ist nicht mehr erkennbar. Die Kollokation unterscheidet sich
dann von der Metapher nur noch durch die allgemeine Akzeptanz, ist
also eine Art abgegriffene Metapher, z. B. in *célibataire endurci* (vgl.
eingefleischter Junggeselle).
- **Frequenz**, also die Verwendungshäufigkeit, wird in einigen Arbeiten zu
Wortverbindungen als kennzeichnendes Merkmal von Wortverbindungen angenommen (z. B. bei Sinclair 1991). In diesen vorwiegend sta-
tistisch orientierten Ansätzen werden allerdings auch häufig vorkommende freie Verbindungen als Kollokationen bezeichnet. Exakter ist, in
diesem Fall von **Kookkurrenzen** zu sprechen. Da die Bedeutungsveränderung des Kollokators bei Kollokationen nicht regelmäßig ist und Kollokationen auch in hoher Frequenz auftreten können, bleibt als einziges
Kriterium zur Abgrenzung zwischen Kollokationen und Kookkurrenzen
die lexikalische Präferenz: Bei Kookkurrenzen geschieht die Wahl des
zweiten Elements allein aus frequenzbedingter Gewohnheit, bei Kollokationen dagegen dadurch, dass die Basis nur bestimmte Partner zulässt.

Die Tabelle fasst die diskutierten Eigenschaften der verschiedenen Wortverbindungen zusammen (mit ± markierte Kriterien sind nicht eindeutig
erfüllt oder nicht relevant).

Eigenschaften von
Wortverbindungen

	Art der Wortverbindung				
Kriterium	Idiom	Meta-pher	Kollo-kation	Kookur-renz	freie Ver-bindung
1	±	−	+	+	+
2	±	+	+	−	−
3	−	+	±	±	−
4	+	−	−	−	−
5	±	−	±	+	−

Kriterium 1: Akzeptanz
Kriterium 2: lexikalische Präferenz
Kriterium 3: Bedeutungsveränderung bei *einem* der Lexeme
Kriterium 4: Bedeutungsveränderung bei *allen* Lexemen
Kriterium 5: hohe Frequenz

5.2.3 | Wissens- und Diskursrepräsentation

Wissensrepräsentation: In den vorhergehenden Abschnitten sind zwei
unterschiedliche Ansätze zur Beschreibung von lexikalischer Bedeutung
dargestellt worden. Der erste Ansatz wird durch die Komponentenanalyse repräsentiert, mit der die Bedeutung eines Zeichens analysiert und

in strukturierter Form dargestellt wird. Der zweite Ansatz kümmert sich kaum um die interne Struktur der Bedeutung, sondern setzt lediglich Bedeutungen zueinander in Beziehung. Beide Ansätze werden auch in der **Wissensrepräsentation** angewendet, wo es darum geht, unser konzeptuelles Wissen (oder **Weltwissen**) so darzustellen, dass es digital weiterverarbeitbar ist. Das Ergebnis dieser Bemühungen ist eine **Wissensbasis**. Wissensrepräsentationen können je nach Anwendungsgebiet (maschinelle Sprachverarbeitung, Expertensysteme, Logik, Philosophie usw.) sehr unterschiedliche Formen annehmen.

Hierarchien sind eine einfache Form der Repräsentation lexikalischer Bedeutungen. Sie beruhen auf der Anwendung der **Hyponymie**-Relation: Ein **Oberbegriff** dominiert ein oder mehrere Hyponyme, wie in Kapitel 5.2.1 dargestellt. Der Vorteil von Hierarchien ist eine ökonomischere Bedeutungsbeschreibung durch **Vererbung**: Jedes Hyponym erbt die Merkmale seines Oberbegriffs, fügt ihm seine spezifischen Merkmale hinzu, und vererbt gegebenenfalls alle seine Merkmale an seine eigenen Hyponyme (*plante* > *fleur* > *tulipe*).

Probleme der Hierarchisierung: Dieses einfache Prinzip soll aber nicht darüber hinwegtäuschen, dass die Hierarchien in der Sprachverarbeitung eine Reihe von Problemen aufwerfen, von denen nur wenige genannt werden sollen: Offensichtlich ist, dass im Bereich der Konkreta wie *fleur* Hierarchien viel einfacher aufzustellen sind als bei abstrakten Begriffen, Prozessen, Zuständen oder Eigenschaften. Aber auch bei Konkreta gibt es weniger repräsentative Vertreter, die man dennoch einem Oberbegriff zuordnen möchte (s. die Diskussion der **Prototypen** in Kap. 5.1.3). Hinzu kommt das gravierende Problem der **Polysemie**: Was wäre etwa der Oberbegriff von *saluer*? Unter anderem kämen in Frage: *communiquer*, *entrer en contact* (wenn es nur um die soziale Dimension geht) oder *bouger* (z. B. für Händeschütteln). Wenn ein Knoten aber mehrere übergeordnete Knoten haben darf, wird die Hierarchie unübersichtlich und ist schwer zu verarbeiten. Manche Systeme bauen ihre Hierarchien daher nicht aus mehrdeutigen Wörtern, sondern aus eindeutigen Konzepten auf und verschieben damit das Problem auf die Zuordnung der Formen (Wörter) zu den Konzepten.

Abbildung 5.5
Ein minimales
semantisches
Netzwerk

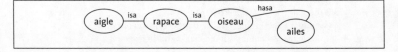

Semantische Netzwerke sind zunächst graphische Repräsentationen von Wissen. In einem solchen Netzwerk wird die Bedeutung eines Konzepts durch seine Verbindungen mit anderen Konzepten bestimmt. Information wird in **Knoten** dargestellt, die untereinander durch **Kanten** (Linien) verbunden sind. Die Etiketten der Kanten bezeichnen die Relationen zwischen den Knoten. So sind *aigle* ›Adler‹, *rapace* ›Raubvogel‹ und *oiseau* ›Vogel‹ in einem Netzwerk durch je einen Knoten repräsentiert und durch

eine Kante mit dem Etikett ISA (nach engl. *is a*) verbunden (Abb. 5.5). Die
Kante zwischen *oiseau* und *ailes* ›Flügel‹ trägt dagegen das Etikett HASA
(engl. *has a*) und symbolisiert die Teil-Ganzes-Relation (**Meronymie**). Zur
Rolle solcher Netzwerke in der Sprachverarbeitung s. Kap. 10.1.4.

Frames (›Rahmen‹) sind ein weiteres Ergebnis der Bemühung, Bedeutungen zueinander in Beziehung zu setzen. Sie verbinden Bedeutungen,
die einem gemeinsamen Situationskontext zugeordnet sind, z. B. der Situation ›Kauf‹: Die in Beispiel (1) (S. 70) in einer konzeptuellen Struktur dargestellte Repräsentation des Verbs *acheter* kombiniert bereits zwei
(sehr primitive) Frames miteinander, nämlich den Besitzwechsel eines Ge-
genstands mit dem Besitzwechsel des Geldes. Der Rahmen bildet dabei
eine Struktur mit Leerstellen, den **Slots**, die mit lexikalischen Einheiten,
den **Fillers**, besetzt werden.

Formale Semantik: Mit **logischen Repräsentationen** wird in der **formalen Semantik** Wissen repräsentiert. Sie bauen auf den bereits in den
1950er Jahren aufgestellten **Bedeutungspostulaten** auf (Carnap 1956) und
gelten über die Wortbedeutung hinaus für Aussagen. Ein einfaches Beispiel hierfür ist die Umsetzung der Hyponymierelation in eine Schlussfolgerung:

(10)   Jede Aussage *p*, die *aigle* ›Adler‹ enthält, impliziert dieselbe Aussage *q* mit *rapace*
        ›Raubvogel‹.

Prädikatenlogische Notation

Zur Vertiefung

Folgende Konventionen sind wichtig, um prädikatenlogische Formeln zu
verstehen:
- Jede Variable (z. B. x) muss durch einen **Quantor** gebunden sein:
  – Der **Allquantor** $\forall x$ bedeutet ›alle x‹.
  – Der **Existenzquantor** $\exists x$ bedeutet ›es gibt ein x‹.
- **Prädikate** stehen vor ihren eingeklammerten **Argumenten**:
  aigle(x) bedeutet ›x ist ein Adler‹.
- Symbole sind u. a. die Implikation $\rightarrow$ oder die Konjunktion &.

Unter den Formeln für *Un aigle est un rapace* (11a) und *Un poulet picore
un grain* (11b) ist jeweils angegeben, wie man sie liest:

(11)   a. $\forall x$ aigle(x) $\rightarrow$ rapace(x)
              ›Für alle x gilt: wenn x ein Adler ist, dann ist x ein Raubvogel‹
        b. $\exists x \, \exists y$ [poulet(x) & grain(y) & picore(x, y)]
              ›Es gibt ein x und ein y, für die gilt:
              x ist ein Huhn und y ist ein Korn und x pickt y.‹

Implikation ist durch einen Pfeil $\rightarrow$ symbolisiert: Es gilt also $p \rightarrow q$. Logische Folgerungen lassen sich in prädikatenlogische Ausdrücke überset-
zen, die auf viele Geisteswissenschaftler ungewöhnlich formal wirken,
aber einfach zu lesen sind. Sie bestehen aus Quantoren, Variablen, Prädikaten, Argumenten und Symbolen für die logischen Relationen (es wird
hier zwar keine Einführung in die **Prädikatenlogik** gegeben, aber Lin-

guisten sollten die einfacheren der in der semantischen Literatur häufiger vorkommenden Formeln lesen können, s. »Vertiefung«).

Diskursrepräsentation: Schließlich erstrecken sich logische Repräsentationen auch über die Satzbedeutung hinaus auf den Text: Die von Hans Kamp entwickelte **Diskursrepräsentationstheorie** (DRT) erklärt, wie sich aus aufeinander folgenden Sätzen eine Diskursbedeutung ergibt, und stellt diese Bedeutung als logische Struktur dar. Ein Beispiel hierfür ist die Referenz von **Anaphern** wie *dies* oder *sie*, die nur über den vorhergehenden Kontext, der die Bezugswörter der Anaphern enthält, zustande kommen kann (zur Anapher s. Kap. 6.3.1, zur DRT die Literatur in Kap. 10.2.3).

Literatur

Französische Studienbücher zur Semantik sind Baylon/Mignot (1995), Touratier (2000), Polguère (2003) und Lehmann/Martin-Berthet (2003). Arbeiten zu Wortfeldern sind Coseriu (1975), Geckeler (1982) und Wandruszka (1970). Zur Unterscheidung von Bedeutung und Referenz vgl. die Beiträge in Sémantique (1989).

Einen guten Überblick über die Entwicklung der semantischen Theorien bis zur kognitiven Semantik gibt Larrivée (2008). Eine empfehlenswerte Kombination von Arbeitsbüchern zur lexikalischen Semantik ist Blank (2001) mit Schwarze (2001).

Zur Konnotation vgl. Kerbrat-Orecchioni (1984). Beiträge zu semantischen Primitiven sind in *Langue française* no. 89 zusammengefasst (Peeters 1993).

Kognitive Semantik und Prototypentheorie: Die Einführung in die Prototypentheorie von Kleiber (1999), dt. Übs. Kleiber (1998), ist gleichzeitig ein Resumé und eine gute Kritik der Merkmalsemantik.

Zur mentalen Repräsentation von Konzepten vgl. Hillert (1987). Zur Frame-Theorie vgl. Fillmore (1985), zu ihrer Anwendung in der semantischen Beschreibung Konderding (1993) und Atkins (1994).

Wortverbindungen: Palm (1994) ist ein gutes Arbeitsbuch zu Wortverbindungen im Allgemeinen, Hausmann (1984) und (1985) geht besonders auf Kollokationen ein. Mel'čuk et al. (1995) sowie die Einleitungen des *Dictionnaire explicatif et combinatoire* (Mel'čuk et al. 1984ff.) führen in die systematische lexikographische Behandlung von syntagmatischen Relationen ein, sind aber theoretisch anspruchsvoll. Für eine erste Annäherung ist das oben erwähnte Online-Wörterbuch *Dicouèbe* zu empfehlen.

Das *Kontextwörterbuch Französisch-Deutsch* (Ilgenfritz et al. 1989) ist leider nur noch antiquarisch erhältlich, aber sehr empfehlenswert, ebenso wie das neuere *Wörterbuch französischer Nominalprädikate* (Kotschi et al. 2009).

Formale Semantik: Als erste Einführung ist Schwarz/Chur (2001) empfehlenswert, weiterführend Kapitel 10 in Moeschler/Auchlin (2000). In die Wissensrepräsentation führt Dietze (1994) ein, den Zusammenhang mit der Merkmalsemantik stellt Choi (1995) her. Eine anspruchsvollere Einführung wäre Lohnstein (1996).

6. Kontext: Pragmatik, Inferenz, Text

In diesem Kapitel geht es um Bereiche der Kommunikation, die nicht oder nicht nur an den sprachlichen Code gebunden sind. Dazu gehört der Zusammenhang zwischen Sätzen oder Äußerungen mit größeren Kontexten, dem Text oder dem Diskurs, oder mit der Äußerungssituation (manche Autoren verwenden für den zweiten Fall, den Situationskontext auch den Begriff **Ko-Text**). Mit dem Kontext befassen sich Disziplinen, die je nach Autor oder Schule **Diskursanalyse** (nach M. A. K. Halliday) oder **Textlinguistik** (nach dem Literaturwissenschaftler Teun van Dijk) heißen. Die Arten und Prinzipien des sprachlichen Handelns und die Situation von sprachlichen **Äußerungen** werden von der **Pragmatik** untersucht.

6.1 | Pragmatik

6.1.1 | Sprechakte

> → Pragmatik beschäftigt sich mit den Aspekten der Bedeutung, die über das Zeichen und seine Referenten hinausgehen: Sie schließt sowohl die Sprachbenutzer als auch kontextuelle Faktoren ein, wie die Situation, die Absicht des Sprechers oder die Strukturen einer Konversation.

Zum Begriff

Bedeutung im Kontext: Aus der Definition folgt, dass Pragmatik ein Forschungsgebiet ist, das sich vorwiegend mit der *parole* befasst. Entsprechend sind auch die untersuchten Einheiten nicht theoretische Einheiten wie Wörter oder Sätze, sondern an bestimmte Situationen gebundene **Äußerungen**, die auch als **Sprechakte** bezeichnet werden. Die Klassifikation der Sprechakte geht auf John L. Austin und John R. Searle zurück. Austin (1962) unterscheidet zwischen drei Typen:

- Der lokutionäre Sprechakt ist der eigentliche Vorgang des Sprechens: die Artikulation, die Aneinanderreihung der Wörter nach bestimmten Regeln usw.
- Der illokutionäre Sprechakt ist die Handlung, die man durch die **Äußerung** ausführt. Der Sprecher möchte mit dem Sprechakt ein bestimmtes Ziel erreichen, das über die reine Darstellung des Inhalts hinausgeht. Das

Austins Typen von Sprechakten

Ziel ist dabei konventionell festgelegt und für den Hörer direkt verständlich. Es ist gewissermaßen die primäre Konsequenz des Sprechakts.

- **Der perlokutionäre Sprechakt** ist ebenfalls eine mit dem Sprechakt verbundene Handlung. Diese ist aber nicht konventionell festgelegt und kann dem Hörer somit verborgen bleiben. Dabei kann es z. B. um eine langfristige Beeinflussung des Hörers gehen, also eher eine sekundäre Konsequenz des Sprechakts (Verunsicherung, Schaffen von Vertrauen o. ä.). Der Erfolg perlokutionärer Sprechakte ist also nicht garantiert.

Direkte und indirekte Sprechakte: Searle (1969 und 1979) erweitert das von Austin nur ansatzweise definierte Konzept der illokutionären Akte und unterscheidet in diesem Bereich **direkte** und **indirekte** Sprechakte. Ein illokutionärer Sprechakt ist indirekt, wenn die Äußerung gleichzeitig einen weiteren Sprechakt realisiert. (1) und (2) sind Beispiele für diese Unterscheidung:

(1)   Avez-vous l'heure?
       a. ›Wissen Sie, wieviel Uhr es ist?‹ (ja/nein)
       b. ›Sagen Sie mir, wieviel Uhr es ist!‹

(2)   Il fait un temps superbe.
       a. ›Das Wetter ist hervorragend‹
       b. ›Machen wir einen Spaziergang!‹

Mit Sprechakten
kann man
Handlungen
vollziehen.

Mit der Frage in (1) und der Aussage in (2) verfolgt der Sprecher jeweils das in (b) genannte Ziel. Er benutzt dazu aber eine Äußerung, die der Hörer auch als bloße Informationsfrage (1a) oder als Aussage (2a) verstehen kann. Das Ziel kann dabei unterschiedlich stark konventionalisiert sein: Während es bei (1) nicht viele alternative Interpretationen gibt, ist (2b) nur eine von zahlreichen möglichen Interpretationen.

Zur Vertiefung

Karl Bühlers *Sprachtheorie* **(1934)**

Auf der Grundlage seines **Organon-Modells** (s. Kap. 1.1) unterscheidet Karl Bühler vor Austin und Searle **repräsentative** (die Wirklichkeit abbildende) und **nicht-repräsentative** (die Wirklichkeit verändernde) Sprechakte, wobei letztere (analog zu Searle) direkt oder indirekt sein können.

Kontextabhängigkeit: Was tatsächlich gemeint ist, und ob der Hörer den indirekten illokutionären Akt richtig versteht, hängt natürlich vom **Kontext** ab: von der Situation, der Intonation, der Mimik oder der Gestik. Austin spricht in diesem Zusammenhang von geglückten und gescheiterten Sprechakten und bezeichnet die Umstände der geglückten Kommunikation als *felicity conditions* (dt. ›**Glückensbedingungen**‹).

Performative Äußerungen: Der Ausgangspunkt von Austins Überlegungen war die Unterscheidung zwischen **performativen** und **konstativen** Äußerungen. Bei den konstativen Äußerungen geht es dem Sprecher lediglich um die Darstellung eines Inhalts (vgl. Bühlers eingängige Terminologie: »repräsentativ«). Mit einer performativen Äußerung vollzieht er dagegen eine Handlung, wie in (3):

(3)   a. Je te baptise Magali. / Je te baptise au nom de Dieu.
      b. Par la présente, je confirme que ...
      c. Je jure qu'il ne m'a jamais adressé la parole.
      d. L'accusé est condamné à trois ans de prison ferme.

Performative Akte sind an bestimmte Verben gebunden (die man daher auch **performative** Verben nennt) und stehen meist im Präsens und in der ersten Person; sie können aber auch im Passiv vorkommen, wie in (3d). Dagegen kann der Satz *Père Raymond a baptisé mon fils*, mit einem Subjekt in der dritten Person, nie performativ verstanden werden.

Die Theorie der Sprechakte ist grundlegend für die heutigen pragmatischen Forschungen, auf die hier nicht näher eingegangen werden kann (Literaturhinweise s. Kap. 6.3.3). Einige Beispiele können aber verdeutlichen, dass die oben genannten Unterscheidungen auch für die Interpretation von bestimmten Elementen im Satz relevant sind. Die Sätze in (4) zeigen, dass sich Negation (*ne ... pas*), Adverb (*honnêtement*) und Konjunktion (*puisque*) nicht auf den Inhalt der Sätze beziehen, sondern auf das Sprechen selbst, also den lokutionären Akt. Daher enthalten auch die Paraphrasen und Übersetzungen der Sätze die Verben *dire* bzw. *sagen*:

(4)   a. Pierre n'est pas borné, il est bête comme ses pieds.
         (›Il est insuffisant de dire que Pierre est borné, ... ‹)
      b. Honnêtement, je ne le ferais pas.
         (›Ehrlich gesagt ... ‹)
      c. Marie est chez elle, puisque ses fenêtres sont illuminées.
         (›... et je peux dire cela parce que ... ‹)

In (4a) bezieht sich die Negation nicht auf den Inhalt des ersten Satzes, sondern auf den Akt des Sprechens: Es soll nicht verneint werden, dass Pierre beschränkt ist, sondern diese Aussage wird nur als unzureichend markiert. In (4b) bezieht sich das Adverb nicht auf die Art des Handelns, sondern auf die Art des Sagens. Und schließlich gibt *puisque* in (4c) nicht an, warum Marie zu Hause ist (dafür würde man *parce que* einsetzen), sondern warum der Sprecher sagen kann, dass sie zu Hause ist.

6.1.2 | Konversationsmaximen

In den Bereich der nicht explizit ausgedrückten Informationen fallen auch die von H. P. Grice aufgestellten **Konversationsmaximen**, die gleichzeitig ein weiteres Beispiel für die Situationsbezogenheit von Sprechakten sind (Grice 1975). Die grundlegende Annahme von Grice ist, dass Menschen sich bei der kommunikativen Interaktion kooperativ verhalten. Wenn die Kommunikationspartner diesem **Kooperationsprinzip** folgen, richten sie ihre Sprechakte nach folgenden Maximen aus:

- **Relevanz:** Was ist wichtig?
- **Qualität:** Ist das Gesagte wahr?
- **Quantität:** Was ist informativ?
- **Modalität:** Ist das Gesagte klar ausgedrückt?

> Sprecher und Hörer kooperieren nach bestimmten Regeln.

> Konversationsmaximen

87

So verstößt z. B. die Antwort in (5a) gegen die Maxime der Relevanz, wenn der Passant weiß, dass die Tankstelle geschlossen ist; ebenso ist der kaputte Kotflügel in (5b) nicht relevant, wenn das Auto Totalschaden hat:

(5) a. automobiliste: »Excusez-moi, je suis tombé en panne d'essence...«
         passant: »Il y a une station dans la première rue à droite.«
     b. J'ai eu un accident avec ta voiture: l'aile gauche est complètement cassée.

Gegen die Maxime der Quantität verstößt (6), wenn die These von *allen* Philosophen abgelehnt wird:

(6) Certains philosophes réfutent cette hypothèse.

Die Verstöße gegen die Konversationsmaximen von Grice beruhen darauf, dass entweder Aussagen mit niedrigem Informationswert informativeren Aussagen vorgezogen werden oder dass die **Implikationen** (also die nicht explizit ausgedrückten Informationen) irreführend sind: Das Indefinitpronomen *certains* in (6) impliziert (ebenso wie dt. *einige*), dass andere Philosophen die Hypothese nicht ablehnen.

6.2 | Inferenzen: Präsuppositionen und Implikaturen

Die Beispiele für die indirekten Sprechakte haben gezeigt, dass nicht alles Gemeinte auch explizit gesagt werden muss. Viele Inhalte werden aus dem Gesagten erschlossen. Diese Schlussfolgerungen heißen **Inferenzen**. Inferenzprozesse können beim Hörer auf verschiedene Arten ausgelöst werden. Bei den Präsuppositionen sind sie meist an die Bedeutung bestimmter Wörter gebunden, bei den Implikaturen sind sie vom weiteren Kontext (Text, Situation, Gesellschaft, Kultur) beeinflusst. Die präsupponierten Inhalte werden von den assertierten Inhalten folgendermaßen unterschieden:

Assertion und
Präsupposition:
- **Die Assertion** ist der Teil der Aussage, der als richtig oder falsch dargestellt wird; umgangssprachlich könnte man sagen: das, was explizit behauptet wird.
- **Die Präsupposition** ist der Teil der Aussage, der immer wahr ist, also nicht in Frage gestellt oder verneint werden kann.

Tests für Präsuppositionen: Fragen und Negationen sind geeignet, um zu überprüfen, welche Teile einer Äußerung **assertiert** und welche **präsupponiert** sind. In den folgenden Fragen ist der präsupponierte Teil kursiv markiert:

(7) Est-ce que Marie *a acheté cette robe* à Paris?
     – Non. (= ›Elle a acheté cette robe ailleurs‹)

Die in Klammern angegebenen Interpretationen der negativen Antworten zeigen, dass der präsupponierte Teil der Äußerungen nicht Gegenstand der Frage und somit auch nicht negierbar ist. Allerdings können Äußerungen hinsichtlich ihrer Präsupposition auch zweideutig sein oder sich allein durch Intonationsmerkmale unterscheiden, wie in (8):

(8)   a.   Est-ce que ton mari est allé à PARIS *hier*?
          — Non. (= ›Il n'est pas allé à Paris hier‹)
     b.   Est-ce que ton mari *est allé à Paris* HIER?
          — Non. (= ›Il est allé à Paris la semaine dernière‹)

In (8a) liegt der Satzakzent (durch Großschreibung markiert) auf *Paris*, und *hier* kann durch eine Sprechpause segmentiert sein, wohingegen in (8b) der Satzakzent auf *hier* liegt. Die jeweils betonten Satzteile sind Teil der Assertion und nur sie können erfragt oder verneint werden. Präsupponiert ist außerdem die Existenz des Referenten von *ton mari*, ohne die die Äußerungen in (8) gar nicht möglich wären. Mit etwas größerem argumentativem Aufwand ist natürlich auch die Negation von Präsuppositionen möglich: Auf (8b) könnte z. B. mit dt. *Aber ich bin doch überhaupt nicht verheiratet* die Existenzpräsupposition oder mit *Aber er ist doch gar nicht nach Paris gefahren* das präsupponierte Prädikat verneint werden; entsprechend frz. *Mais ce n'est pas vrai qu'il est allé à Paris!*

Präsuppositionen
spielen für die
Argumentation
eine wichtige Rolle.

Präsuppositionen kommen auch im Zusammenhang mit der Semantik von Prädikaten vor. **Faktive** Prädikate präsupponieren den **Wahrheitswert** der von ihnen abhängigen Aussagen. In (9) hat *Jacques est venu* drei unterschiedliche Werte:

(9)   a.   Magali pense que Jacques est venu.
     b.   Magali se doute que Jacques est venu. ($\rightarrow$ ›Jacques est venu‹)
     c.   Magali s'imagine que Jacques est venu. ($\rightarrow$ ›Jacques n'est pas venu‹)

Während der Satz (9a) keine Aussage darüber macht, ob Jacques wirklich gekommen ist, kann man bei *se douter* annehmen, dass er gekommen ist und bei *s'imaginer*, dass er nicht gekommen ist.

Wiederum kann der der Negationstest angewendet werden, denn die Negation berührt ja nicht die präsupponierten Inhalte. Das zeigt die Verneinung der Aussagen aus (7) und (9):

(10)   a.   Marie n'a pas acheté cette robe à Paris.
         ($\rightarrow$ ›Marie a acheté cette robe‹)
     b.   Magali ne se doute pas que Jacques soit venu.
         ($\rightarrow$ ›Jacques est venu‹)
     c.   Magali ne s'imagine pas que Jacques soit venu.
         ($\rightarrow$ ›Jacques n'est pas venu‹)

Die konventionelle Implikatur ist, wie der Name sagt, als Teil der Bedeutung von Wörtern konventionell festgelegt. Sie ist untrennbar an die sprachliche Form gebunden, und daher muss der Hörer auch keine große Inferenzleistung vollbringen: die Inferenz wird ihm durch die Wortwahl des Sprechers geradezu auferlegt. Zum Beispiel drückt *voler* ›stehlen‹ im Gegensatz zu *prendre* ›nehmen‹ aus, dass eine soziale Norm gebrochen wurde (›du sollst nicht nehmen, was jemand anderem gehört‹). Diese Implikatur ist auch nicht **löschbar**; der Versuch, sie zu annullieren, führt zu nicht adäquaten Äußerungen wie in (11), denn die Norm ist Teil der Verb-bedeutung und kann nicht mit einer einfachen Erwiderung außer Kraft gesetzt werden:

(11) »Max a volé les bijoux de Léa.«
— #»C'est ridicule: il a le droit de prendre ce qu'il veut.«

Hinweis

> Sätze, die in einem bestimmten Kontext nicht adäquat sind, werden mit dem »Lattenzaun«-Symbol # markiert – im Unterschied zu ungrammatischen Sätzen, die mit einem **Asterisk** (*) markiert werden.

Dies unterscheidet die konventionelle Implikatur von der **Präsupposition**, die zwar auch an die Wortbedeutung gebunden, aber annulierbar ist. Das Verb *voler* präsupponiert, dass ein Besitzverhältnis vorliegt.

(12) a. Max a volé les bijoux de Léa. (→ Léa possède des bijoux)
     b. Max n'a pas volé les bijoux de Léa. (→ Léa possède des bijoux)
     c. — »C'est ridicule: Léa ne possède pas de bijoux.«

Die konversationelle Implikatur ist im Gegensatz zur konventionellen Implikatur kein inhärent sprachliches, sondern ein Diskursphänomen. Um die vom Sprecher beabsichtigte Inferenz zu ziehen, benötigt der Hörer zusätzliche Information, die er entweder aus dem Kontext (z. B. der konkreten Äußerungssituation) oder aus seinem Wissen bezieht.

(13) »Lève-toi!«
     — »On est dimanche.«

Um die Bedeutung der Antwort in (13) als Ablehnung (›Ich will noch im Bett bleiben.‹) zu verstehen, muss man z. B. wissen, dass man sonntags nicht in die Schule geht und folglich länger im Bett bleiben kann.

Das in Kapitel 6.1.2 behandelte **Kooperationsprinzip** ist wesentlich für solche Implikaturen: Die Sprechakte »glücken«, wenn die Hörer die beabsichtigten Inferenzen ziehen. Da kooperative Sprecher nichts sagen sollten, was allgemein bekannt und somit nicht relevant ist (jeder weiß, dass Sonntag ist), erhalten die Hörer in solchen Fällen das Signal, eine andere Bedeutung zu suchen, die zum Kontext passt. Daher ist die sprachliche Form der konversationellen Implikatur (im Gegensatz zur konventionellen) auch relativ variabel. In der Situation (13) hätte z. B. auch *Heute ist keine Schule.* ›Nein‹ bedeutet.

In bestimmten sozialen Situationen verfestigt sich die konversationelle Implikatur, man nennt sie dann **verallgemeinerte konversationelle Implikatur**. Der sprachliche Ausdruck von Höflichkeit liefert viele Beispiele: Die Frage *Pourrais-tu me passer le sel?* in einer Tischkonversation immer als höfliche Aufforderung verstanden, die Äußerung *Ce plat n'est pas assez salé* als deutlich weniger höflich. Der Gebrauch von modalen Ausdrücken (*pourriez-vous, veux-tu* usw.) ist eine stark verallgemeinerte konversationelle Implikatur.

6.3 | Textlinguistik

Zum Begriff

> → Textlinguistik ist ein heterogener Teilbereich der Linguistik: Er um-
> fasst viele Forschungsansätze, die sich mit Texten beschäftigen. Im
> Zentrum steht aber die Untersuchung der strukturellen Eigenschaf-
> ten von Texten und der satzübergreifenden sprachlichen Phänomene,
> sowie die Definition von Textsorten.

Text: Die Textlinguistik ist verglichen mit anderen Bereichen wie Phonologie oder Syntax eine relativ junge Disziplin, deren Methode und Terminologie weniger gefestigt ist als die der bisher behandelten Bereiche.
Dies beginnt bereits mit der Definition ihres Untersuchungsgegenstands,
des Texts. Der kleinste gemeinsame Nenner der meisten Definitionen bezeichnet einen Text als Folge von Sätzen oder Äußerungen, je nachdem,
ob die Definition eher syntaktisch oder pragmatisch orientiert ist. Alle
weiteren Kriterien erweisen sich bei näherem Hinsehen zwar als zu re-
striktiv, zeigen aber dennoch, mit welchen Aspekten von Texten sich die
Textlinguistik beschäftigt.

Das wichtigste dieser Kriterien besagt, dass Texte durch sinnvolle Zusammenhänge zwischen ihren Teilen gekennzeichnet sind. In Kapitel 6.3.1
wird dargestellt, wie solche Zusammenhänge hergestellt werden. Ein zweites Kriterium ist die Informativität: Die Verteilung der Informationen über
einen Text ist Gegenstand von Kapitel 6.3.2. Schließlich geht es in Kapitel 6.3.3 um die Klassifikation von Texten.

Wie die Pragmatik ist auch die Textlinguistik eine überwiegend auf die
parole gerichtete Forschungsrichtung, die sich auch mit der Literaturwissenschaft überlappt. Systematische textlinguistische Ansätze haben sich
aus der semantischen Forschung entwickelt, die bei der kontextuellen Interpretation von Einheiten auf Probleme stieß, die eine satzübergreifende
Interpretation verlangten.

6.3.1 | Sinnzusammenhänge

Die systematische Untersuchung von Sinnzusammenhängen im Text führte zunächst zur Einführung des englischen Begriffs **cohesion** durch Hal-
liday/Hasan (1976): Sie untersuchen systematisch, mit welchen Mitteln
Sinnzusammenhänge in englischen Texten hergestellt werden und unterscheiden mehrere Typen von *cohesion*: Substitution, Referenz und Ellipse.
Ausgehend von dieser und anderen Arbeiten wurde der Begriff dann verfeinert, und inzwischen hat sich in der Textlinguistik die Unterscheidung
zwischen Kohärenz und Kohäsion etabliert.

Kohärenz bezeichnet die Zusammenhänge zwischen den Einheiten eines Texts. Diese Zusammenhänge stellt der Rezipient des Texts durch seine
kognitive Aktivität her. Dabei setzt er sein **Weltwissen** und das bisher im
Text erworbene Wissen ein, um logische, zeitliche und referentielle Bezie-

hungen aus dem Text abzuleiten. Diese **Inferenzprozesse** entsprechen dem natürlichen Bedürfnis des Menschen, Zusammenhänge herzustellen und bewirken, dass auch auf den ersten Blick zusammenhanglose Aussagen wie

(14)   Il pleut. Donne-moi le livre!

mehr oder weniger sinnvoll interpretiert werden. Der Zusammenhang in (14) kann z. B. darin bestehen, dass das Buch besonders wertvoll ist und geschützt werden muss oder so großformatig ist, dass man sich unter ihm schützen kann, aber auch darin, dass man bei Regen nicht draußen spielen kann, sondern lieber liest. Hier sieht man deutlich, dass Kohärenz auf dem Prinzip der **Sinnkontinuität** eines Texts aufbaut und eine Art **Textwelt** entstehen lässt, die aus Konzepten und Relationen besteht. Je weniger explizit die Relationen im Text sind, umso mehr Freiheit hat der Rezipient bei der Konstruktion dieser Textwelt. Zur linguistischen Beschreibung solcher Zusammenhänge lassen sich daher gut in Kapitel 5.2.3 dargestellte Modelle wie **Netzwerke** und **Frames** einsetzen (vgl. dazu die graphischen Darstellungen in Vater 2001). Die in Kap. 6.2 eingeführten Implikaturen spielen eine ebenso wichtige Rolle.

Kohäsion bezeichnet die durch sprachliche Mittel explizit gemachten Zusammenhänge zwischen den Einheiten eines Texts. Diese Mittel können auf verschiedenen Ebenen auftreten:

Sprachliche Ebenen
der Kohäsion

- **Semantik und Lexikon:** Auf der lexikalisch-semantischen Ebene sind lexikalische Wiederholungen oder die Ausnutzung paradigmatischer Beziehungen zu nennen (z. B. **Hyponymie**: ein Oberbegriff wird in den folgenden Sätzen durch mehrere Hyponyme wieder aufgenommen).
- **Syntax:** Auf der syntaktischen Ebene sind innerhalb des Satzes Abweichungen von der normalen Wortstellung möglich (z. B. durch *mise en relief*), und die Sätze selbst können durch Konjunktionen eindeutiger miteinander verknüpft werden. Auch das Tempus kann die Zusammengehörigkeit mehrerer aufeinanderfolgender Prädikate markieren (z. B. eine zusammenhängende Beschreibung im *imparfait*, gefolgt von einer neuen Handlung im *passé simple*).
- **Morphosyntax:** Auf der morphosyntaktischen Ebene können z. B. prädikative Nominalisierungen Information in verdichteter Form wieder aufnehmen. In (15) resümiert *intégration* den vorhergehenden Nebensatz, das Demonstrativpronomen *cette* verstärkt diesen Zusammenhang:

(15)   Le duché des Normands s'est élargi aux dépens de la Bretagne, tandis que son peuple s'intégrait à la civilisation de la Francie. Cette intégration, Dudon de Saint-Quentin fut chargé de la décrire.

- **Phonetik:** Auf der Ebene des *signifiant*, also der Lautung, kann Kohäsion durch den bewussten Gebrauch bestimmter Laute hergestellt werden, wie bei den betonten Vokalen /œ/ und /ø/ in der Strophe von Verlaine (16).

(16)   Il pleure dans mon cœur
       Comme il pleut sur la ville;
       Quelle est cette langueur
       Qui pénètre mon cœur?

Kohäsion und Kohärenz: Kohäsion hilft dem Rezipienten des Texts, die vom Produzenten erwünschten Zusammenhänge herzustellen; für Kohärenz ist sie allerdings weder notwendig noch hinreichend. (14) hat gezeigt, dass Kohärenz auf explizite sprachliche Mittel verzichten kann, und (17) ist ein Beispiel für den Einsatz kohäsiver Mittel (Pronominalisierung von *cet homme* durch *il*, kausale Verknüpfung mit *donc*), die nicht zu Kohärenz führen, es sei denn, der Produzent setzt bestimmte Eigenschaften von Linguisten voraus:

Kohäsion kann durch Formen oder Bedeutungen hergestellt werden.

(17) Cet homme-là attend sous la pluie depuis deux heures. Il est donc linguiste.

Deixis: Kohäsion beruht also im Wesentlichen darauf, dass sprachliche Ausdrücke auf andere verweisen und Zusammenhänge herstellen, die sozusagen an der Oberfläche des Texts sichtbar sind. Solche Ausdrücke nennt man auch **deiktisch**. Deiktische Ausdrücke (auch **Deiktika**) können Beziehungen verschiedener Art herstellen: auf die Person (*je/moi, tu/toi*), den Ort (*ici, là-bas, celui-ci*) oder die Zeit (*maintenant, hier, demain*), aber auch auf andere Elemente innerhalb des Texts. Bei der **Textdeixis** unterscheidet man zwischen

Deiktische Ausdrücke zeigen auf andere Ausdrücke.

- **Anaphern:** Elementen, die rückwärts verweisen,
- und **Kataphern:** Elementen, die vorwärts verweisen.

Anaphern und Kataphern

Das Personalpronomen *il* wird in (18a) **anaphorisch** gebraucht und verweist auf *Jean* zurück, in (18b) bezieht es sich dagegen **kataphorisch** auf *Bernard Hinault*:

(18) a. Jean a été licencié hier. *Il* en fait une dépression.
      b. Dans les Alpes, *il* a avalé tous les concurrents: Bernard Hinault est vraiment le coureur qui domine le Tour de France cette année.

Typisch für Deiktika aller Art ist, dass sie im Gegensatz zu referentiellen Ausdrücken wie den Substantiven (vgl. den Begriff der Referenz in Kap. 5.1.2) ihre Referenz erst durch die konkrete Situation oder durch ihr Bezugswort im Text erhalten.

Konnektoren: Ein weiteres Mittel zur Herstellung von Kohäsion sind **Konnektoren**. Unter diesem Begriff fasst man Elemente der **Satzverknüpfung** zusammen, also Konjunktionen und bestimmte Adverbien. Traditionell geben die Wörterbücher zu Konnektoren wenig Auskunft, aber ihre semantische Vielschichtigkeit ist in letzter Zeit gut erforscht worden. Als Beispiel seien hier nur nach Adam (1990, S. 192ff.) fünf Verwendungen der Konjunktion *mais* genannt:

(19) a. Pour l'aventure, bien sûr, mais pour une leçon de cinéma aussi.
      b. Ce n'était pas lui qui parlait, mais sa luxure...
      c. Je n'ai pas étudié la question. Mais je crois que c'est un point de détail dans l'histoire...
      d. Rodrigue n'est pas grand, mais il est très fort.
      e. C'est un étudiant intelligent, mais paresseux.

- **Das verstärkende *mais*** (19a) tritt häufig mit *aussi* auf und zeigt Reste seiner ursprünglichen Bedeutung (lat. *magis*).

Verwendungen von mais

- **Das korrigierende** *mais* (19b) führt nach der Verneinung das richtige Element ein. Als Verneinung ist hier auch *non pas* möglich.
- Der Wert des **phatischen** *mais* (19c) ist dagegen verhältnismäßig schwach: Es markiert weniger eine Opposition als eine neue Perspektive und wird häufig zur Einleitung von Sprechakten benutzt (*Mais arrêtez-les!* ›Haltet sie [doch]!‹).
- **Das konzessive** *mais* (19d) kann zwar ebenso wie das verstärkende auf eine Verneinung folgen, diese kann aber nicht durch *non pas* ausgedrückt werden. Es geht also nicht um eine Korrektur der ersten Aussage, sondern um eine Korrektur der normalen Schlussfolgerung aus ihr, nämlich *il n'est pas grand* → *il n'est pas fort*. Dieser Wert von *mais* kann auch durch *et pourtant* wiedergegeben werden:

(20)   Rodrigue n'est pas grand, et pourtant il est très fort.

- **Das argumentative** *mais* (19e) stellt eine noch komplexere Opposition her, und zwar zwischen den (angenommenen) Folgerungen aus beiden Aussagen, z. B. *intelligent* → *bons résultats* und *paresseux* → *mauvais résultats*. Dieser Wert kann nicht von *et pourtant* ausgedrückt werden:

(21)   Rodrigue n'est pas grand, # et pourtant il est très fort.

6.3.2 | Information im Text

Die Erkenntnis, dass die Struktur von Äußerungen abgesehen von syntaktischen Regeln maßgeblich auch von der Verteilung der Information bestimmt wird, hat schon in der **funktionalistischen** Sprachbetrachtung der **Prager Schule** (s. Kap. 1.2) dazu geführt, die **Mitteilungsperspektive** von Äußerungen zu berücksichtigen. Mit den in den 1920er Jahren im Rahmen der **funktionalen Satzperspektive** geprägten Begriffen **Thema** (engl. *topic*) und **Rhema** (engl. *comment*) wird der Ausgangspunkt einer Äußerung, das Thema, von ihrem eigentlichen Gegenstand, dem Rhema, unterschieden:

Thema und Rhema
- Thema: die bekannte oder weniger wichtige Information;
- Rhema: die neue oder wichtigere Information.

Informationsstruktur: Diese binäre Aufteilung des **Informationswertes** im Rahmen der **Thema-Rhema-Gliederung** wurde von Firbas (1964) zu einer graduellen Abstufung erweitert, die er **kommunikative Dynamik** (*communicative dynamism*) nannte. Durch Fragetests lassen sich auf dieser Skala zwischen thematischer und rhematischer Information Stufen definieren. Die möglichen Antworten zeigen, wieviele Alternativen es für einen bestimmten Teil des Satzes gibt, wie groß also sein **Paradigma** ist: je mehr Alternativen, umso höher der Informationswert. So unterscheidet Blumenthal (1980) zwischen dem thematischen Nullparadigma in (22a), einem binären Paradigma in (22b) und einem rhematischen, offenen Paradigma in (22c):

(22)   a.   *Hier*, il a plu.
              Pierre – il dort.
              Pierre dort.

   b. Pierre *mange son steak*.

   c. Pierre est allé à Paris *avec plaisir*.
      C'est *hier* qu'il a plu.

Zum Teil fällt die Thematizität von Satzgliedern mit der in Kapitel 6.2 besprochenen **Präsupposition** zusammen: Die Information, die im Satz vorausgesetzt (**präsupponiert**) wird, ist in der Regel die weniger wichtige, thematische; wichtiger und somit rhematischer sind die eigentlich behaupteten (**assertierten**) Satzteile. Entsprechend lassen sich auch hier Fragetests zur Definition des Informationswerts einsetzen: Der Satz *Hier, il a plu* kann nur auf Fragen antworten, die nicht auf das thematische Element abzielen, also z. B. auf *Qu'est-ce qui s'est passé hier?*, aber nicht auf die Frage *Quand est-ce qu'il a plu?*, für die *C'est hier qu'il a plu* eine passende Antwort wäre.

Allgemein gilt für französische Sätze, dass die thematischen Satzglieder eher am Anfang, die rhematischen eher am Ende stehen. Diese Informationsverteilung ist im Französischen ausgeprägter als im Deutschen, weil es nur über sehr beschränkte Möglichkeiten verfügt, Satzglieder durch besondere Betonung zu rhematisieren. Statt dessen müssen syntaktische Konstruktionen wie die **Segmentierung** von Satzgliedern in (22a) oder die ***mise en relief*** in (22c) eingesetzt werden (s. Kap. 4.3.2).

Die Verteilung von Thema und Rhema hat syntaktische Auswirkungen.

Textstrukturen: In der Textlinguistik wird nun über die Satzgrenzen hinaus untersucht, wie thematische und rhematische Information im Text verteilt ist. Verschiedene Muster dieser Verteilung fasste Daneš (1970) zu Typen **thematischer Progression** zusammen, von denen zwei grundlegend sind:

- Bei Texten mit **durchlaufendem Thema** ist ein konstantes Thema der Ausgangspunkt mehrerer aufeinanderfolgender Sätze, wie in (23):

Typen thematischer Progression

(23)   Le Saint-Laurent est le plus grand des fleuves d'Amérique du Nord qui se jettent dans l'Atlantique. Il se forme dans les Grands Lacs. Le fleuve constitue une frontière entre les Etats-Unis et le Canada. Il reçoit le Richelieu après Montréal.

- Bei **linearer Progression** wird das Rhema eines Satzes zum Thema des folgenden Satzes, wie in (24):

(24)   La syntaxe est la discipline la plus difficile pour les étudiants. Ils préfèrent approfondir leurs connaissances en suivant des cours spécialisés. Ces cours sont proposés par les anciens étudiants. Pour eux, c'est l'occasion de gagner un peu d'argent.

Weitere Progressionstypen bauen auf den beiden vorhergehenden auf.
- Die Progression mit **abgeleitetem Thema** ähnelt dem durchlaufenden Typ von (23), allerdings sind die Ausgangspunkte der einzelnen Sätze nicht identisch, sondern von einem übergeordneten Thema abgeleitet.
- Die Progression mit **gespaltenem Rhema** ähnelt dem linearen Typ von (24), allerdings wird das Rhema in selbstständige Teil-Themen überführt, die nacheinander weiterentwickelt werden.
- Bei **Progression mit thematischem Sprung:** fehlen Glieder in der thematischen Kette.

Weitere Progressionstypen

Natürlich haben die hier unterschiedenen Typen eher Modellcharakter: Wirkliche Texte setzen sich in der Regel aus mehreren Progressionstypen zusammen.

6.3.3 | Klassifizierung von Texten

Texttypen: Bis zur strukturalistischen Textanalyse im 20. Jh. wurden **Textgattungen** präskriptiv definiert, und dabei ging es eher um die Definition literarischer Kunstformen als um Gebrauchstexte. Ein Beispiel für diese Art der Klassifizierung ist die Tragödie innerhalb der Gattung ›Drama‹, die in ihrer klassischen Form bei Sophokles und später bei Corneille und Racine vorkommt, und der sich andere Autoren mehr oder weniger angenähert haben.

Der heute praktizierte deskriptive Ansatz spricht von **Texttypen** und sieht diese Typen als eine Kombination von Merkmalen, die je nach Zielsetzung der Klassifizierung aus verschiedenen Bereichen stammen können und zu entsprechend unterschiedlichen Ergebnissen führen. Solche Kriterien betreffen die außertextuellen Faktoren wie die Kommunikationssituation (gesprochen – geschrieben, monologisch – dialogisch, spontan – nicht spontan, öffentlich – nicht öffentlich usw.) oder den Rezipienten (Präsenz, Anzahl, Gruppenzugehörigkeit usw.). Nach solchen und weiteren Merkmalen können die Texttypen tabellarisch erfasst und voneinander unterschieden werden, ähnlich wie in der in Kapitel 5.1.1 dargestellten Semanalyse.

Ein **innertextuelles Kriterium** ist die Art der thematischen Entfaltung. Sie differenziert Texte in die von den meisten Autoren anerkannten fundamentalen Texttypen **narrativ**, **explikativ**, **argumentativ**, **deskriptiv** und **instruktiv** und kann an typischen Sequenzen im Text festgemacht werden. So ist die Deskription durch lokale Sequenzen gekennzeichnet, die Narration durch temporale Sequenzen, die Exposition durch analytische Elemente, die Argumentation durch logische Verknüpfungen und die Instruktion durch explizite Aufzählungen.

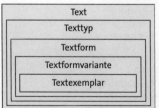

Die Grafik (Abb. 6.1) zeigt, dass diese Texttypen noch eine sehr allgemeine Stufe in der Klassifizierung der Kategorie ›Text‹ einnehmen. Sie sind idealisierte (oder prototypische, vgl. Adam 1992) Normen für die Strukturierung von Texten.

Textformen sind auf einer spezifischeren Ebene angesiedelt, die sich durch die Kombination von texttypischen Merkmalen mit weiteren Konventionen ergeben. Textformen sind z. B. Berichte, Romane, Witze oder Wetterberichte. Ein Witz ist meist ein deskriptiver Texttyp (temporale Sequenzform), der durch zusätzliche formale Merkmale gekennzeichnet ist, wie den Textbeginn mit der französischen Präsentativformel (*C'est [un homme] dans le tramway . . .*) oder mit der deutschen Inversion (*Steht [ein Mann] in der Straßenbahn . . .*).

Abbildung 6.1
Texttypen (nach
Werlich 1975)

Diese Konventionen für Textformen sind veränderlich und nicht unbedingt einheitlich, so dass es auf der folgenden Ebene noch Textformvarianten geben kann (nicht jeder Witz beginnt mit *C'est* ...).

Grade der Normierung: Die systematische Beschreibung der Textformen ist verhältnismäßig einfach, wenn sie außersprachlichen Normen unterworfen sind, wie Gerichtsurteile oder Patentschriften. Aber auch für eine Reihe anderer Formen liegen bereits umfassende Beschreibungen vor (Geschäfts- und Liebesbriefe, Rezepte, Bedienungsanleitungen). Die umfangreicheren und entsprechend freieren Textformen sind zwar weniger leicht mit einfachen Modellen zu erfassen, aber auch hier lassen sich zumindest für Teile der Texte typische Merkmale definieren, wie etwa immer wiederkehrende Abfolgen statischer und dynamischer Relationen wie Analogie oder Kausalität.

Durch Ansätze der maschinellen Sprachverarbeitung hat die Analyse der Texttypen einen weiteren Anschub erfahren: Ihre Ergebnisse werden besonders für die automatische **Textgenerierung** genutzt, besonders für einfach strukturierte und in großen Mengen produzierte Texte wie Wetterberichte oder medizinische Befunde (s. Kap. 10.1.5).

Hinweis

Literatur

Zur **Sprechakttheorie** sind die Primärtexte: Austin (1962), Searle (1969), Searle (1979) und Bühler (1999).

Zu **Pragmatik und Inferenzen:** Als Studienbuch eignet sich Bracops (2006), zur Entwicklung der Pragmatik Sarfati (2005), zur Vertiefung Anscombre/Ducrot (1988) und das Handbuch von Moeschler/Reboul (1994). Aspekte der Präsupposition sind ausführlich in Ducrot (1980), Ducrot (1991) und Kerbrat-Orecchioni (1986) behandelt.

Zu **Dialog und verbaler Interaktion** vgl. Grice (1975) und (1989), Kerbrat-Orecchioni (1990) und (1992). Ein englischsprachiger Klassiker der Diskursanalyse ist Dijk/Kintsch (1983). Als Arbeitsbuch zur Analyse von französischen Texten ist Maingueneau (2007) empfehlenswert.

Zur **Textlinguistik:** Adam (1990) ist als Einführung geeignet und enthält zahlreiche französische Beispielanalysen, besonders Werbetexte. Vater (2001) ist ein gutes Arbeitsbuch für das Deutsche und gleichzeitig eine kritische Auseinandersetzung mit dem klassischen Ansatz von De Beaugrande/Dressler (1981). Blumenthal (1980) gibt einleitend einen guten Überblick zur Thema-Rhema-Problematik und untersucht syntaktische Strukturen des Französischen auf ihren Informationswert. Métrich et al. (1994ff.) ist ein mehrbändiges deutsch-französisches Wörterbuch zu Konnektoren und anderen invariablen Ausdrücken.

Anwendungen: Ein Beispiel für die diachrone Analyse französischer Textstrukturen ist Blumenthal (1990), vgl. auch die autoren- und gattungsspezifischen Analysen in Blumenthal (1992, 1994 und 1995). Schwarz/Chur (2001) führen im Teil II »logische Semantik« auch kurz in die Textsemantik ein.

Texttypen: Metzeltin (1990) gibt einen Kurzüberblick, für eine ausführlichere Darstellung vgl. Werlich (1975) oder die Behandlung der Texttypen *récit*, *description*, *argumentation*, *explication* und *dialogue* bei Adam (1992).

7. Sprachgeschichte und diachrone Linguistik

→ **Diachrone Lingustik** oder ›historische Sprachwissenschaft‹ ist das Teilgebiet der Linguistik, das die **Sprachgeschichte** untersucht. Dazu gehört die Entwicklung von Einzelsprachen ebenso wie die allgemeinen Prinzipien des Sprachwandels.
Der Begriff ›**Diachronie**‹ wird für die Disziplin und ihren Untersuchungsgegenstand gebraucht.

Zum Begriff

Zunächst ein kurzer Blick auf die Entwicklung der diachronen Linguistik:

- **Die Junggrammatiker** hatten im 19. Jh. die Lautgesetze aufgestellt (s. Kap. 1.2), aber nicht zur Theoriebildung in anderen Bereichen (Morphologie, Syntax) beigetragen.
- **Der Strukturalismus** nach Ferdinand de Saussures betont die synchrone Sprachbetrachtung und macht damit die historische Sprachwissenschaft zu einer eigenen, oft von den übrigen linguistischen Forschungen isolierte Teildisziplin. So hat Saussure seinen Zeitgenossen Ferdinand Brunot, den Verfasser der größten französischen Sprachgeschichte (Brunot 1966ff.), nie kennengelernt.
- **In den 1920er Jahren** widerspricht Antoine Meillet der Auffassung, der **Sprachwandel** unterliege universellen Regeln, und sucht stattdessen seine Ursachen in sozialen Faktoren (Meillet 1921).
- Erst **in den 1950er Jahren** wird die Kluft zwischen Synchronie und Diachronie von manchen Linguisten überwunden, wie Walther von Wartburg (*Évolution et structure de la langue française*) und Eugenio Coseriu (*Synchronie, Diachronie und Geschichte*).
- **Heute** nimmt die Diachronie auch in der theoretischen Linguistik wieder einen wichtigen Platz ein (s. z. B. Kap. 7.1.3).

Geschichte der Sprachgeschichte

7.1 | Theorien des Sprachwandels

7.1.1 | Erklärungen für den Sprachwandel

Gründe für Sprachwandel: In vielen Arbeiten wird der Sprachentwicklung eine Art interne Kausalität zugesprochen: Nach dem von André Martinet aufgestellten Prinzip der **Sprachökonomie** tendiert eine Sprache dazu, überflüssige Elemente zu verlieren und notwendige stärker zu betonen. Als Beispiel für auf Sprachökonomie beruhende Veränderungen des Französischen gilt die Lautentwicklung (z. B. Schwächung und Verlust der Deklinations- und Konjugationsendungen), die ihrerseits morphologische und syntaktische Veränderungen nach sich zog (z. B. feste Wortstellung, systematische Setzung des Personalpronomens). Die genauere Auswertung der Datenlage hat jedoch gezeigt, dass solche Theorien die Sprachentwicklungen oft in idealisierter Form zusammenfassen und ihrer Komplexität nicht Rechnung tragen. Weitere Beispiele hierfür sind Edward Sapirs sprachlicher »drift« und Gustave Guillaumes »ligne droite idéale«.

Allgemeine Prinzipien: Gemeinsam ist diesen Annahmen, dass die Struktur der Sprache (z. B. der Wörter oder der Sätze) ein häufiger Auslöser für strukturellen Sprachwandel ist, und dass die systematische Beschreibung solcher Phänomene zu allgemeingültigeren sprachgeschichtlichen Prinzipien führen kann. Von diesen Prinzipien wird dieses Kapitel exemplarisch zum einen die Grammatikalisierung behandeln und zum anderen zeigen, wie die Annahmen zum Spracherwerb in Verbindung mit universalgrammatischen Prinzipien (s. Kap. 1.4.2 u. 4.2.4) auf den Sprachwandel angewendet werden. Anschließend geht es im Wesentlichen um die Darstellung der Epochen der französischen Sprachgeschichte und die jeweils wichtigsten sprachlichen Entwicklungen vor ihrem geschichtlichen und kulturellen Hintergrund. Weitere historische Fakten finden sich in den Kapiteln zu den Sprachtypen (Kap. 3.3), zur Wortschatzentwicklung (Kap. 8.1) und zur Entwicklung der Lexikographie (Kap. 8.3.2). Außerdem enthält die Darstellung der heutigen Varietäten (Kap. 9) sprachgeschichtliche Rückblicke.

7.1.2 | Grammatikalisierung

Zum Begriff

> → **Grammatikalisierung** bezeichnet den Prozess, in dem ein lexikalisches Morphem grammatische Eigenschaften annimmt. Das Resultat ist eine **grammatikalisierte** Form.

Der Begriff ›Grammatikalisierung‹ geht auf den Artikel »L'évolution des formes grammaticales« von Antoine Meillet zurück (1912, Nachdruck in Meillet 1921), und baut auf der Unterscheidung zwischen lexikalischen und grammatischen Morphemen auf (s. Kap. 3.2). Da das Inventar der grammatischen Morpheme eher stabil ist, gehen solche Veränderungen nicht abrupt vor sich, sondern in Etappen, und hier stellt man im Sprachvergleich große Ähnlichkeiten fest. So entstanden in vielen Sprachen aus Körperteilbezeichnungen präpositionale Wendungen wie frz. *en face de*, *en tête de* oder *vis-à-vis de*.

Lateinisches und französisches Futur: Viele Grammatikalisierungsphänomene wiederholen sich im Laufe der Geschichte einer Sprache. Dies lässt sich gut am französischen Futur zeigen. Die lateinische Futurform war synthetisch, wurde also mit (gebundenen) Flexionsmorphemen gebildet, wie z. B. *cantabimus* ›wir werden singen‹. Diese lateinische Endung geht auf das indoeuropäische Verb **bhumos* ›wir sind‹ zurück und weist damit auf den analytischen Ursprung der Form hin. Noch im Lateinischen bildete sich in Konkurrenz zu *cantabimus* die analytische Form *cantare habemus* heraus, deren futurische Bedeutung sich etwa mit ›wir haben zu singen‹ umschreiben lässt und aus der frz. *chanterons* entstand. Dass im heutigen gesprochenen Französisch zunehmend die periphrastische Form (*nous allons chanter*) an die Stelle des synthetischen Futurs tritt, weist auf eine erneute Wiederholung des Prozesses hin.

Im Tempussystem der romanischen Sprachen lassen sich zahlreiche parallele Entwicklungen aufzeigen. Solche häufig wiederkehrenden Grammatikalisierungsmuster werden in der anglophonen Literatur als *cline* ›Bogen‹ oder *path* ›Pfad‹ bezeichnet; auch in deutschen Arbeiten spricht man von Grammatikalisierungspfaden.

Reanalyse: Aus der Perspektive der Sprecher ist die Entwicklung von einem lexikalischen zu einem grammatischen Morphem eine (für den einzelnen Sprecher natürlich nicht wahrnehmbare) strukturelle Umdeutung: Wenn nach einiger Zeit die ursprüngliche Struktur nicht mehr als solche erkannt wird, hat eine **Reanalyse** stattgefunden. Die Entwicklung von *chez* aus lat. *casa* ist ein Beispiel hierfür: *chez* selegiert Nominalphrasen, die auf Personen referieren. Diese Beschränkung erklärt sich aus der Bedeutung von lat. *casa* ›Haus, Hütte‹. Wenn *in casa* + NP_{Gen} nicht mehr als Konstruktion ›im Haus von. . .‹, sondern präpositional als ›bei‹ interpretiert wird, ist die Reanalyse vollzogen. Seit dem 16. Jh. sind abstraktere Verwendungen wie *chez Platon* im Sinne von ›in den Werken Platos‹ belegt und heute wird *chez* analog zu *chez le boucher* auch für nicht personale Nominalphrasen, z. B. Supermärkte, verwendet: *Tu vas chez SuperU?* konkurriert mit . . . *à SuperU*. Dieses Zusammenspiel von Reanalyse und **Analogie**, also Übertragung auf einen anderen Kontext und Verallgemeinerung, ist kennzeichnend für Grammatikalisierung.

→ **Reanalyse** ist »die interne Umorganisation eines Strukturbaums, bei welcher die Terminalen Knoten erhalten bleiben, die hierarch[ische] Struktur jedoch verändert wird.«

Metzler Lexikon Sprache (Glück 2010).

Zum Begriff

Unidirektionalität: Im Allgemeinen verläuft Grammatikalisierung unidirektional, d. h. es werden immer lexikalische Kategorien zu grammatischen Kategorien (also Substantive, Verben, evtl. auch Adjektive zu Präpositionen, Konjunktionen, Hilfsverben, Affixen usw.). Für Entwicklungen in umgekehrter Richtung gibt es nur wenige Beispiele (vgl. Hopper/Traugott 2003, Kap. 5.7). Diese Tatsache führt zur weitreichenden Annahme, dass die Grammatik einer Sprache grundsätzlich auf diese Weise entsteht. Darauf weisen auch die Entwicklungen von Pidgin- zu Kreolsprachen hin, bei denen sich auf der Grundlage einer auf lexikalischen Kategorien basierenden Hilfssprache in relativ kurzer Zeit (im Vergleich zur »normalen« Sprachentwicklung) ein ausgebautes grammatisches System entwickelt (s. hierzu Kap. 9.3.4 und Detges 2003).

7.1.3 | Syntaktischer Wandel

Sprachwandel und Spracherwerb: Sprache kann sich in allen Bereichen **sporadisch** verändern, d. h. ohne dass Regelmäßigkeiten des Wandels erkennbar sind. Ein Beispiel hierfür sind **Metathesen** (Lautumstellungen) wie in (1):

(1)   a.   lat. *formaticum* > frz. *fromage*
          b.   frz. *astérisque* häufig /asteriks/ (statt /asterisk/)

Sprachwandel
hat auch mit
sprachlichen
Varietäten zu tun.

Bei Veränderungen, die unter bestimmten Bedingungen stattfinden, spricht man auch von **nicht-sporadischem** Sprachwandel. Dieser ist eng mit dem **Spracherwerb** verbunden: Der Wandel findet statt, wenn die Sprache der Kinder von der Sprache der Eltern abweicht (allgemeiner: die Sprache einer Sprechergeneration von der Sprache der Vorgängergeneration).

Struktureller Wandel: Auf Erkenntnissen über den Spracherwerb aufbauend lässt sich auch erklären, wie sich ein (im Vergleich zum Wortschatz) stabiles System wie die Grammatik einer Sprache verändern kann: Wenn das spracherwerbende Kind mit Variation konfrontiert ist, kann es unter Umständen keine eindeutige sprachliche Regel ableiten (dieser Vorgang geschieht natürlich unbewusst). Wenn eine größere Zahl von Kindern eine Struktur anders interpretiert, kann sich diese Variante durchsetzen, und der Wandel ist vollzogen. Diese Erklärung wird durch die **Generative Grammatik** favorisiert, ist aber nicht auf dieses Modell beschränkt. Der Zusammenhang mit dem Spracherwerb ist ein kognitiver Erklärungsansatz für strukturellen Sprachwandel. Solche kognitiven Erklärungen werden heute auch für den Bedeutungswandel herangezogen (s. Kap. 8.1.3).

Struktureller Wandel kann natürlich, wie lexikalischer Wandel, durch **Sprachkontakt** entstehen, aber nicht alle Veränderungen lassen sich dadurch erklären. Unabhängig von der Ursache ihrer Entstehung begünstigen jedenfalls **Mehrdeutigkeiten** den Sprachwandel, denn auch aus mehrdeutigen Konstruktionen kann das Kind keine eindeutigen Regeln ableiten.

Die Stellung des französischen Verbs ist ein besonders markantes Beispiel aus der französischen Sprachgeschichte. Wie bei allen romanischen Sprachen vollzieht sich auch im Französischen der Wandel von einer **SOV-Sprache** (die typische Wortstellung im Lateinischen ist Subjekt-Objekt-Verb) zu einer **SVO-Sprache** (s. Kap. 4.2.3). Die folgende Tabelle nennt Beispiele für SOV- und SVO-Sprachen:

Sprache	Typ	Beispiel
Deutsch	SOV	… dass [Max$_S$] [das Buch$_O$] *liest*
Latein	SOV	[Caesar$_S$] [litteras$_O$] *misit*
Altfranzösisch	SOV	[Li amiralz$_S$] [la sue gent$_O$] *apele*
Altfranzösisch	SVO	[Li reis$_S$] *m'ad tramis* [ses messages$_O$]
Französisch	SVO	[Max$_S$] *lit* [le livre$_O$]

Für das Altfranzösische sind zwei syntaktische Eigenschaften wichtig:
Erstens darf wie im Lateinischen (und z. B. im heutigen Italienisch) die Subjektposition leer bleiben. Die Setzung des Personalpronomens ist im Gegensatz zum modernen Französisch nicht obligatorisch, vgl. (2). Die generative Syntax spricht in diesem Fall von einem »gesetzten« **Null-Subjekt-Parameter** bzw. von einer **Null-Subjekt-Sprache**

(2) Afrz.: Voit les herbes et les flors.
     ›Er sieht die Gräser und die Blumen‹

Zweitens tritt häufig Verbzweitstellung auf (3), auch wenn in der ersten Position nicht das Subjekt steht, wie im deutschen Hauptsatz (2b). Das Subjekt steht dann nach dem Verb; Verbdrittstellung wäre ungrammatisch (2b):

(3) Afrz.: Lors *demande* Galaad ses armes.

(4) a. Dann *verlangt* Galahad seine Waffen.
     b. *Dann Galahad *verlangt* seine Waffen.

In solchen Sprachen ist der sogenannte **Verbzweit-Parameter** (oder kurz **V2-Parameter**) gesetzt.
Während in Sätzen wie (3) die Verbzweitstellung eindeutig am nachgestellten Subjekt erkennbar ist, sind die im Altfranzösischen häufigen subjektlosen Sätze mehrdeutig (5a). Die leere Subjektposition könnte sich nach dem Verb befinden, dann wäre es eine V2-Konstruktion. Der Satz kann aber auch so interpretiert werden, dass sich die leere Subjektposition vor dem Verb befindet und der V2-Parameter nicht gesetzt ist, da das Verb dann in dritter Position steht (V3). Die beiden Positionen sind in (5b) markiert:

(5) a. Si firent   grant joie   la nuit.
         So machten große Freude die Nacht
         ›So machten sie große Freude in der Nacht‹
     b. Si [sujet vide→V3] firent [sujet vide→V2] grant joie la nuit.

Mehrdeutige
Strukturen sind
Auslöser für
internen
Sprachwandel.

Eine solche neue strukturelle Interpretation ist, neben der Grammatikalisierung, ein weiteres Beispiel für **Reanalyse**. Wenn sie sich durchsetzt, werden auch andere V3-Sätze gebildet, wie in (6):

(6)   Afrz.: Lors la royne fist Saintré appeller.
        ›Dann ließ die Königin Saintré rufen‹

Dieser Wandel hat sich im Französischen vollzogen (s. Kap. 7.4.4) und zur heutigen Satzstellung geführt (SVO). Als historisches Relikt sind heute nur noch einige Varianten mit **Inversion** des Subjekts übrig, z. B. nach Adverbien wie *peut-être* (s. Kap. 4.3.2).

7.2 | Periodisierung und Herausbildung des Französischen

In der französischen Sprachgeschichte hat sich eine grobe Gliederung in drei **Epochen** durchgesetzt, die in den meisten Arbeiten respektiert wird, auch wenn die Datierungen der einzelnen Epochen voneinander abweichen und bisweilen feinere Unterteilungen vorgenommen werden.

Zum Begriff

> Drei → Epochen der französischen Sprachgeschichte werden üblicherweise unterschieden und wie folgt datiert:
> - Altfranzösisch: 9. Jh. bis 1350
> - Mittelfranzösisch: 1350 bis 15./16. Jh.
> - Neufranzösisch: ab dem 15./16. Jh.

Diese Periodisierung beruht auf sprachexternen und sprachinternen Kriterien:

sprachextern und
sprachintern

- **Externe Sprachgeschichte** betrifft die außersprachlichen Faktoren, die für die Entwicklung der Sprache von Bedeutung sind, wie den politischen oder den sozial- und kulturgeschichtlichen Hintergrund.
- **Interne Sprachgeschichte** betrifft dagegen die Veränderungen der Sprache selbst, wie den Lautwandel, syntaktische Veränderungen oder den Bedeutungswandel.

Das gesprochene Latein als Ursprung: Wie die anderen romanischen Sprachen hat sich das Französische aus dem gesprochenen Latein (weniger zutreffend auch **Vulgärlatein** genannt) entwickelt, das nur in Wandinschriften und bruchstückhaft auch aus Texten überliefert ist (z. B. Petronius, *Cena Trimalchionis*, 1. Jh. n. Chr.). Das ehemals keltische Sprachgebiet im heutigen Frankreich bezeichnet man als **Galloromania**. Unter dem römischen Einfluss (Eroberung der *Provincia Narbonensis* 123–118 v. Chr. und ganz Galliens 58–50 v. Chr.) und den germanischen Invasionen ab dem 5. Jh. (Clovis regierte von 481 bis 511) differenziert sich die Galloromania in drei Gebiete (s. auch Kap. 9.2.1 sowie die historische Schichtung des Wortschatzes in Kap. 8.1 und die Karte Abb. 9.1 in Kap. 9.2.3):

Periodisierung und
Herausbildung des
Französischen

- **Französisch** im Norden (nach dem Wort für ›ja‹ auch *langue d'oïl* ge-
nannt: *oui* < *oïl* < lat. *hoc ille*);
- **Okzitanisch** im Süden (*langue d'oc*: *oc* < lat. *hoc*);
- **Frankoprovenzalisch** im Südosten: dieses Gebiet wurde von den
Sprachhistorikern erst später abgegrenzt.

Gebiete der
Galloromania

Okzitanisch: Das Französische geht in seiner Lautentwicklung wesentlich
weiter als die anderen romanischen Sprachen und differenziert sich dadurch auch vom Okzitanischen: Dort entstehen weniger Diphthonge (lat.
tres > okz. *tres*, frz. *trois*), anlautende Konsonanten werden nicht pa-
latalisiert und /a/ bleibt erhalten (lat. *capra* > okz. *cabra*, frz. *chèvre*),
intervokalische Konsonanten entwickeln sich nicht so weit (lat. *mutatum*
> okz. *mudat*, frz. *mué*), und die germanischen Konsonanten /h/ (*haie*)
und /w/ (> /gw/ > /g/ wie in *garder*) gibt es im Okzitanischen nicht.
Weitere Merkmale in Morphologie und Syntax sowie die Tatsache, dass es
in der mittelalterlichen Literatur in der Regel keine Vermischungen zwischen französischen und okzitanischen Dialekten gibt, sprechen für eine
bereits früh ausgeprägte, quer durch Frankreich verlaufende Sprachgrenze. Allerdings kann die Differenzierung nicht pauschal auf die den Norden
stärker betreffende Germanisierung zurückgeführt werden (s. Kap. 9.2.1),
ebenso wie das erst im 19. Jh. erforschte Frankoprovenzalische nicht allein dem burgundischen Einfluss zugeschrieben werden darf.

    Der germanische Einfluss führte zu einer längeren Periode der Zwei-
sprachigkeit im Frankenreich: Nach den Merowingern und Karolingern
soll Hugues Capet (ab 987) der erste nicht mehr fränkisch sprechende
König gewesen sein. Die sprachliche Assimilation der Franken hat aber
schon früher eingesetzt, als Folge der schnellen kulturellen und religiösen
Annäherung beider Volksgruppen (Taufe von Clovis 496).

    Der erste französische Text, die **Straßburger Eide** von 842, liegt zwei-
sprachig in Altfranzösisch und Althochdeutsch vor: Die Enkel Karls des
Großen, Karl der Kahle und Ludwig der Deutsche, verbündeten sich gegen
ihren Bruder Lothar und leisteten den Eid jeweils in der Sprache des Verbündeten. In seiner großen Sprachgeschichte hat Ferdinand Brunot zu den
verschiedenen sprachgeschichtlichen Epochen die entsprechenden Versionen des Texts konstruiert. In Abbildung 7.1 ist oben links der erste Teil
des Originaltextes wiedergegeben, oben rechts die Übersetzung ins heutige Französisch (nach Brunot 1966ff., Bd. 1, S. 144, unter Verzicht auf
Anmerkungen und einige diakritische Zeichen). Darunter sind die klassisch lateinische (unten links) und die **sprechlateinische** Fassung (unten
rechts) zitiert. Brunots Gegenüberstellung erlaubt einen ersten Einblick
in diese ansonsten schwer zu veranschaulichende Epoche der Herausbildung des Französischen.

    Klassisches Latein und Sprechlatein: Bereits Cicero bezeichnete mit *rus-*
ticus sermo oder *quotidianus sermo* eine vor allem von bestimmten Gesellschaftsschichten gesprochene Varietät des Lateinischen, von der sich der
sermo urbanus durch konservativere Züge unterschied. Das sprechlateinische Textbeispiel der Straßburger Eide (unten rechts) zeigt besonders im

Straßburger Eide (842)

Originaltext

Pro deo amor et pro christian poblo et nostro commun saluament, d'ist di en avant, in quant Deus savir et podir me dunat, si salvarsi eo cist meon fradre Karlo, et in aiudha et in cadhuna cosa, si cum om per dreit son fradra salvar dist, in o quid il mi altresi fazet, et ab Ludher nul plaid numquam prindrai qui meon vol cist meon fradre Karle in damno sit.

Heutiges Französisch

Pour l'amour de Dieu et pour le salut commun du peuple chrétien et le nôtre, à partir de ce jour, autant que Dieu m'en donne le savoir et le pouvoir, je soutiendrai mon frère Charles de mon aide et en toute chose, comme on doit justement soutenir son frère, à condition qu'il m'en fasse autant, et je ne prendrai jamais aucun arrangement avec Lothaire, qui, à ma volonté, soit au détriment de mondit frère Charles.

Klassisches Latein

Per Dei amorem et per christiani populi et nostram communem salutem, ab hac die, quantum Deus scire et posse mihi dat, servabo hunc meum fratrem Carolum, et ope mea et in quacumque re, ut quilibet fratrem suum servare jure debet, dummodo mihi idem faciat, et cum Clotario nullam umquam pactionnem faciam, quæ mea voluntate huic meo fratri Carolo damno sit.

Sprechlatein (ca. 7. Jh.)

Por deo amore et por chrestyano pob(o)lo et nostro comune salvamento de esto die en avante en quanto Deos sabere et podere me donat, sic savarayo eo eccesto meon fradre Karlo, et en eyuda et en caduna causa, sic qomo omo per directo son fradre salvare devet, en o qued illi me altrosic fatsyat, et ab Ludero nullo plag(i)do nonqua prendrayo, qui meon volo eccesto meon fradre Karlo en damno seat.

unbetonten Wortauslaut deutliche Lautveränderungen im Vergleich zum klassischen Latein (unten links): Das *-m* ist geschwunden (*amore, comune*) und die auslautenden Vokale haben sich geöffnet (*-u(m)* > *-o* wie in *quanto*). Dies führt zu einschneidenden Veränderungen im Kasussystem, wo sich neben dem Nominativ der Akkusativ als eine Art Einheitskasus einbürgert (*chrestyano pob(o)lo*). In den unregelmäßigen Verbkonjugationen treten **Analogien** auf (*donat*). Als Demonstrativum erscheint statt lat. *hac* eine assimilierte Form von lat. *iste* (*esto*).

Vom **Sprechlatein zum Altfranzösischen:** Die weiteren Entwicklungen zum Altfranzösischen können hier nur in einigen wesentlichen Punkten dargestellt werden.

Lautentwicklung

- **Quantität:** Das klassisch lateinische Vokalsystem beruht u. a. auf Oppositionen der Länge (Quantität), d. h. jeder Vokal kann kurz und lang artikuliert werden (*lectus* ›Bett‹ gegenüber *lēctus* ›gelesen‹, *malum* ›Übel‹ gegenüber *mālum* ›Apfel‹ usw.).
- Mit **Quantitätenkollaps** bezeichnet man die Tatsache, dass diese Oppositionen im Sprechlatein zusammenfielen. Dies zeigen Inschriften und Aussagen von Grammatikern im 3. und 4. Jh. An die Stelle der quantitativen Opposition tritt eine qualitative Opposition: kurze Vokale werden offen, lange Vokale geschlossen gesprochen (wie dt. *Bett* : *Beet*).
- **Ein neues Vokalsystem** entsteht in der westlichen Romania, weil jeweils benachbarte Vokale zusammenfallen, z. B. kurzes *u* und langes *o* zu /œ/, wie in (7), oder kurzes *i* und langes *e*, wie in (8):

(7)   a.   klt. *tua* > sprechlat. *toa* > afrz. *teue*
        b.   klt. *solum* > sprechlat. *solo* > afrz. *seul*

Je nach Betonung (unbetont, nebentonig oder betont) und Stellung (in **offener Silbe** wie in *pra-tum* oder in **geschlossener Silbe** wie in *par-tem*) haben sich die Vokale verschieden weiterentwickelt.

In offener Silbe werden die sprechlateinischen Vokale gelängt und verändern sich zu verschiedenen Zeiten bis in die altfranzösische Epoche. Z. B. kommt das lange, geschlossene *e* aus kurzem lateinischen *i* oder langem *e* und entwickelt sich zu afrz. *ei* und über mehrere Stufen weiter zu nfrz. *oi*:

(8)   a.   lat. *via* > sprechlat. *vea* > afrz. *veie* > frz. *voie*
        b.   lat. *me* > sprechlat. *me* > afrz. *mei* > frz. *moi*

Abgrenzung des Französischen: Diese Veränderungen der Haupttonvokale führten zusammen mit dem Schwinden unbetonter Vokale und zahlreichen konsonantischen Veränderungen (Palatalisierung, Sonorisierung, Schwund) zu einer relativ schnellen Abgrenzung des frühen Französischen von seinem lateinischen Ursprung und auch von den benachbarten romanischen Sprachen.

Auch wenn die Straßburger Eide (s. S. 106), wegen der damaligen Schreibgewohnheiten und weil sie Teil einer lateinisch verfassten Urkunde sind, noch stark latinisierende Züge tragen (z. B. *-a* statt *-e* in *cosa* und *aiudha*), ist mit Beginn der altfranzösischen Zeit eine Sprachstufe erreicht, die sich vom Lateinischen aus kaum noch ohne Hintergrundwissen über die wichtigsten Entwicklungen erschließen lässt.

In diesem Zusammenhang ist auch das **Konzil von Tours** (813) zu sehen, auf dem beschlossen wird, dass Predigten in der Volkssprache gehalten werden dürfen (oder auf Fränkisch: *in rusticam Romanam linguam aut Thiotiscam*), weil das Lateinische vom Volk nicht mehr verstanden wird. Schließlich trägt auch die karolingische Reform dazu bei, dass sich die lateinische Schriftsprache stärker am klassischen Vorbild orientiert und weiter von der Volkssprache entfernt.

7.3 | Altfranzösisch

Mit den ersten Texten in der *langue d'oïl* beginnt im 9. Jh. die Geschichte des Französischen. Nach den Straßburger Eiden ist die **Eulalia-Sequenz** (880) der erste literarische Text, und hier sind auch die oben genannten Veränderungen relativ konsequent in die Schreibung umgesetzt. Die altfranzösische Blütezeit ist aber erst mit der Literatur des 11. und 12. Jh.s erreicht. Die wichtigsten Gattungen sind die ***Chansons de geste*** (Heldenepen), später die Minnelyrik und der **höfische Roman**, alle in Versform. Erst nach 1200 kamen mit dem Aufleben der städtischen Kultur Theaterstücke und Prosatexte auf (Artuszyklus, historische Chroniken).

Die sprachliche Situation dieser Epoche ist außergewöhnlich uneinheitlich: Einerseits kann man nicht von einer altfranzösischen Norm, sondern nur von einer Menge von Sprachzuständen ausgehen, die geographisch heterogen sind (z. B. **Franzisch** in der Ile-de-France, Champagnisch oder das in England nach 1066 gesprochene Anglonormannische) und sich zudem vom 9. bis zum 13. Jh. zum Teil erheblich weiterentwickelt haben. Andererseits erreicht das Französische zu dieser Zeit eine Sprachstufe, die zumindest im lautlichen Bereich durch extreme Komplexität gekennzeichnet ist: Im 12. Jh. enthält es nach den heutigen Erkenntnissen etwa 50 Phoneme, eine sehr hohe Anzahl verglichen mit anderen Sprachen oder dem heutigen Französisch mit 37 Phonemen (s. Kap. 2.3).

7.3.1 | Lautentwicklung

Im 9. Jh. hat sich bereits die neue Wortstruktur durchgesetzt: Die lateinischen Endsilben sind weitgehend geschwunden, und die meisten Wörter sind **Oxytona**, d. h. der Akzent liegt auf der Endsilbe. Die **Diphthonge** entwickeln sich weiter und tendieren zur **Monophthongierung**, wobei sich meist das offenere Element verändert. Im *Rolandslied*, auf dem Höhepunkt der altfranzösischen Literaturtradition, finden sich Assonanzen von *ai* mit /a/ oder mit /e/, was auf die Veränderung von /ai/ zu /ɛi/ hindeutet (z. B. *lacte* > *lait*). Insgesamt gibt es zu dieser Zeit elf Diphthonge, von denen einige gerade monophthongieren, und die beiden **Triphthonge** /ɛau/ (*beaux* < *bellos*) und /iɛu/ (*mieux* < *melius*). Außerdem bilden sich bis zum 12. Jh. die **Nasalvokale** durch **Assimilation** an den folgenden Nasalkonsonanten, der allerdings noch bis zum 16. Jh. mitgesprochen wird (also /bõn, bõnə/ für *bon, bonne*).

Das Ende der altfranzösischen Epoche ist durch zunehmende Vereinfachung des komplexen Lautsystems gekennzeichnet:

Lautliche Vereinfachung im Altfranzösischen

- Im **Vokalbereich** wird bei einigen Diphthongen nicht mehr das erste, sondern das zweite Element betont, und das erste schwächt sich zum Halbvokal ab. So entstehen die Phoneme /w/ und /ɥ/ (die bisher nur vorübergehend nach /k/ und /g/ existierten, s. u.) und an vielen Positionen das bereits bekannte /j/:

(9) a. /w/: /toelə/ > /twɛlə/ (nfrz. *toile*)
b. /ɥ/: /nyit/ > /nɥit/ (nfrz. *nuit*)
c. /j/: /pie/ > /pje/ (nfrz. *pied*)

Die Entwicklung /ai/ > /ɛ/ stabilisiert sich und ist durch zahlreiche graphische Inkonsequenzen, sogenannte **analoge Schreibungen**, mit *e* belegt wie *fere* oder *faire* (< lat. *facere*).

- Bei den **Konsonanten** verschwinden die Affrikaten und ergeben die neuen Phoneme /ʃ/ und /ʒ/:

(10) /tʃozə/ > /ʃoz/ (nfrz. *chose*)

Die labio-velaren Kombinationen /kw-/ und /gw-/ bzw. /gɥ-/ werden vereinfacht:

(11) a. /kwarre/ > /karre/ (nfrz. *carré*)
b. /gɥɛrrə/ > /gɛrrə/ (nfrz. *guerre*)

Der Schwund von Konsonanten vor auslautendem -s ergibt aus heutiger Sicht ungewohnt unregelmäßig wirkende Pluralformen wie afrz. Sing. *clerc* und Plur. *clers*. Nfrz. Relikte sind Pluralformen wie *bœufs*, bei denen nur die Schreibung angeglichen wurde, nicht aber die Lautung (Plural ohne Endkonsonant: /bø/).

Lautentwicklungen in den *Straßburger Eiden*   Zur Vertiefung

In Beispiel (12) ist Brunots Übertragung der Straßburger Eide in die Blütezeit des Altfranzösischen wiederholt (s. S. 106). Es handelt sich also nicht um einen authentischen altfranzösischen Text, aber er kann einige der genannten Entwicklungen belegen:

(12) **Altfranzösisch** (11. Jh.)
    Por dieu amor et por del crestiien poeple et nostre comun salvement, de cest
    jorn en avant, quan que Dieus saveir et podeir me donet, si salverai jo cest
    mine fredre Charlon, et en aiude, et en chascune chose, si come on par dreit
    son fredre salver deit, en ço que il me altresi façet, et a Lodher nul plait
    onques ne prendrai, qui mien vueil cest mien fredre Charlon en dam seit.

Der Diphthong von *poeple* ist die Entwicklung des offenen *o* von *pob(o)lo* (die Silbengrenze verläuft vor der Konsonantengruppe aus Plosiv und Labial, also freie Stellung auch bei *po-blo*), *saveir* zeigt das inzwischen diphthongierte geschlossene *e* und den zum Frikativ abgeschwächten Verschlusslaut /b/ von sprechlat. *sabere*. Das auslautende *-a* wird *-e* geschrieben. Anlautendes /k-/ ist inzwischen zur Affrikate geworden (*Charlon*, *chascune* mit /tʃ-/).

Altfranzösische Schreibung: In vielen der diskutierten Fälle ist die **Schreibung** ein Hinweis auf lautliche Veränderungen. Auch wenn sie ihnen nicht immer Rechnung trägt, ist sie tendenziell eher phonetisch ausgerichtet: Man schreibt, abgesehen von einigen Latinismen, wie man spricht, und daher auch regional unterschiedlich.

Problematisch ist für die Schreiber natürlich das beschränkte Grapheminventar: Sie benutzen 22 lateinische Buchstaben und fügen *y* und *w* hinzu, müssen aber mit diesen Zeichen etwa doppelt so viele Phoneme transkribieren. Da Akzente noch nicht eingesetzt werden, bleiben nur Graphemkombinationen und mehrfache Laut-Graphem-Zuordnungen.

Zusammen mit den regionalen Verschiedenheiten, den unterschiedlichen Traditionen der Schreibschulen im Mittelalter und dem noch nicht entwickelten Gefühl für orthographische Konsistenz, selbst bei ein und demselben Schreiber, ergibt sich für Leser und Linguisten ein gleichermaßen verwirrendes Bild. Der einzig halbwegs stabile Faktor scheint die Orientierung der Schreibung an der Aussprache zu sein, die immerhin über die regionalen Varianten und, dank der fehlenden Schreibtradition, auch über die Lautentwicklungen Auskunft geben kann. Außerdem lassen sich heranziehen:

- **Reime und Assonanzen** geben in der altfranzösischen Dichtung in vielen Fällen sicheren Aufschluss über die Qualität von Vokalen, da sie sehr sorgfältig ausgewählt wurden: Offene und geschlossene Realisierungen Indizien für den Lautwert der Schreibungen eines Vokals, z. B. von *e* (/ɛ/-/e/) und *o* (/ɔ/-/o/), konnten keine Assonanzen bilden (vgl. auch die Rolle der Reime im Mittelfranzösischen, Kap. 7.4.2).

- **Entlehnungen** in andere Sprachen wie das Mittelhochdeutsche sind zusätzliche Hinweise: Beispielsweise findet sich afrz. *forest* in mhd. *foreht* wieder (das *h* weist auf verstummendes vorkonsonantisches /s/ hin) oder afrz. *chastel* in mhd. *tschastel* (mit Affrikate /tʃ-/).

7.3.2 | Morphologie und Syntax

Zweikasus-System: Das morphologische System des Altfranzösischen ist weitgehend durch die Lautentwicklungen determiniert. Das heißt, dass für die Numerus-, Genus- und Kasusoppositionen die regelmäßigen Weiterentwicklungen der lateinischen Formen maßgeblich sind. Die mehr oder weniger regelmäßigen Flexionsmarkierungen sind erst später durch Analogie entstanden.

In der Nominalgruppe gibt es für maskuline Formen ein **Zweikasus-System** mit einem **Rektus** für das **Subjekt** und einem **Obliquus** für die übrigen Fälle, auch für die präpositional gebildeten Kasus. Die Tabelle gibt einen Überblick über die Formen:

Das altfranzösische
Zweikasus-System

		Singular	Plural
Maskulinum	**Rektus**	li bons murs li povre frere	li bon mur li povre frere
Maskulinum	**Obliquus**	le bon mur le povre frere	les bons murs les povres freres
Femininum	**Rektus**	la bone dame la povre suer	les bones dames les povres serours
Femininum	**Obliquus**	la bone dame la povre serour	les bones dames les povres serours

Bei den femininen Formen treten nur selten Kasusunterschiede auf, meist setzt sich die Form des Akkusativs durch (also Obliquus). Die Formen des Neutrum sind entweder Maskulina oder Feminina (bei Pluralia) geworden oder schwanken zwischen beiden Kategorien. Die Endungen sind für Ungeübte etwas verwirrend, weil sie noch kein regelmäßiges Pluralmorphem aufweisen (wie nfrz. *-s*), sondern lediglich die Entwicklungen aus dem Lateinischen sind: *murus* > *murs, muri* > *mur, murum* > *mur, muros* > *murs* usw. Die Beispiele in der Tabelle zeigen auch, dass im Femininum der Kasusunterschied nur bei den Paradigmen sichtbar ist, die den lateinischen Akzentwechsel beibehielten, wie *suer – serours*, nicht aber bei *dame*.

Bei den **Funktionswörtern** sind schon seit der sprechlateinischen Version der Straßburger Eide neue Formen festzustellen:

Funktionswörter
- Bei den **Konjunktionen** ersetzt sprechlat. *en ço que* lat. *dummodo*.

- **Das Demonstrativpronomen** *cist* (Obliquus *cest*) kommt aus der Verschmelzung von lat. *ecce* ›voici‹ mit dem Demonstrativum *iste*.
- **Die Artikel** *le, la, les* und die **Objektpronomina** *le, la, les, lui* bilden sich aus dem zweiten lateinischen Demonstrativum, *ille*. Außerdem verschmilzt *ille* mit *ecce* (analog zu *iste*) zu einem zweiten afrz. Demonstrativum *cil*. (Das dritte lateinische Demonstrativum, *hic*, verschwindet.)
- **Unterscheidung der Distanz:** Im Altfranzösischen unterscheiden die Demonstrativa noch Nähe (*cist*) und Ferne (*cil*).
  Im Neufranzösischen stehen die entsprechenden Formen dagegen für eine grammatische Unterscheidung: adjektivisches (unbetontes) Determinans *ce* (zu *cist*) gegenüber substantivischem (betontem) Pronomen *celui* (zu *cil*). Der Distanzunterschied wird heute durch *-ci* und *-là* ausgedrückt.

Artikelverwendung im Altfranzösischen   Zur Vertiefung

Im Unterschied zum heutigen Französisch wurde der Artikel weniger systematisch gesetzt: Vor abstrakten (*amor*), generischen oder negierten Substantiven (*sanz pitie*) stand meist kein Artikel. Der Plural des unbestimmten Artikels und der Teilungsartikel (*des*) existierten nicht, abgesehen von *uns/unes* zur Markierung des Duals (›ein Paar‹) oder einer Menge.

Satzstruktur: Da das Altfranzösische eine **Null-Subjekt-Sprache** ist (s. Kap. 7.1.3), kann das Subjektpronomen im altfranzösischen Satz fehlen. In den Versionen der Straßburger Eide (s. Abb. 7.1, S. 106 unten rechts) kommen bereits im sprechlateinischen Text *eo* (< lat. *ego*) und *illi* (< *ille*) vor. Die systematische Setzung des Subjektpronomens zieht sich bis ins 17. Jh. hin.

Typisch für die Wortstellung ist die häufige Stellung des Verbs an zweiter Position (Verbzweitstellung), also entweder nach dem Subjekt oder nach einem anderen Satzteil am Satzanfang, ähnlich wie im Deutschen (s. hierzu die Beispiele in Kap. 7.1.3). Die Satzverknüpfung ist eher koordinierend, unterordnende Konjunktionen sind selten (Wartburg 1993 zählt zehn subordinierende Konjunktionen im *Rolandslied*).

7.4 | Mittelfranzösisch

7.4.1 | Probleme der Periodisierung

Für den Beginn der mittelfranzösischen Epoche schlagen die Sprachhistoriker Zeitpunkte zwischen der Mitte des 13. und dem Ende des 14. Jh.s vor, für ihr Ende Zeitpunkte zwischen dem Ende des 15. und dem Anfang des 17. Jh.s. Einigkeit herrscht in zwei Punkten. Erstens unterscheidet sich ein als mittelfranzösisch eingestufter Text erheblich von einem altfranzösischen Text: Er erscheint Laien, ausgehend vom heutigen Französisch, auf den ersten Blick zugänglich. Zweitens haben sich zwischen der altfranzösischen und der mittelfranzösischen Epoche einschneidende sprachexterne Veränderungen vollzogen.

Sprachexterne Veränderungen: Diese Veränderungen betreffen zunächst das Königtum. Mit Philippe Auguste (1180–1223) hat sich Anfang des 13. Jh.s der französische Hof in Paris etabliert, und das französische Königreich wird durch Annexion englischer Besitzungen im Norden, des Poitou (unter Louis VIII) und des Languedoc (unter Saint-Louis, 1226–1270) bis zum Zusammenschluss mit der *France d'oc* 1271 (nach dem Tod von Alphonse de Poitiers) regional stark vergrößert. Ab 1271 vollzieht sich unter Philippe III und Philippe IV (le Bel) eine deutliche Veränderung der politischen Struktur, ein Übergang von der vom Feudalsystem geprägten *suzeraineté* zur *souveraineté*: An die Stelle der königlichen Machtausübung tritt ein immer einflussreicherer Verwaltungsapparat mit dem Parlament (seit 1250) und seinen Kammern, der Chancellerie und der Chambre des Comptes. Philippe le Bel ist der erste König, bei dem man nicht mehr mit Sicherheit weiß, ob er persönlich für alle Regierungshandlungen verantwortlich ist.

Der Dynastiewechsel von den Kapetingern zu den Valois (1328) und die Thronansprüche der englischen Krone (Edward III.) führen 1339 zum **Hundertjährigen Krieg**, der die kulturelle und literarische Tradition in Frankreich unterbricht und zusammen mit der Pest zu einem erheblichen Rückgang der Bevölkerungsdichte führt. Zwar wird die Epoche von den Historikern nicht einhellig negativ gesehen (der zeitgenössische Historiograph Jean Froissart beschreibt ein blühendes Hofleben unter Charles V, in der Architektur entstehen Meisterwerke im *gothique flamboyant*, die Maler- und Musikschulen florieren usw.), aber das Land ist am Ende des Kriegs nicht mehr dasselbe: Das Feudalsystem besteht nicht mehr, und es bildet sich ein national geprägtes französisches Königreich heraus, das unter Louis XI (1461–1483) bis François I (1515–1547) fast seine endgültige Ausdehnung annimmt. Am Ende des 15. Jh.s gebraucht der Historiker Philippe de Commynes erstmals den Begriff *état* zur Bezeichnung der politischen Einheit.

Sprachinterne Veränderungen: Die Einigkeit, die über die Bedeutung des Hundertjährigen Kriegs für die Sprachgeschichte besteht, löst das Problem der Datierung nicht. Das einzige sichere Kriterium für die Definition der Epoche bleibt die Sprache selbst, und auf dieser Ebene ist das Mittelfranzösische durch folgende Merkmale definiert (hier nur in Stichworten, natürlich handelt es sich um z. T. lang dauernde Prozesse, so dass eher die Bündelung der Merkmale ins Auge fällt):

Die mittelfranzösische Epoche

- Monophthongierung der altfranzösischen Diphthonge
- Aufgabe des Zweikasus-Systems
- Ausgleich unregelmäßiger Formen in Deklination und Konjugation
- Übergang zur Stellung Subjekt-Verb-Objekt (**SVO-Sprache**)
- regelmäßigere Setzung von Subjektpronomen und Artikel
- Verschwinden der meisten germanischen Wörter
- Aufnahme von Latinismen in allen Bereichen (im Zuge der Renaissance)
- Bereicherung der Sprache aus Dialekten und anderen Sprachen
- intensive Reflexion über die Sprache

Bewertung der Veränderungen: Angesichts so massiver Veränderungen vertritt Guiraud (1966) die These, das Französische habe seit 1350 den Status einer neuen Sprache. Das Altfranzösische ist nach ihm keine Etappe in der Entwicklung *des* Französischen, sondern es gibt zwei Sprachen: Altfranzösisch und ein modernes Französisch, das eine grundlegend andere Sprache ist und ähnlich weit entfernt vom Altfranzösischen wie vom Italienischen, z. B. im Hinblick auf sein Kasussystem, auf den fehlenden Artikel oder die Autonomie des Subjektpronomens. Eine so einschneidende Zäsur (Guiraud spricht von *rupture* und *mutation*, 1966, S. 11) findet sich in den anderen romanischen Sprachen nicht. Das Italienische hat z. B. von Anfang an seine Deklination verloren und sein Nominal- und Verbsystem kaum verändert (keine verschiedenen Stämme im selben Paradigma). Kurz zusammengefasst sieht Guiraud die Entstehung des Mittelfranzösischen aus dem Altfranzösischen ähnlich wie die Entstehung der romanischen Sprachen aus dem Lateinischen.

Natürlich finden diese innersprachlichen Phänomene nicht gleichzeitig statt und ziehen sich jeweils über längere Zeiträume hin: Die Diphthonge schwinden vor den Nasalen, der Kasus Rektus schwindet lange vor der systematischen Setzung des Subjektpronomens usw. Damit lässt sich letztlich keine zeitlich eindeutige Abgrenzung zwischen den Epochen vornehmen, so verschieden sie auch sein mögen. Dies wird an den drei in (13)–(15) wiedergegebenen Texten, die immerhin 300 Jahre Sprachentwicklung überspannen, ersichtlich. Guiraud (1966, S. 15) kommentiert sie mit der Feststellung: »la langue de Froissart est plutôt plus évoluée que celle de Brantôme«. In den folgenden Abschnitten wird auf einzelne Phänomene in diesen Textausschnitten Bezug genommen.

(13) »Entre eus eut un saige home qui cercha toutes les berries et parla aus saiges homes des berries et des lieus, et leur monstra le servaige la ou il estoient et leur pria a touz que il meissent conseil comment il ississent du servaige la ou on les tenoit; tant fist que il les asembla trestous au chief de la berrie, endroit la terre Prestre Jehan et leur monstra ces choses; et il li respondirent que il devisast, et il feroient. Et il dist ainsi, que il n'avoient povoir de esploitier se il n'avoient un roy et un seigneur sur eus; et il leur enseigna la maniere comment il averoyent roy, et il le creurent. Et la maniere fu tele, que de cinquante deus generacions que il y avoit, chascune generacions li aportast une saiete qui fussent seignies de leur noms; et par l'acort de tout le peuple fu ainsi acordé que l'on meteroit ces cinquante-deus devant un enfant de cinc ans; et celle que li enfes prendroit premier, de celle genaracion feroit l'on roy.«

Joinville: *Histoire de Saint Louis*, chap. XCIII (1305–1309)

(14) »En ce temps que ces choses s'approchoient grandement, et que le roi étoit sur le point de son partement de la cité de Paris et de prendre le chemin tout premier, pour mieux montrer que la querelle étoit sienne, fut fait un échange de terres et de pays, au profit grandement du duc de Touraine; car il résigna en la main du roi son frère la duché de Touraine et toutes les appendances et tantost lui rendit le roi, et donna en don et en hommage la duché d'Orléans, qui mieux valoit que les quatre, en forme et manière que le duc Philippe d'Orléans l'avoit anciennement tenu. Si nommerons d'ores-en-avant le duc qui fut de Touraine duc d'Orléans.«

Froissart: *Chroniques*, chap. XXIX liv. IV (1370–1400)

(15) »Elle voulut se coucher sans n'avoir mangé qu'une salade, et ne voulut descendre en bas dans la chambre de poupe; mais on lui fit dresser la traverse de la galère en haut de la poupe, et lui dressa-t-on la son lit et reposa peu, n'oubliant nullement ses soupirs et larmes. Elle commanda au timonier, sitôt qu'il seroit jour, s'il voyoit et découvroit encore le terrain de la France, qu'il l'éveillât et ne craignit de l'appeler. A quoi la fortune la favorisa; car le vent s'étant levé, et ayant eu recours aux rames, on ne fit guère de chemin cette nuit: si bien que, le jour paraissant, parut encore le terrain de France; et n'ayant failli le timonier au commandement qu'elle lui avoit fait, elle se leva sur son lit et se mit à contempler la France encore, et tant qu'elle put.«

Brantôme: *Recueil des Dames illustres*, Ière Partie, 3e discours (1600–1610)

Zusammenfassend lässt sich sagen, dass das Französische etwa seit dem Beginn des Hundertjährigen Kriegs seine moderne Form erreicht hat, auch wenn es bis ins 17. Jh. noch unstabil bleibt. Die mittelfranzösische Epoche reicht demnach von der Mitte des 14. bis zum Beginn des 17. Jh.s.

7.4.2 | Lautentwicklung

Reime, Schreibweisen und Aussagen von Grammatikern weisen darauf hin, dass es im Mittelfranzösischen außer in einigen dialektalen Formen keine Diphthonge mehr gibt. Die bereits in altfranzösischer Zeit sichtbare Tendenz zur **Monophthongierung** einiger Diphthonge setzt sich fort:

Monophthongierung im Mittelfranzösischen

- *ai*: Seit 1250 reimt sich z. B. *e* mit *ai* (beide /ɛ/), wie *pere* – *plere* – *repaire* (< lat. *pater*, *placere*, *repatriare*).
- *oi*: Die Entwicklung von /oi/ zu /wɛ/ ist durch Reime wie *estoiles* – *eles* (nfrz. *étoiles* – *ailes*) oder *estoit* – *ait* belegt.
- *eu* und *ue* fallen in /ø/ oder /œ/ zusammen, in der Schreibung setzt sich, mit Ausnahme von *cueillir*, *eu* durch.

Der Hiatus, d. h. das Zusammentreffen von Vokalen durch Schwund von Konsonanten, verschwindet seit dem 14. Jh. Bei Froissart finden sich zwar noch Beispiele, aber im 15. Jh. ist die in (16) an einigen Beispielen dargestellte Entwicklung weitgehend abgeschlossen. In einigen Fällen entstehen Schreibungen mit *accent circonflexe*, der die Länge des Vokals markiert (wie bei *âge*):

(16) a. *seür* > *sûr* (< lat. *securum*)
    b. *eage* > *aage* > *âge* (< sprechlat. *aetaticum*)
    c. *gaain/gaaigner* > *gaigner* (< germ. **waidanjan*)
    d. *raençon* > *rançon* (< lat. *redemptio*)
    e. *haïne* > *haine* (von *haïr* < germ. *hatjan*)

Bei den **Nasalvokalen** entnasalisieren zuerst *in* und *un*, ohne Spuren in der Schreibung zu hinterlassen (*une*, *cuisine*). Dagegen entnasalisieren *an*, *en* und *on* später und werden anfangs mit Tilden, später durch folgende Nasalkonsonanten *m* und *n* notiert. So entstehen die heutigen Doppelkonsonanten in *grammaire*, *année*, *prudemment*, *homme*, *bonne* (vgl. auch die Schreibung der Nasale in den Kreolsprachen, Kap. 9.3.4).

7.4.3 | Schreibung und Schrift

Bis ins 12. und 13. Jh. gab die **Schreibung** einigermaßen zuverlässig die Lautung wieder. Ab dem 13. Jh. wurden zunehmend Dokumente von Kopisten erstellt, und mehrere Faktoren trugen zur Auseinanderentwicklung von Schreibung und Lautung bei.

Im 13. Jh. vollzieht sich der Übergang von der mündlichen zur schriftlichen Überlieferung. Das Papier ersetzt das Pergament, die Zahl der Schreiber vervielfacht sich, und Schreiber kommen zunehmend aus dem weltlichen Bereich. Unter Saint-Louis (13. Jh.) sollen über 10.000 meist an der Universität ausgebildete Schreiber für die Verbreitung der Erlasse gesorgt haben, die in der Sprache des Königs (**Franzisch**) geschrieben und zur überregionalen Verbreitung ins Lateinische übersetzt wurden (s. Kap. 9.2.2 zur Standardsprache). Die *écriture de chancellerie* nimmt im 14. bis 15. Jh. Einfluss auf die der Literatur. Während Italien bereits über eine anerkannte volkssprachige Literatur verfügt, ist Frankreich im 14. bis 15. Jh. noch von der französisch-lateinischen Zweisprachigkeit geprägt.

Veränderungen der Schrift: Die rundliche, relativ gut lesbare **karolingische Minuskel** hat sich seit dem 9. und 10. Jh. über ganz Europa ausgebreitet. Ab dem 12. Jh. entwickelt sie sich jedoch zur **gotischen Schrift**. Erste Tendenzen haben sich bereits im 11. Jh. abgezeichnet und sind wohl auf veränderte Technik (Feder statt Griffel, Papier, Schreibgeschwindigkeit) und den Geschmack (vgl. romanische Rundbögen und gotische Spitzbögen) zurückzuführen. Im praktischen Gebrauch (in Dokumenten) dominiert die gotische **Kursivschrift**, aus der sich auch die deutsche Schreibschrift entwickelt hat, neben der luxuriöseren gotischen Buchschrift.

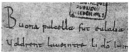

Karolingische Minuskel (Eulalia-Sequenz)

Erst die französischen Humanisten lehnen im 15. und 16. Jh. die gotische Schrift ab und greifen auf die karolingische Minuskel zurück, aus der sich die lateinische Schreibschrift entwickelt. Die Mechanisierung der Schreibung (Buchdruck ab 1450) fixiert diese in Frankreich und Deutschland unterschiedlichen Gebräuche (französische Antiqua oder kursive Italica, deutsche Gotica).

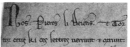

Fraktur: ›gotische‹ Schrift (www. mediaevistik.uzh.ch)

Die Schrift des 14. bis 16. Jh.s ist von dem Gegensatz zwischen Ökonomie (Schnelligkeit, kursive Schrift) und Lesbarkeit geprägt. Aus Gründen der Ökonomie wird die Feder innerhalb eines Worts nicht mehr abgehoben, Wörter wachsen zusammen, und Ligaturen und Abkürzungen entstehen. Aus Gründen der Lesbarkeit, vor allem wegen der unübersichtlichen Häufung halbhoher vertikaler Striche (u, m, n, i), werden zahlreiche Neuerungen eingeführt, die die Schreibung massiv verändern. Zusätzlich verkompliziert sich die Schreibung durch den anhaltenden Lautwandel und Einflüsse aus der (tatsächlichen oder vermeintlichen, s. u.) lateinischen Orthographie.

Zur besseren Lesbarkeit wurden Varianten unterschieden, die teils positionell, teils frei distribuiert waren: rundes s am Wortende und sonst übliches langes s, normales i, langes j und y. Mit *-x* wird *-us* abgekürzt (vgl. unsystematisches *deux* und *cinquante-deus* im Text (13) von Joinville). Häufig ist auch das angehängte -g wie beim unbestimmten Artikel *ung*, weil *un* mit *nu, vu, vii* usw. verwechselt wurde.

Die Schreibung kann dem rapiden Lautwandel nicht Rechnung tragen: Vorkonsonantisches *s* (wie bei Froissart: *tantost*) wird noch lange nach seinem Schwund geschrieben, ebenso wie das *i* nach alveolaren Konsonanten, das wie in *dangier* bereits im /ʒ/ aufgegangen ist. Auch die im Altfranzösischen noch generell stimmlosen Auslautkonsonanten werden in dieser alten Form wiedergegeben (vgl. *acort* bei Joinville). Damit wurde die optische Ähnlichkeit zusammengehöriger Wörter und Formen wiederhergestellt (ähnlich wie 1997 bei den deutschen Reformvorschlägen *Stuckateur, Gämse, nummerieren*).

Die Schreibung beginnt sich von der Lautung zu entfernen.

Zum Begriff

> Von → etymologischer Schreibung spricht man, wenn diakritische Buchstaben aus dem (vermuteten) lateinischen Etymon entnommen werden. Besonders häufig werden Konsonanten eingesetzt, die zu mittelfranzösischer Zeit sicher nicht, aber heute bisweilen wieder gesprochen werden.

In den folgenden Fällen fällt das Bemühen um Lesbarkeit mit der Etymologisierung zusammen: Da *u* und *v* nicht graphisch unterschieden werden, markiert *h* vor *u* die vokalische Qualität des anlautenden *u* in *huit, huile, huis, huistre*, ungeachtet der lateinischen **Etyma** *octo, oleum, ostium, ostreum*. Ähnlich wurde in der Wortmitte verfahren: Um den konsonantischen Silbenbeginn zu markieren, werden die teils früher geschwundenen, teils nie vorhandenen Konsonanten *v, b, d, f* eingesetzt: *devuoir* oder *debvoir* (›devoir‹), *adiectif* (›adjectif‹), *aduenir* (›avenir‹), *brefue* (›brève‹) usw. Beispiele für nicht positionell motivierte etymologische Buchstaben sind *compte, oncques* und die falsche Etymologie *sçavoir* (zu lat. *scire* statt zu seinem sprechlateinischen Etymon *sapere*). Auch die im Altfranzösischen geschwundenen Auslautkonsonanten werden wieder eingefügt, z. B. vor Plural-*s* wie in *clercs* (afrz. *clers*).

Zum Teil hatten diese Veränderungen der Schreibung Rückwirkungen auf die Aussprache. Heute werden wieder gesprochen:

Etymologische Schreibung und heutige Aussprache

- die in der Lautung geschwundenen und wieder geschriebenen Auslautkonsonanten -*f*, -*c* und -*t*: *juif, neuf*; *coq, arc*; *huit, net*
- die »etymologischen« Konsonanten, hier *d* und *p*: *adjuger* /adʒyʒe/, *cheptel* /ʃɛptɛl/, *rédempteur* /redɑ̃ptœr/
- Buchstaben aus komplexen Graphemen wie das *i* für den palatalen Wert von -*ill*-, -*ign*-: *juillet* /ʒɥijɛ/, *aiguille* /egɥij/

Dass sich auch diese Rückwirkungen nur unsystematisch durchsetzten, ist heute eine Quelle von Fehlern oder Unsicherheiten in der Aussprache. Das heute oft gehörte /waɲɔ̃/ statt /ɔɲɔ̃/ für *oignon* wird von den Wörterbüchern nicht verzeichnet, aber die Aussprache /gaʒœr/ statt /gaʒyr/ für das von *gager* abgeleitete *gageure* ist laut *Petit Robert* »critiqué mais fréquent«. Auslautkonsonanten in *but* und *fait* werden fakultativ gesprochen und sind teilweise kontextuell distribuiert (*le fait* /ləfɛ/ gegenüber *en fait* /ãfɛt/).

Die generelle Tendenz im Mittelfranzösischen ist die allmähliche Aufgabe der phonetischen Schreibung durch ein bewusst geschaffenes, wenn auch bei weitem nicht konsequentes System, das von technischen, kulturellen und semantischen Faktoren gesteuert wird. Es wird von Individuen und Individuengruppen (Druckern, Historikern, Geistlichen, Bürgern) so unterschiedlich praktiziert, dass es im 16. Jh. zu ersten Ansätzen der Orthographiereform führt.

7.4.4 | Morphologie und Syntax

Analogien: Der Schwund der Deklination bei Substantiven und Adjektiven findet in den verschiedenen Dialekten zu unterschiedlichen Zeitpunkten statt. Er setzt schon sehr früh in anglonormannischen Texten ein und ist um 1100 im ***Rolandslied*** zu belegen, während in anderen Regionen bis ins 15. Jh. Reste der Deklination bestehen bleiben, meist in Form von immer unsystematischerem -*s* am Wortende. Spätestens zu dieser Zeit hat sich aber generell eine Form durchgesetzt, und dies ist in der Regel der häufigere **Obliquus** (aus der Akkusativform). Nur in wenigen Fällen haben sich der **Rektus** (*sœur*) oder beide Formen (lat. *senior* > *sire*, lat. *seniorem* > *sieur*) durchgesetzt.

Auch im Verbparadigma nehmen ab dem 13. Jh. die **Analogien** zu. Die 1. Person Singular von *chanter* afrz. *chant* erscheint nun als *chante*, analog zu den Konjugationen mit Doppelkonsonant, in denen -*e* immer steht (*entre*, *tremble*). Ebenso fallen beim **Stammausgleich** die bisher unterschiedenen stamm- und endungsbetonten Formen zusammen (afrz. *claime*, *clamons* > mfrz. *clame*, *clamons*).

Das Nomen ist fast durchgehend durch Artikel, Demonstrativpronomen oder Possessivpronomen determiniert, der Nullartikel wird aber noch bei Abstrakta oder generischem Gebrauch verwendet, vgl. in (13): *il n'avoient un roy [. . .] sur eus*, aber *la manière comment il averoyent roy*. Bei Koordinationen fehlen die Determinanten noch bis ins 17. Jh., wie bei Brantôme in (15): *ses soupirs et larmes*.

Entwicklung zur SVO-Sprache: In der Syntax nimmt die Stellung SVO zu, ist aber bei keinem der oben zitierten Texte systematisch, vgl. die Strukturen (17) aus den Textbeispielen (13) bis (15):

(17) a. Joinville: *feroit l'on roy*
      b. Froissart: *fut fait un échange*
      c. Brantôme: *et lui dressa-t-on*

Nach Wartburg (1993, S. 129) beginnen im ***Rolandslied*** noch 42 % der Sätze mit dem direkten Objekt (OVS), bei Joinville sinkt der Anteil etwa zweihundert Jahre später auf 11 %. Das Subjektpronomen steht ebenfalls ziemlich regelmäßig, kann aber besonders nach Konjunktionen und Adverbien fehlen. Bei Brantôme in (15) entfällt es selbst bei Subjektwechsel: *et lui dressa-t-on la son lit et [elle] reposa peu.* Allmählich entwickeln sich längere Satzperioden, und neue subordinierende Konjunktionen werden durch Verbindung von Adverbien mit *que* geschaffen (*bien que, avant que*).

7.4.5 | Wortschatzentwicklungen

Die Latinisierung ist in der Schreibung deutlich sichtbar und hat auch im Wortschatz ihren Niederschlag gefunden. Ab dem 14. Jh. häufen sich die Übersetzungen aus dem Lateinischen in die Volkssprache, und vielfach werden die Wörter lateinischen Ursprungs auch dann bevorzugt, wenn bereits Ausdrucksmittel zur Verfügung stehen.

Viele altfranzösische Wörter verschwinden, weil sie in Konkurrenz zu **Latinismen** treten (*mire* wegen *médecin*, *accuseur* wegen *accusateur*) oder weil sie aufgrund der Lautentwicklungen phonetisch zu schwach oder homophon zu anderen Formen geworden sind: Afrz. *fais* ist homophon zu *fait* und wird durch *faisceau* ersetzt (zur Entwicklung des Wortschatzes s. auch Kap. 8.1).

7.5 | Frühneufranzösisch: Das 16. Jahrhundert

Das 16. Jahrhundert kann man aus primär außersprachlichen folgenden Gründen als eigene Epoche betrachten. Diese sind:

- die erstmalige intensive Beschäftigung mit der Sprache, die sich in Grammatiken, Wörterbüchern und Versuchen der Sprachfixierung niederschlägt
- der Einfluss der Renaissance und damit des klassischen Lateins und des Italienischen
- die Standardisierung des Französischen und seine Emanzipation gegenüber dem Lateinischen
- Humanismus und Reformation als weitere Stärkung der Volkssprache
- die große Verbreitung schriftlicher Publikationen durch systematischen Einsatz des **Buchdrucks**

Die gezielte Auseinandersetzung mit der Sprache war zunächst Sache der Autoren und vor allem der Drucker. Als Vorreiter einer Grammatik können das Handbuch *Champfleury* des Druckers Geoffrey Tory von 1529 und ein stark am Lateinischen orientiertes Werk von Jacques Dubois (1531) gelten. Die erste französische Grammatik ist der *Trette de la grammere françoeze* von Louis Meigret (1550). Schon aus der Schreibung des Titels wird ersichtlich, dass es Meigret besonders um das Verhältnis zwischen Lautung und Schreibung geht. Die mit Henri Estienne ebenfalls im 16. Jh. einsetzende Wörterbuchproduktion ist in Kapitel 8.3.2 dargestellt.

Die Reformation steigert durch ihre Forderung nach der Rückkehr zu den ursprünglichen Texten die Übersetzungsproduktion. Nach den Bibelübersetzungen von Lefèvre d'Etaples ab 1523 und von Olivétan 1535 übersetzt Jean Calvin 1541 erstmals seine *Institution de la religion chrestienne*

Frühneu-
französisch: Das
16. Jahrhundert

ins Französische und zwingt damit die Gegner der Reformation (den Jesuitenorden und die **Sorbonne**) ebenfalls zu Reaktionen in der Volkssprache. Die späteren Ausgaben der *Institution* werden von Calvin gewissenhaft stilistisch angepasst und kündigen bereits den Stil des 17. Jahrhunderts an.

In der **Literatur** sind die Dichter der **Pléiade** die Vorreiter der volkssprachlichen Emanzipation. Im Mittelpunkt steht die *Défense et Illustration de la langue française* von Joachim Du Bellay (1549) mit ihrer Forderung, das Französische zu einer dem Lateinischen oder Italienischen ebenbürtigen Literatursprache zu machen. Das wichtigste Mittel dafür ist die Bereicherung des Wortschatzes um volkssprachliches Material, um aus dem Gebrauch gekommene alte Wörter und um Dialektwörter. Daneben sollten die Möglichkeiten der Wortbildung kreativ eingesetzt werden. Der Stellenwert der *Défense* wird nicht dadurch gemindert, dass sie in Teilen ein Plagiat des *Dialogo delle lingue* des Italieners Sperone Speroni (1542) ist. Ein weiterer Vertreter der Pléiade ist Pierre de Ronsard, der im Vorwort der *Franciade* (1572) zur Sprache Stellung nimmt.

Der Wortschatz von Rabelais   Zur Vertiefung

Die konsequenteste Umsetzung des Prinzips der Wortschatzvergrößerung findet man allerdings nicht bei den Pléiade-Dichtern, sondern bei François Rabelais, der in *Gargantua* und *Pantagruel* (ab 1532) mit seinen Dialektismen, Archaismen, Latinismen und eigenen Wortschöpfungen sogar Victor Hugo in der Größe des Wortschatzes übertrifft. Er repräsentiert das humanistische Ideal des universell Gebildeten (Rabelais war Franziskaner, Benediktiner und hat Medizin studiert), setzt auch das Vokabular der Fachsprachen ein und besticht durch die wissenschaftliche Präzision seiner Beschreibungen.

In den **Wissenschaften** erschienen selbst in bisher eindeutig dem Lateinischen vorbehaltenen Disziplinen wie Rhetorik, Philosophie, Mathematik und Medizin erste Werke auf Französisch, z. B. in der Medizin mit dem Ziel, das Wissen über Hygieneprinzipien und Mittel zur Epidemiebekämpfung im Volk zu verbreiten. Durch Übersetzungen und den Gebrauch des Französischen in den Fachsprachen wurde ein großer Teil des heutigen gelehrten Wortschatzes (der ***mots savants***) aus dem Lateinischen und Griechischen aufgenommen. Beispiele für lateinische Entlehnungen sind *agriculteur, assimiler, classique, concilier, convulsion*, für griechische Entlehnungen *égide, hydraulique, hypothèse, orgie, sympathie*.

François Rabelais
(† 1553)

Der Kontakt zu Italien war vom Ende des 15. bis zur Mitte des 16. Jh.s durch die Italien-Feldzüge geprägt, was eine späte Rezeption des Humanismus und der Renaissance in Frankreich zur Folge hatte. Über das Handels- und Literaturzentrum Lyon und über den unter Caterina de Medici, der Frau von Henri II (1547–1559), halb italianisierten französischen Hof drangen zahlreiche **Italianismen** in den

Wortschatz ein, vor allem in den Bereichen Architektur (*architrave, balcon, arcade*), Militärwesen (*escorte, cavalerie*), Seefahrt (*accoster, frégate, boussole*), Finanzwesen (*banque, escompte, faillite*), Kleidung (*caleçon, camisole, parasol*), Gefühlsleben (*brave, leste, mesquin*) und Unterhaltung (*ballet, masque, carnaval*). Die Popularität der italienischen Kultur und der sprachliche Einfluss aus Italien hat 1560 seinen Höhepunkt überschritten (vgl. die Implikation Catarinas in der Bartholomäusnacht 1572), und dies schlägt sich auch in einem Rückgang der Italianismen nieder (s. Abb. 8.1 in Kap. 8.1.4).

Die innersprachliche Entwicklung am Ende der mittelfranzösischen Epoche lässt sich kurz als lexikalisch innovativ und phonetisch konservativ charakterisieren. Die erwähnten syntaktischen Tendenzen setzen sich fort, aber bei vielen Autoren des 16. Jh.s macht sich auch in der Syntax ein latinisierender Einfluss bemerkbar.

7.6 | Neufranzösisch

7.6.1 | Das 17. Jahrhundert

Pauschalisierend, aber einprägsam charakterisiert Wartburg (1993) die Veränderungen zur neufranzösischen Epoche als Umschwung vom exzessiven Individualismus des 16. zur *volonté collective* des 17. Jh.s mit der Vernunft als höchstem Ideal und betrachtet dabei Sprache ganz im Sinne von Karl Voßler (s. Kap. 1.2) als Reflex der Zeitgeschichte:

»Ainsi la langue raffermit peu à peu les contours trop vagues de ses moyens d'expression. Elle s'adapte merveilleusement au contenu de la nouvelle civilisation, qui donne la première place à la raison et à la fermeté. Les sentiers sinueux d'un esprit parfois quelque peu embrouillé font place aux larges avenues taillées par une pensée conduite avec une logique impeccable. Le résultat est une simplification très sensible de la langue.« (Wartburg 1993, S. 175f.)

Die *langue classique* wird oft pauschalisierend dargestellt.	**Das Etikett der *langue classique*** verschleiert bei vielen Sprachhistorikern die Vielfältigkeit einer in Wirklichkeit bewegten und abwechslungsreichen Epoche der Sprachgeschichte: Als Beispiel sei nur der Kontrast zwischen der verspielten, von Metamorphosen und Abwechslungsreichtum geprägten Sprache des Barock und dem Bestreben zur Uniformisierung der Sprache genannt. Und als sich in der zweiten Hälfte des Jahrhunderts die Tendenz zur sprachlichen Uniformität durchgesetzt zu haben scheint, zeigt sich z. B. bei La Fontaine eine neue sprachliche Ästhetik in der Vorliebe für den Charme veralteter Wörter, in kritischen Anspielungen und impliziten Inhalten. Dennoch muss sich der folgende Überblick auf die sprachgeschichtlich relevanteste Tendenz, den *Purismus* beschränken.

Die politische Situation ist schnell skizziert: Henri IV konvertiert 1593 zum Katholizismus und beendet 1598 mit dem Edikt von Nantes die Religionskriege. Louis XIII (1617–1643) und sein Minister Richelieu streben die Stabilisierung der gesellschaftlichen Situation und die politische Zentralgewalt an. Die protestantischen Bewegungen (Allianz von La Rochelle mit England) und der Adel (Fronde) bleiben aber Unruheherde. Nach der Koalition zwischen der Mutter von Louis XIII (Marie de Médicis), seiner Frau (Anne d'Autriche), dem Kardinal Mazarin und der adeligen Opposition gegen Richelieu hat 1653 Mazarin die Situation in der Hand und bereitet Louis XIV den Weg, in dem er mit Spanien Frieden schließt und Politiker wie Colbert einstellt.

7.6.2 | Purismus

Die im 16. Jh. gemachten, eher unsystematischen Ansätze zur Sprachbeschreibung und Sprachnormierung fanden im 17. Jh. ihre Fortsetzung, wenn auch unter anderen Voraussetzungen. Der Hofdichter François de Malherbe (1555–1628) ist ein überzeugter Gegner der humanistischen Ideale und der von den Pléiade-Dichtern vertretenen sprachlichen Freiheiten. Die Dichtung sieht er als Handwerk zum Nutzen des Staats. Seine Sprachpolitik richtet sich gegen Dialektismen, Archaismen und Fachtermini (*pureté*), gegen Homonyme und Synonyme (*précision*) und macht die allgemeine Verständlichkeit zum obersten Gebot (*clarté*).

Die *Académie française*: Diese Maximen werden von der 1635 von Richelieu gegründeten **Académie française** weitergeführt, die eine entsprechende grammatische und lexikalische Beschreibung des Französischen liefern soll. Diese Ziele hat die Akademie verfehlt (zum verspäteten Akademiewörterbuch s. Kap. 8.3.2; die Grammatik erschien erst 1932), und ihre Funktion in der Sprachpolitik ist bis heute umstritten. Die eigentliche Grammatik des **bon usage** waren die von Vaugelas (Mitglied der *Académie française*) verfassten *Remarques sur la langue française* (s. Kap. 9.5.1). Die ersten puristischen Eingriffe betreffen die Sprache der Dichter. So korrigiert Malherbe die Poesie von Philippe Desportes (1605) und Honoré d'Urfé passt neue Auflagen seiner *Astrée* (1610–12) selbst an den als korrekt geltenden Sprachgebrauch an.

Die *Remarques*
von Vaugelas

Die *Remarques* von Vaugelas behandeln in unsystematischer Art Probleme aller sprachlichen Ebenen:

- *Les mots bas*: Im lexikalischen Bereich wendet sich der **Purismus** vor allem gegen zu wirklichkeitsnahe Wörter wie *panse, charogne, cadavre, vomir,* allgemein gegen alles Körperliche.
  Dabei kommt es zu interessanten Bedeutungsverschiebungen wie *gorge* ›Hals‹ > ›Brust‹ oder *poitrine* ›Brust‹ > ›Bauch‹ und, in der übersteigerten Sprache der Preziösen, zu kuriosen Paraphrasen wie *conseiller des graces* für ›Spiegel‹.
- **Die Abgrenzung von Synonymen** und bedeutungsähnlichen Wörtern durch präzise semantische Definitionen steht auf der konstruktiven Seite dieser Bemühungen, z. B. in den *Remarques* von Vaugelas *vouloir* von *volonté* (Rem. 442), *songer* von *penser* (Rem. 85) usw.

- **Suffixe und Präfixe** werden auf Einheitlichkeit überprüft: (*dépriser* und *mépriser* zu *dépriser*, *encharger* aus lat. *incaricare* zu *charger*).
- **In der Syntax** bringen Vaugelas' Forderungen einerseits eine Regularisierung (systematische Setzung von Personalpronomen und Artikeln), andererseits eine Verkomplizierung der Sprache mit sich (Angleichung des *participe passé*, Subjonctif).

Zur Vertiefung

Eingriffe in die Artikelsetzung

Natürlich haben nicht alle *Remarques* den Sprachgebrauch langfristig verändert. Die Vorschriften zur Artikelsetzung haben z. B. in zahlreichen Fällen nur kurzfristige Wirkung gezeigt. Dies ist an den mehr oder weniger festen Wendungen (**Kollokationen**, **Idiomen**) nachvollziehbar, bei denen das Fehlen des Artikels heute auf einen höheren Grad der **Fixiertheit** hindeutet: *Donner carte blanche à qn*, *dire vrai* und *prendre vengeance* sind im 17. Jh. vorübergehend mit Artikel konstruiert worden, haben sich aber in dieser Form nicht gehalten. Auch beim Teilungsartikel, der seit Beginn des 17. Jh.s als obligatorisch gilt (so in der Grammatik von Maupas, 1607), gibt es im Bereich der Wendungen, gemessen am heutigen Französisch, Abweichungen in beide Richtungen:

(18)   a.   Et même pour Alceste elle a tendresse d'âme (Molière: *Misanthrope*)
     b.   N'en ayez pas de peur (Corneille: *La Veuve*)
     c.   Tous vos discours ne me font pas de peur (Molière: *Tartuffe*)
     d.   sans faire de tort (Molière: *Femmes savantes*)

Auch die **Reaktionen auf den Purismus** sollen nicht unerwähnt bleiben: Im Gegensatz zu der auf einen bestimmten Sprachgebrauch fixierten Doktrin der Puristen steht die *Grammaire générale et raisonnée* (1660), die von Arnauld und Lancelot im Kloster **Port-Royal**, dem Zentrum der oppositionellen **Jansenisten**, verfasst wurde (Arnauld/Lancelot 1966). Sie bauten auf den Prinzipien der kartesianischen Philosophie auf und versuchten, eine auf Logik und Vernunft gegründete Beschreibung der Sprache und der Gemeinsamkeiten von Sprachen zu liefern (s. Kap. 8.3.2).

In ihrer Gesamtheit haben die puristischen Eingriffe in die Sprache aber dennoch die Herausbildung einer präskriptiven Norm vollbracht, die heute im *français cultivé* weiterlebt (s. Kap. 9.5.1 und 9.5.2). Verglichen mit den früheren Epochen verändert sich die Sprache nach dem 17. Jh. nur noch wenig.

7.6.3 | Vom 18. Jahrhundert bis heute

Der Einfluss der Philosophen: Die kritische Vernunft der Philosophen prägt das 18. Jh. und provoziert die ohnehin schon restriktive Sprachpolitik des 17. Jh.s. Das von der *Académie française* erlassene Verbot, Wörterbücher zu verfassen, ist weiterhin gültig, und unter der staatlichen Zensur verlagert sich ein Großteil der Buchproduktion ins Ausland. In der Folge der weiter rezipierten Grammatik von Port-Royal entstehen weitere Grammatiken von Beauzée (1767), Condillac (1775) und Domergue (1778). Die rationalistische Sprachbeschreibung findet mit den Beiträgen von Nicolas Beauzée, Jacques Douchet, César Dumarsais und anderen auch Eingang in die große *Encyclopédie* (seit 1751), z. B. in den Artikeln zu *grammaire, article, cas, construction, inversion* oder *usage*.

In den wenigen sprachinternen Entwicklungen deuten sich bereits die Kennzeichen des heutigen Französisch an. Der *subjonctif imparfait* und das *passé simple* gehen in der gesprochenen Sprache zurück, das in Paris übliche uvulare /r/ setzt sich allmählich durch, und für den letzten noch instabilen Diphthong *oi* konkurriert die im *bon usage* gepflegte Aussprache /wɛ/ noch mit dem /wa/ des Volkes. Die Entlehnungen aus dem Englischen nehmen deutlich zu (s. auch den diachronen Überblick über Entlehnungen auf S. 133, Kap. 8.1.4).

Die Französische Revolution (1789–1799) bewirkt keine einschneidende Veränderung des Sprachsystems, sondern ist vor allem in sprachpolitischer Hinsicht folgenreich: Die *terreur jacobine* drückt sich in der systematischen Unterdrückung des als konterrevolutionär betrachteten Gebrauchs von Dialekten und **Minderheitensprachen** aus (vgl. das Wirken von Henri Grégoire, Kap. 9.2.2). Der Ausbau des Unterrichtswesens und der bevorzugte Einsatz ortsfremder Lehrer sollen helfen, dieses Ziel durchzusetzen, aber die entsprechende Personal- und Infrastruktur wird erst im Lauf des 19. Jh.s aufgebaut. Die *Académie française* wird 1795 vorübergehend aufgelöst.

Der Wortschatz der Revolutionszeit lässt ein weiteres Mal die klassischen Sprachen aufleben mit **Neologismen**, die hauptsächlich das politische System betreffen, wie *préfet, consul, constitution*, aber auch einige der Monatsnamen im Revolutionskalender (*thermidor* ›August‹ zu gr. *thérmos* ›Wärme‹, *vendémiaire* ›Oktober‹ zu lat. *vindemia* ›Weinlese‹). Alles Klassenspezifische ist natürlich verpönt: Das Siezen wird durch das Duzen ersetzt, und die Anredeformen *Monsieur* und *Madame* durch *citoyen* und *citoyenne*. Die Bezeichnungen für Möglichkeiten der Beseitigung des politischen Gegners reichen bei weitem nicht aus: Neu geschaffen werden *guillotine* (nach ihrem Erfinder Guillotin) und *guillotiner, mitraillade* und *mitrailler, fusillade* und *fusiller* für Erschießungen und *lanterner* für das spontane Aufknüpfen auf der Straße. Vielen der zweckgebundenen politischen Termini ist allerdings ebenfalls nur ein kurzes Leben beschert, und letztlich bleibt der Einfluss der Revolution auf das Sprachsystem unbedeutend. Nur die Maßnahmen zur Durchsetzung einer Nationalsprache haben einen nachhaltigen Einfluss.

Im 19. Jahrhundert ist der *bon usage* von einer aristokratischen Sprachform zu einer allgemein anerkannten Hochsprache geworden. Sie ist sozial im Bürgertum verankert, vergleichsweise frei von puristischen Einflüssen und offen gegenüber den anderen Varietäten. In der Literatursprache zeigen sich, wenn auch schwächer ausgeprägt, ähnliche Tendenzen wie in der Renaissance: Aus Dialekten, älteren Sprachstufen, Fachsprachen und der Volkssprache werden viele Wörter und Wendungen entlehnt, und die diesbezüglichen programmatischen Äußerungen in der *Préface de Cromwell* (1827) von Victor Hugo ähneln in mancher Hinsicht der *Défense* *et Illustration* von Joachim Du Bellay knapp 300 Jahre zuvor. Die Autoren des Realismus (Balzac, Flaubert, Zola) tragen den sozialen Varietäten Rechnung und nützen sie systematisch zur Bereicherung ihrer Ausdrucksmöglichkeiten und zur Charakterisierung ihrer Personen.

Diese Aufweichung der klassischen Norm gegenüber der Volkssprache und die weitere Verbreitung von **Anglizismen**, vor allem aus Wirtschaft, Industrie, Technik und Sport, führen zu ersten puristischen Gegenbewegungen, die um die Jahrhundertwende das Schlagwort der *crise du français* propagieren. Diese »Krise« ist eine nicht versiegende Quelle für Diskussionen und Publikationen über den Zustand der französischen Sprache (s. Kap. 9 zum heutigen Französisch).

Literatur

Zur **Grammatikalisierung** ist einführend Marchello-Nizia (2009a) empfehlenswert (gedruckt vergriffen, aber für 19,50 EUR bei http://superieur. deboeck.com/ als PDF bestellbar), daneben Hopper/Traugott (2003) und Diewald (1997), beide auch mit französischen Beispielen. Einzelstudien sind Detges (1999) und Squartini/Bertinetto (2000) zum Tempus, Goyens et al. (2002) zu Präpositionen, Longobardi (2001) zu *chez*, weiterhin die Beiträge in Michaelis (1996) und Lang/Neumann-Holzschuh (1999). Zur Unidirektionalität vgl. Prévost (2003) und die dort diskutierten Arbeiten.

Theoretische Arbeiten zum strukturellen Sprachwandel sind (auf Englisch und im Rahmen der Generativen Grammatik) Clark/Roberts (1993), Roberts/Rousseau (2003) und besonders Roberts (2007). Besonders empfehlenswert (und auf Französisch) ist der aktuelle Überblicksartikel von Marchello-Nizia (2009b), sowie ausführlicher Marchello-Nizia (1995) zu Grundproblemen des Sprachwandels (Kap. 1) und ausgewählten Detailanalysen (Demonstrativpronomen und Wortstellung). Den Zusammenhang zwischen strukturellem Wandel und Variation bespricht der Artikel von Pintzuk (2003) im englischsprachigen Handbuch von Joseph/Janda (2003), das auch zu anderen Bereichen des Sprachwandels grundlegende Artikel enthält.

Für die **französische Sprachgeschichte** ist Brunot (1966ff.) das umfassendste Werk, auf dem auch die meisten kürzeren Darstellungen aufbauen. Knappe Überblickswerke sind Perret (2008) und Huchon (2002), auf Deutsch Klare (1999) oder Schroeder (1996). An Faktenreichtum ist Wartburg (1993) kaum zu überbieten. Picoche/Marchello-Nizia (2001) behandeln auch historische Aspekte der Frankophonie. Kriterien und Daten zur Periodisierung des Französischen fasst Eckert (1990) zusammen.

Zur **historischen Syntax** des Französischen ist Gamillscheg (1957) das traditionelle deskriptive Referenzwerk. Eine historische Grammatik mit Schwerpunkt Laut- und Formenlehre ist Price (1988).

Textanalysen: Ayres-Bennett (1996) ist eine Zusammenstellung sprachgeschichtlich analysierter Texte quer durch die französische Sprachgeschichte, die allerdings nur die allerwesentlichsten Fakten berücksichtigt. Empfehlenswert sind die Textsammlungen Wolf (1972) zum 16. Jh. und Wolf (1979) zum 17. Jh.

Zur **Herausbildung des Französischen** aus dem Sprechlatein ist Rohlfs (1968) grundlegend, Stefenelli (2003) berücksichtigt auch andere romanische Sprachen. Für Leser ohne Lateinkenntnisse oder zur Auffrischung empfiehlt sich Müller-Lancé (2006). Zu Sub- und Superstraten vgl. Felixberger (2003).

Für **Altfranzösisch** ist Grosse (1986) ein minimales, Rheinfelder (1975) ein maximales Studienbuch. Für die altfranzösische Syntax sind Moignet (1973) und Buridant (2000) Standardwerke.

Zum **Mittelfranzösischen** vgl. Marchello-Nizia (1997) und Zink (1990), Rickard (1968) für Textanalysen und das Wörterbuch von Greimas/Keane (1992).

Die Entwicklung von **Orthographie und Verschriftung** ist kurz in Beinke/Rogge (1990), ausführlich in Catach (2001) beschrieben. Zum 17. Jh. vgl. Sancier-Chateau (1993), zur *Académie française* Caput (1986). Das 18. Jh. ist allgemein bei Seguin (1972) behandelt, speziell zur Syntax vgl. Seguin (1993). Monreal-Wickert (1977) und Swiggers (1984) untersuchen die Sprachbeschreibung in der *Encyclopédie*.

Die romanische Sprachgeschichte wird umfassend durch die Beiträge in Ernst et al. (2003) und den beiden Folgebänden (2006, 2009) abgedeckt (s. z.B. Blumenthal (2003) zu interner vs. externer Sprachgeschichte).

8. Wörter und Wörterbücher

8.1 | Historische Aspekte des Wortschatzes

> → Lexikologie ist die Strukturierung des Wortschatzes in Theorie und Praxis.
> → *Lexicologie* ist in der französischen Linguistik ein weiter definierter Begriff und umfasst üblicherweise Semantik, Lexikologie und Lexikographie.

Zum Begriff

Den Wortschatz bezeichnet man auch als das **Lexikon**. Lexikologie kann diachron und synchron betrieben werden. Hier werden zunächst die verschiedenen historischen Aspekte beleuchtet, Kapitel 8.2 widmet sich anschließend den synchronen Daten, Kapitel 8.3 der Lexikographie.

8.1.1 | Etymologie

> → Etymologie, ein Teilgebiet der historischen Lexikologie, ist die »Wissenschaft von der Herkunft, Grundbedeutung und Entwicklung einzelner Wörter sowie von ihrer Verwandtschaft mit Wörtern gleichen Ursprungs in anderen Sprachen« (Bußmann 2002).
> Als → Etymon (Plural: Etyma) bezeichnet man die ursprüngliche Form eines Worts.

Zum Begriff

Französisch ist insofern ein ideales Objekt der Etymologie, als zumindest das klassische Latein schriftsprachlich gut belegt ist, wohingegen die Vorläufer der germanischen Sprachen nur über Rekonstruktionen erschlossen werden können. Zudem liegen im Französischen früher als in anderen romanischen Sprachen schriftliche Belege vor (ab 842, s. Kap. 7.2).

Geschichte der Etymologie: Im Mittelalter widmete sich die Etymologie der Suche nach der Ursprache, von der alle bekannten Sprachen abstammen sollten, und noch im 17. Jh. führte man das Französische über Lateinisch und Griechisch auf das Hebräische zurück (entdeckte dabei allerdings heute noch akzeptierte Etymologien).

Die Suche nach dem Etymon in der historischen Linguistik des 19. Jh.s war zunächst rein formal geprägt und beschränkte sich auf die Rekonstruktion der Lautentwicklung vom Etymon bis zur heutigen Form (vgl. die Junggrammatiker in Kap. 1.2). Mit der strukturalistischen Betrachtung der Sprache als System kam zur rein phonetischen, eher mechanischen Etymologie schon bald das Interesse an der Entwicklung der übrigen sprachlichen Einheiten hinzu: Man untersuchte z. B. das diachrone Verhalten der Bedeutungen und der Beziehungen zwischen ihnen (vgl. das Wortfeld in Kap. 5.1.1) oder die Entwicklungen verschiedener Wortbildungsmöglichkeiten wie Suffigierung oder Komposition.

Von **Volksetymologie** spricht man, wenn das intuitive Bedürfnis der Sprecher, Wörter zu **motivieren**, zu einer Veränderung der Form führt. Sie beruht meist auf formaler Ähnlichkeit zwischen dem Wort in seiner ursprünglichen Form mit anderen Wörtern, die nach Ansicht der Sprecher mit ihnen zu tun haben. Drei Beispiele für Volksetymologien:

- *ouvrable* wie in *jours ouvrables* wurde eigentlich von der afrz. Basis *ovrer* oder *ouvrer* ›arbeiten‹ abgeleitet (nfrz. *œuvrer*). Heute wird *ouvrable* von den meisten Sprechern volksetymologisch auf *ouvrir* zurückgeführt und aus der Öffnung von Geschäften motiviert.
- Das alemannische Wort *surkrut* ›Sauerkraut‹ ist im Französischen zu *choucroute* geworden, weil *sur* mit *chou* und *krut* mit *croute* assoziiert wurde.
- Ein ausgefalleneres, aber ebenfalls kulinarisches Beispiel aus dem Französischen des Québec ist ein Gericht, das als *cipaille* oder *cipâtes* bekannt ist und häufig auch in der Form *six-pâtes* geschrieben wird. Das erste Element stammt aber aus dem amerikanischen *sea-pie*, einem Auflauf mit mehreren Lagen Fisch (zum kanadischen Rezept gehört meist Wild).

8.1.2 | Die historische Schichtung

Die Sprachen, die bei der Herausbildung des Französischen eine Rolle gespielt haben, werden modellhaft als Schichten (Strate) dargestellt. Das **Strat** ist die letztlich dominierende Sprachschicht, also das Lateinische. Bei den Sprachen, die das Strat beeinflussen, aber sich nicht durchsetzen, unterscheidet man Substrate und Superstrate.

- Ein **Substrat** ist die Sprache eines politisch unterlegenen Volkes. Auf dem Gebiet des heutigen Frankreich sind dies z. B. Gallier, Iberer und Ligurer.
- Ein **Superstrat** ist die Sprache der Sieger: Die Römer wurden z. B. von den Franken und den Normannen besiegt.
- Mit **Adstrat** wird eine Sprache bezeichnet, die eine andere ohne regionalen Konflikt beeinflusst, z. B. indem sie die Quelle für Entlehnungen bildet (s. Kap. 8.1.4). Adstrate des Französischen sind Italienisch, Okzitanisch, Arabisch, Englisch, aber auch das klassische Latein und das klassische Griechisch.

Aus dem keltischen Substrat stammen nur etwa 100 Wörter des heutigen Französisch. Aus der Sprache der Gallier entlehnten die Römer hauptsächlich Bezeichnungen für Pflanzen, Tiere und Objekte des täglichen Lebens. Diese Wörter haben sich nach den gleichen Lautgesetzen weiterentwickelt wie die lateinischen Wörter: *alouette (alauda)*, *briser (brissim)*, *charpente (carpentu)*, *cloche (cloc)*, *galet (gallos)*, *mouton (multo)*, *valet (vasso)*, *vassal (gwas)*. Einige Formen sind auch ausgestorben oder haben sich in Ableitungen weiterentwickelt wie *braguette* ›Hosenschlitz‹ (zu kelt. *braca* ›Hose‹).

Deutlich sichtbar ist das keltische Substrat in Ortsnamen (**Toponymen**) auf kelt. *-ac*: Das Suffix *-ac* wurde als *-acum* in das Lateinische übernommen. Es hatte eine possessive Bedeutung (›zugehörig‹ oder ›Gebiet von‹). *Aurelliac* ist also ›das Gebiet von Aurelius‹. Durch die Spaltung in **langue d'oïl** und **langue d'oc** hat sich die Situation verkompliziert: So wurde etwa im Languedoc lat. *-acum* zu *-ac*, im Norden dagegen zu *-y*. Die Entsprechung von *Aurelliac* (im Massif Central) ist im Norden *Orly*.

Ein anderes Beispiel für eine Substrat-Konstellation in der romanischen Sprachgeschichte ist Pannonien, das heutige Ungarn. Dort wurde eine romanische Sprache gesprochen, bis das Land im 9. Jh. von den Magyaren erobert wurde, die eine Uralsprache mitbrachten. Wie beim Konflikt zwischen Rom und Gallien sind die Eroberer militärisch stark, aber zahlenmäßig gering: Ihre Sprache setzt sich zwar durch, sie gehen aber in der ansässigen Bevölkerung auf.

Dem im Wortschatz geringen Anteil des Substrats stehen etwa 12.000 Wörter des **Sprechlateins** gegenüber, die in das Französische übernommen und zwischen dem 4. und dem 9. Jh. eine deutliche phonetische und oft auch eine semantische Veränderung erfahren haben. Zahlreiche klassisch lateinische Wörter wurden durch sprechlateinische ersetzt, z. B.: *caput* durch *testa (tête)*, *edere* durch *manducare (manger)*, *ictus* durch *colpus (coup)*, *pueros* durch *infantes (enfants)*, *pulcra* durch *bella (belle)*.

Der Anteil des Substrats am Wortschatz ist gering.

Zum germanischen Superstrat: Im Zuge der germanischen Völkerwanderungen wurde das in der römischen Provinz Gallien gesprochene Latein im 5. Jh. von seinem Ursprung abgeschnitten. Während mehrerer Jahrhunderte koexistierten die verschiedenen Ausprägungen des Sprechlateins mit der Sprache der germanischen Eroberer (Westgoten, Vandalen, Burgunder, Alemannen, Franken), von denen die Franken den nachhaltigsten Einfluss auf das Strat ausübten. Von den sicherlich über Tausend germanischen Wörtern, die in das Sprechlatein aufgenommen wurden, existieren heute noch etwa vierhundert. Sie spiegeln zum Teil deutlich die Beziehungen zwischen Eroberern und Eroberten wider (*heaume, guerre, flèche, hache, [re]garder, frapper, saisir*), betreffen aber auch viele Bereiche des Alltagslebens: Landwirtschaft (*blé, bois, bûche, germe, héron, hêtre*), Gesellschaft (*marquis, baron, garçon, fief, sénéchal*), tägliches Leben (*bleu, blanc, blond, poche, soupe, long, danser, héberger, rôtir*). Auch hier haben sich die Bedeutungen z.T. beträchtlich verändert, z. B. *fief* ›bétail‹ > ›bien concédé par le seigneur à son vassal‹. Phonologische Merkmale sind die

Anlaute *h-*, das zum neufranzösischen *h aspiré* geworden ist (*heaume*),
und *w-*, das sich zu nfrz. *gu-* entwickelt hat (*guêpe*).

Zum Einfluss von Substrat und Superstrat auf die dialektale Situation
in Frankreich s. auch Kapitel 9.2.1.

8.1.3 | Bedeutungswandel

Der Grund für einen **Bedeutungswandel** kann im Bedürfnis der Sprecher nach Expressivität liegen, aber ebenso wie bei der Entlehnung kann
auch ein konkreter Bedarf bestehen, wenn im Wortschatz keine passende Bezeichnung vorhanden ist. Im Gegensatz zu den Veränderungen in
der Lautung oder der syntaktischen Struktur ist der Bedeutungswandel
den Sprechern normalerweise bewusst: Oft werden heute in neuer Bedeutung gebrauchte Wörter besonders betont oder in Anführungszeichen
geschrieben. Ein weiterer Unterschied ist, dass die Veränderung sich nicht
über lange Zeiträume erstreckt, sondern unmittelbar beim Gebrauch des
Worts erfolgt.

Die Durchsetzung dieser Bedeutung im Sprachsystem kann natürlich
ein langer Prozess mit mehreren Etappen sein. Man unterscheidet in diesem Zusammenhang die **okkasionelle** Bedeutung in der *parole* (auch **Re-
debedeutung**) von der **usuellen** Bedeutung in der *langue* (auch **Sprach-
bedeutung**).

Der Bedeutungswandel wird durch eine Reihe von **Faktoren** beeinflusst:

- Die **Arbitrarität**, des sprachlichen Zeichens, also der fehlende Zusammenhang zwischen Form und Bedeutung (s. Kap. 5.1.2), erleichtert seine Anpassung an andere Kontexte.
- **Motiviertheit:** Das französische Wort gilt als generell abstrakter und
weniger **motiviert** als das deutsche, unter anderem wegen der gelehrten Bildungen (*ophtalmologue* gegenüber *Augenarzt*) und der Trennung
von Wortfamilien durch Lautveränderungen. Es ist außerdem polysemer
(eine Form hat durchschnittlich mehr Bedeutungen), und Polysemie begünstigt die weitere Vergrößerung des Bedeutungsumfangs.
- **Außersprachliche Faktoren** können Bedeutungswandel begünstigen,
z. B. die Veränderung des Referenten bei *papier* ›Papyrus‹ > ›Papier‹
und *dîner* ›Mittagessen‹ > ›Abendessen‹ oder auch das Wissen über
den Referenten: *atome* bedeutete ursprünglich ›unteilbare Einheit‹, bezeichnet heute aber eine komplexe Einheit.
- **Gruppensprachen:** Eine gewisse Rolle spielt auch, dass sich Gruppen
durch ihre Sprache sozial identifizieren, und dass die Veränderungen
einer Gruppensprache in den Standard eingehen können (s. Kap. 9.4).
- **Das Tabu** ist ein typischer sozialer Auslöser für Bedeutungswandel. Dinge, über die man nicht oder ungern spricht, werden nicht mit ihrer
eigentlichen Bezeichnung, sondern mit einem **Euphemismus** bezeichnet (*il a fermé les yeux, il nous a quittés* usw. statt *il est mort*). Die
ursprüngliche Bezeichnung erfährt dadurch oft eine **Abwertung** und
kann ins *français vulgaire* abgleiten (s. Kap. 9.5.5). Die Euphemismen

sind selbst ebenfalls instabil und anfällig für semantische Abwertung. Diese Veränderungen betreffen die **Konnotation**, nicht die **Denotation** des Worts (s. Kap. 5.1.2).

Arten des Bedeutungswandels: Man unterscheidet zwischen Erweiterung, Verengung und Verschiebung der Bedeutung eines Worts, genauer gesagt seiner **Extension**.

Bedeutungserweiterung tritt oft auf, wenn Wörter aus Fachterminologien in den allgemeinen Wortschatz übergehen.

- *arriver* stammt aus der Fachsprache der Seefahrt. Das Etymon ist sprechlat. **arripare* (vgl. lat. *ad* ›zu‹ und *ripa* ›Ufer‹). *arriver* bedeutete zunächst ›anlegen‹ und wurde dann auch für das Erreichen eines Ziels in anderen Umgebungen verwendet.

Beispiele für Bedeutungserweiterung

- *débarquer* ›an Land gehen‹ durchläuft derzeit eine analoge Entwicklung. Seine inzwischen übliche Bedeutung ›descendre de (un véhicule)‹ ist im *Petit Robert* noch mit »par ext(ension)« markiert. Im *français familier* bedeutet *débarquer* bereits ›arriver‹, eventuell mit dem zusätzlichen Sem ›à l'improviste‹ (*Petit Robert*) und kann außerdem im kognitiven Bereich verwendet werden: ›von nichts wissen‹ (als wenn man gerade erst ankäme: dies wäre gleichzeitig eine Bedeutungsverschiebung, s. u.).

Bedeutungsverengung hat ebenfalls bei dem oben genannten Beispiel *débarquer* stattgefunden (›arriver à l'improviste‹). Ein weiteres Beispiel ist *viande*, das bis ins 17. Jh. Lebensmittel aller Art bezeichnete (sprechlat. *vivenda*) und dann *chair* als Bezeichnung für das Fleisch von Tieren verdrängte.

Von **Bedeutungsverschiebung** spricht man, wenn die Veränderung nicht als Erweiterung oder Verengung einer bestehenden, sondern eher als neue Bedeutung empfunden wird. Die beiden wichtigsten Arten der Verschiebung, Metapher und Metonymie, sind kognitiv verwurzelt. Daher sind meist auch in diesen Fällen noch Zusammenhänge zwischen der alten und der neuen oder zusätzlichen Bedeutung erkennbar:

- Bei der **Metapher** ähneln sich die Bedeutungen oder einige ihrer Komponenten, wie bei *tête* ›Kopf‹ und ›die Vordersten einer Gruppe‹ (*la tête de la course, d'un cortège*). Zwischen diesen Bedeutungen besteht die Relation der **Similarität**. Auch hier gibt es Regelmäßigkeiten wie die Übertragung von Körperteil-Attributen auf andere Objekte oder die Veränderung von konkreten zu abstrakten Merkmalen. Ein großer Teil des psychologischen Verbwortschatzes beruht auf ursprünglich lokalen Verben wie *comprendre*, *toucher* und *concevoir*.

Metapher und Metonymie

- Bei der **Metonymie** sind sich die Bedeutungen nicht ähnlich, sondern miteinander verknüpft: die Aktivität mit dem Resultat (*travail, travaux*), die Herkunft mit einem Nahrungsmittel (*cognac, roquefort*), der Hersteller oder der Markenname mit dem Gegenstand selbst (*Kärcher* /kɛrʃɛr/ ›Hochdruckreiniger‹, *Kleenex* ›Papiertaschentuch‹) oder das Material mit dem Gegenstand (*cuivres* ›Kupfergeschirr, Blechblasinstrumente‹). Zwischen diesen Bedeutungen besteht die Relation der **Kontiguität**.

Die Verbindung zu den Kognitionswissenschaften (vgl. Kap. 1.4) besteht darin, dass die für Metaphern wichtige Ähnlichkeit ein Grundprinzip des menschlichen Denkens ist und dass die für Metonymien wichtige Kontiguität innerhalb von **Frames** hergestellt wird.

8.1.4 | Entlehnung

Zum Begriff

> → **Entlehnung** ist die Überführung sprachlicher Elemente von einer Sprache in eine andere.
> Dabei kann es sich um Wörter, Bedeutungen oder Strukturen handeln.

Mit Blick auf den Wortschatz der entlehnenden Sprache unterscheidet man folgende Typen von Entlehnungen:

Typen von
Entlehnungen

- **Bedürfnislehnwörter** decken den Bedarf an Wörtern für neue Dinge oder Sachverhalte, für die noch keine Wörter existieren: *sonnet, sieste, aubergine, whisky, jean.*
- **Luxuslehnwörter** treten mit bereits in der Sprache existierenden Lexemen in Konkurrenz, müssten also eigentlich gar nicht entlehnt werden (daher ›Luxus‹). Diese Konkurrenz löst sich meist in einer Bedeutungs- oder Stildifferenzierung auf, wie bei *confiance* ›Vertrauen‹ und *confidence* ›Akt des Anvertrauens‹.
- **Lehnübersetzungen** imitieren die Struktur eines Fremdworts mit spracheigenen Mitteln: *gratte-ciel* zu *sky-scraper.*
- **Lehnbedeutungen** liegen vor, wenn ein existierendes Wort eine Wortbedeutung aus einer anderen Sprache übernimmt. Zwei Beispiele aus dem Englischen: *majorité* bedeutete ursprünglich nur ›Volljährigkeit‹, während der Französischen Revolution kam die Bedeutung ›Mehrheit‹ hinzu; *réaliser* bedeutet neben ›verwirklichen‹ heute auch ›wahrnehmen‹.

Auch wenn die Wege der Entlehnung nicht immer rekonstruierbar sind, ist zwischen **direkter** und **indirekter Entlehnung** zu unterscheiden. Die meisten Wörter aus dem keltischen Substrat und viele Wörter aus dem germanischen Superstrat sind nicht direkt ins Französische, sondern zunächst in das Lateinische entlehnt worden und von dort in den französischen Wortschatz gelangt, z. B.

(1)   germ. **werra* > lat. **guerra* > frz. *guerre*

Mit **Integration von Lehnwörtern** bezeichnet man die Anpassung der Entlehnungen an das neue Sprachsystem. Dabei können Lautung, Schreibung und Bedeutung betroffen sein, und häufig ist der Gebrauch schwankend. Für engl. *rumpsteak*, das schon seit etwa zwei Jahrhunderten im Französischen existiert, gibt es immer noch mindestens vier Schreibungen (*romsteak, romsteck, rumsteak, rumsteck*, gesprochen meist /rɔmstɛk/). Es gibt aber zahlreiche Lehnwörter, bei denen sich nur die Lautung verändert, wie bei *(chaussures de) running* ›Laufschuhe‹ /rœniŋ/, *leader* /lidœr/.

Die Anpassung ist vollständig, wenn das Lehnwort nicht mehr als fremd empfunden wird: Das aus dem Englischen stammende *rail* weist z. B. keine ungewöhnlichen Graphem- oder Lautkombinationen auf, bei *ticket* und *wagon* fällt nur die Schreibung auf (*ck, w*), und *speaker* wirkt auf beiden Ebenen fremd, sowohl durch das Graphem *k* als auch durch den bei Erbwörtern nicht existierenden Anlaut /sp-/.

Quellen von Entlehnungen

Das Französische hat hauptsächlich Wörter aus seinen Adstraten entlehnt. Die Tabelle schlüsselt die bis heute fortlebenden Entlehnungen nach den wichtigsten Quellen und dem Jahrhundert der Entlehnung auf (Stefenelli 1981, S. 164; nach Gebhardt 1974).

	engl.	it.	okz.	sp.	dt.	ndl.	Summe
12. Jh.	12	10	29	2	8	13	74
13. Jh.	5	29	30	2	13	19	98
14. Jh.	9	60	62	14	12	31	188
15. Jh.	5	97	52	14	7	22	197
16. Jh.	16	369	154	96	20	26	681
17. Jh.	62	194	90	97	28	38	509
18. Jh.	123	122	87	57	48	24	461
19. Jh.	444	151	125	88	84	14	906
20. Jh.	578	45	46	52	89	3	813
Summe	1254	1077	675	422	309	190	3927

engl(isch), it(alienisch), okz(itanisch), sp(anisch), deutsch (dt), niederländisch (ndl)

→ **Dubletten** sind zwei lautlich verschiedene Wörter, die von dem gleichen Etymon stammen (s. auch Kap. 5.2.1).

Entlehnungen können zu **Dubletten** führen wenn das Etymon zweimal entlehnt wird. Solche Dubletten sind *chaire* und *chaise*, *chose* und *cause*, *frêle* und *fragile*, *dîner* und *déjeuner*. Meist sieht man deutlich, dass eine der beiden Formen schon länger Teil des französischen Wortschatzes ist und sich entsprechend lautlich verändert hat, während die andere dem lateinischen Etymon noch ähnlicher ist (hier: *causa, fragilis* und **disdejunare*).

Dubletten können anfangs ähnliche Bedeutungen haben, die sich später differenzieren: *frêle* bezeichnet den optischen Eindruck der Zerbrechlichkeit oder die menschliche Eigenschaft (*un enfant frêle* ›gebrechlich‹), *fragile* eine physikalische Eigenschaft. Das im Mittelalter am Vormittag eingenommene *dîner* verschob sich über die Mittagszeit (unter Louis XIV, in dieser Bedeutung heute noch in Québec) bis in den Abend, und *déjeuner* sprang als neue Bezeichnung für die erste Malzeit ein (**disjejunare* bedeutete ursprünglich ›das Fasten unterbrechen‹, vgl. *jeûne*).

8.2 | Synchrone Aspekte des Wortschatzes

In synchroner Hinsicht beschäftigt man sich mit rein quantitativen Fragen wie der Größe des Wortschatzes und der Häufigkeit der Wörter, aber auch mit qualitativen Fragen wie der sinnvollen Klassifizierung der Wörter.

Klassifizierung nach der Häufigkeit: Bei den ersten Untersuchungen zur **Frequenz** von Wörtern spielte unter anderem die Sprachdidaktik eine Rolle: Grammatik und Lexikon sind komplementäre Systeme. Für den Gebrauch einer Sprache ist es nötig, einen Großteil der grammatikalischen Regeln zu beherrschen. Dagegen lassen sich die meisten Sachverhalte bereits mit einem relativ kleinen Teil des Lexikons bezeichnen. Für die Erarbeitung des *français fondamental* wurde in den 1950er Jahren ein **Korpus** von 312.000 Wörtern (*tokens*) untersucht, dessen Wortschatz aus 8.000 verschiedenen Wörtern (*types*) bestand. Davon kamen mehr als die Hälfte nicht öfter als drei Mal vor. Die 38 häufigsten *types* machen über 50% der *tokens* aus. Die grammatikalischen Lexeme sind am häufigsten (Artikel, Präpositionen, Pronomen). Das häufigste Substantiv (*heure*) steht erst an 82. Position (Gougenheim et al. 1964).

Die Größe von einigen Wortschätzen und Wörterbüchern

Français élémentaire:	1.063
Français fondamental:	3.000
Dictionnaire Hachette junior (8–11 ans):	20.000
Petit Larousse illustré:	30.000
Petit Robert:	60.000
Grand Robert:	81.000
Trésor de la langue française:	98.200

Man unterscheidet zwischen aktiver und passiver Kompetenz.

Nach groben Schätzungen benutzen durchschnittliche (in Bildung, Alter usw.) Sprecher aktiv etwa 2.000 Wörter und beherrschen (passiv) 25.000 Wörter. Diese Zahlen sagen eigentlich nur etwas über die große Diskrepanz zwischen der **aktiven** und der **passiven** Kompetenz im lexikalischen Bereich aus. Ob »benutzen« sich auf die gesprochene oder die geschriebene Sprache bezieht oder was »beherrschen« bedeutet, ganz zu schweigen vom Begriff »Wort« (eine oder alle Bedeutungen?), soll hier keine Rolle spielen.

Der Gesamtwortschatz des Französischen wird auf etwa 200.000 Wörter geschätzt, wobei Eigennamen und Fachterminologien nicht berücksichtigt sind. Die Fachsprachen tragen selbst mehrere Millionen Wörter

Werk	Wortschatz	häufigste Substantive
Gide: L'immoraliste	5.000	jour, vie, nuit, fois, soir, …
Sartre: La nausée	8.000	air, œil, temps, chose, tête, homme, …
Céline: Voyage au bout de la nuit	13.500	temps, fois, monde, vie, chose, …
Proust: À la recherche du temps perdu	14.500	jour, chose, fois, femme, moment, …

Der Wortschatz
einiger literarischer
Werke

bei, und allein für die Terminologie der Chemie wird ein Umfang von
über 200.000 Wörtern angenommen. Inzwischen ist es relativ einfach, zu
einem definierten Text (einem **Korpus**) eine Frequenzliste zu erstellen, indem man ihn digital speichert, automatisch **lemmatisiert** (s. Kap. 10.1.2)
und die Frequenzen berechnen lässt.

Die quantitativen Entwicklungen im Lexikon sind schwieriger zu definieren: Dubois et al. (1960) verglichen den *Petit Larousse* von 1949
(36.000 Einträge) mit der Ausgabe von 1960 (35.000 Einträge) und be-
rücksichtigten dabei die verschiedenen Bedeutungen der Wörter ebenso
wie den Unterschied zwischen Fachterminologien und Gemeinsprache.
Sie stellten fest, dass in diesem Zeitraum 5.000 Wörter (davon 1.800 gemeinsprachliche) verschwunden und 4.000 Wörter (davon 350 gemeinsprachliche) hinzugekommen sind. 1.700 Bedeutungen sind verschwunden, und 3.200 neue hinzugekommen. Dies verrät nicht viel mehr, als
dass der Fachwortschatz auf Kosten des Gemeinwortschatzes zunimmt,
und dass die Wörter polysemer werden.

Klassifizierung nach der Bedeutung: In qualitativer Hinsicht sind einerseits die semantisch klassifizierenden Ansätze zu nennen, die in ge-
ringerem Umfang zu **Wortfeldern** führen (s. Kap. 5.1.1) und in größeren
Dimensionen z. B. auf die Erstellung von **Ontologien** ausgerichtet sind:
Damit bezeichnet man die Repräsentation möglichst vieler Wörter (oder
der ihnen entsprechenden Bedeutungen) in einem kohärent aufgebauten System, z. B. in einer Hierarchie oder einem **Netzwerk** (s. Kap. 5.2.3
u. 10.1.4).

Der Klassifizierung des Verbwortschatzes wird aufgrund der zentralen
Stellung des Verbs in der Syntax besonderes Interesse entgegengebracht.
Manche der Arbeiten auf diesem Gebiet sind eher auf die theoretischen
Grundlagen der Klassifizierung ausgerichtet, andere versuchen, möglichst
umfassende, konkrete Beschreibungen zumindest von Ausschnitten des
Lexikons zu beschreiben.

Zur ersten Gruppe gehören die Ansätze zur Verbklassifizierung nach
ihrer **Aktionsart**, zur zweiten Gruppe gehören die Arbeiten zur Lexikongrammatik (s. u.).

Aktionsart wird auf der morphologischen Ebene durch den **Aspekt**
ausgedrückt. Während manche Sprachen eigene Aspektmorpheme haben
(z. B. Russisch), übernehmen diese Funktion im Französischen die Tem-

Synchrone Aspekte
des Wortschatzes

pusmorpheme (vgl. *il lut* gegenüber *il lisait*) oder aspektuelle Paraphrasen (*il commence à lire, il est en train de lire* usw.). Im Gegensatz zum Aspekt ist die Aktionsart keine variable Kategorie, sondern eine semantische Eigenschaft des Verbs (vgl. auch die französische Terminologie in der Definition).

Zum Begriff

→ **Aspekt** ist der grammatische Ausdruck (frz. *aspect grammatical*) der internen temporalen Struktur eines Sachverhalts.
→ **Aktionsart:** Diese lexikalische Kategorie (frz. *aspect lexical*) bezeichnet bestimmte Eigenschaften des vom Verb ausgedrückten Vorgangs (Dauer, Anfang oder Ende, Zielgerichtetheit usw.).

Einige der Verbklassen, die sich aus der Unterscheidung nach Aktionsarten ergeben, sind im Folgenden genannt:

Aktionsarten
von Verben

- **Imperfektive Verben** wie *courir, nager, travailler* drücken einen Vorgang von unbestimmter Dauer aus und heißen daher auch **durativ**.
- **Punktuelle Verben** wie *casser, éclater* implizieren Beginn und Ende des Prozesses.
- **Telische Verben** wie *mourir, se lever, arriver* fokussieren den am Ende des Vorgangs erreichten Zustand.
- **Stative Verben** wie *savoir, exister, posséder* drücken Zustände aus.

Ausgehend von diesen Klassen können nun konkrete Aussagen über die morphologischen und syntaktischen Realisierungsmöglichkeiten der Verben gemacht werden sowie über ihre Bedeutung in diesen **Kontexten**. Ein imperfektives Verb wie *travailler* ist z. B. problemlos mit den entsprechenden aspektuellen Morphemen kombinierbar (*il travaillait, il était en train de travailler*). In Verbindung mit einem telischen Verb ist die Paraphrase *être en train de* dagegen nicht oder nur in ganz speziellen Kontexten vorstellbar (?*il était en train d'arriver*), und das *imparfait* drückt nicht die Dauer, sondern die regelmäßige Wiederholung des Vorgangs aus (*il arrivait tous les jours à deux heures*).

Verbklassifizierung
nach Aktionsarten

1

Aktionsart:	imperfektiv	punktuell	stativ	telisch
commencer à	+	–	–	±
finir de	+	–	–	±
venir de	+	+	–	+
être en train de	+	–	–	–
pendant...	+	–	–	+

Die Tabelle ordnet einige dieser Realisierungsmöglichkeiten den oben unterschiedenen Aktionsarten zu. Dabei ist zu berücksichtigen, dass sich die Aktionsart als lexikalisch-semantische Eigenschaft natürlich (ebenso wie andere Bedeutungsmerkmale, s. Kap. 5.1.2) im Kontext verändern kann.

In manchen Konstruktionen können sich also durchaus andere Werte ergeben.

Lexikongrammatik: Eines der größten lexikologischen Projekte zum Französischen verfolgt das *Laboratoire d'Automatique documentaire et linguistique* (**LADL**) mit der Erstellung einer **Lexikongrammatik**. Dabei geht es um eine hauptsächlich syntaktisch ausgerichtete Klassifizierung des französischen Wortschatzes, deren Ergebnisse sowohl für die traditionelle Linguistik als auch für die maschinelle Sprachverarbeitung relevant sind. Das Prinzip der in den 1970er Jahren vorgenommenen Verbanalysen besteht darin, Verben mit gleichem **Valenz**-Verhalten zuerst grob zu klassifizieren (z. B. nach semantischen **Objektklassen**) und sie dann nach feineren Merkmalen weiter aufzuschlüsseln.

N0 = V-n	N1 V	N1 = Nhum	N0 lui V N1pc	N0 V N1c Loc N1pc	N1pc lui V	N0 V N0pc	N1=N-hum	N1=V-n	Ppv = le	V-n instrument	Nhum se V	N1 est VppW	N1 = N-humabs	
−	−	+	+	+	−	−	+	−	+	−	−	+	+	abîmer
−	+	−	+	−	−	−	+	−	+	−	−	−	+	accélérer
−	−	+	+	+	−	−	+	−	+	−	−	+	−	accidenter
−	−	−	+	−	−	−	+	−	+	−	−	+	+	acérer
−	−	+	+	−	−	+	−	+	−	+	−	−	+	actionner
−	−	−	+	−	−	−	+	−	+	−	−	+	+	affiler
−	−	+	+	−	−	−	+	−	+	−	−	+	+	affûter
−	−	+	+	−	−	+	−	+	−	+	−	−	−	agiter
−	−	−	+	−	−	−	+	−	+	−	−	−	−	allumer (1)
−	−	−	+	−	−	−	+	−	+	−	−	+	−	allumer (2)
−	−	−	+	−	−	−	+	−	+	−	−	+	+	altérer
−	−	+	+	+	−	−	+	−	+	−	−	+	+	amocher
−	−	+	+	−	−	−	+	−	+	−	−	+	+	anéantir
etc.														

Abbildung 8.2
Verbklassifizierung
des LADL (nach
Boons et al. 1976)

Abbildung 8.2 zeigt einen Ausschnitt aus der Klassifikation transitiver Verben mit konkretem direkten Objekt (adaptiert nach Tabelle 32C in Boons et al. 1976). Die Kürzel über den Spalten stehen für Valenzeigenschaften und **Selektionsrestriktionen**. »N0« bedeutet Subjekt, »N1« Objekt. »N1 = Nhum« steht z. B. für ein Objekt mit dem **Sem** [+ menschlich], drückt also eine Selektionsrestriktion aus. Die Werte in der Tabelle zeigen unter anderem, dass man *agiter* ›schütteln‹ mit einem menschlichen Objekt konstruieren kann, aber nicht *affûter* ›schärfen‹. Der Wert » + « für das Merkmal »Nhum se V« zeigt, dass bei *agiter* auch die reflexive Konstruktion möglich ist (*Jean s'agita*). Analysen dieses Typs sind eine konsequente Umsetzung des Prinzips der syntaktischen **Distribution**: Mit Tests wird definiert, ob bestimmte Elemente in bestimmten Umgebungen vorkommen können, und das Ergebnis wird dann mechanisch als Wert notiert.

Neuere Arbeiten am LADL haben auch die von Wörterbüchern traditionell vernachlässigten **Wortverbindungen** einbezogen: Die **syntagmatischen** Komposita (s. Kap. 3.5.3) sind ebenso eingehend untersucht worden (Gross 1988; Gross 1990) wie die **prädikativen Nominalisierungen** mit ihren Kollokatoren (s. Kap. 3.5.2 und 5.2.2). In den letztgenannten Arbeiten geht es u. a. darum, zu definieren mit welchen Kollokatoren (LADL-Terminologie: *verbe support* oder **Stützverb**) sich Nominalisierungen verbinden und welche syntaktischen Veränderungen sich dabei vollziehen. So wird aus dem Verb *admirer* (2a) das Substantiv *admiration* abgeleitet und mit dem Verb *avoir* zum Prädikat des Satzes (2b). Aus diesem ergibt sich dann durch Weglassen des Stützverbs (2c) die Valenz des Substantivs *admiration* in (2) (nach Gross 1989):

(2) a. Max admire Léa.
     b. Max a de l'admiration pour Léa.
     c. l'admiration de Max pour Léa

Die Arbeiten des LADL erstrecken sich auf alle Bereiche des Wortschatzes, von der Orthographie über die Wortbildung bis hin zur Syntax und Semantik. Durch diese breite Abdeckung sind sie durchaus typisch für den heterogenen Bereich der Lexikologie, der ausgehend von der Menge der lexikalischen Einheiten praktisch alle Teilgebiete der Linguistik umfasst.

8.3 | Lexikographie

8.3.1 | Grundbegriffe

Zum Begriff

> Ein → **Wörterbuch** ist eine geordnete Sammlung von lexikalischen Einheiten, denen bestimmte Informationen zugeordnet sind. Die Einheiten sind meist Wörter, können aber auch größere (z. B. Sprichwörter) oder kleinere Einheiten (z. B. Suffixe, Präfixe) sein.

Zum Begriff

> → **Lexikographie** bezeichnet im engeren Sinne die Erstellung von Wörterbüchern, im weiteren Sinne die wissenschaftliche Beschäftigung mit Wörterbüchern, z. B. die Benutzungsforschung, die Geschichte der Lexikographie, die Wörterbuchkritik oder die Theorie der Wörterbucherstellung.

In diesem Kapitel geht es vor allem um Wörterbücher im engeren Sinn: Man unterscheidet sie von den **Lexika** oder **Sachwörterbüchern**.

Der Hauptteil eines Wörterbuchs besteht aus **Artikeln**. Jeder Artikel besteht aus einem **Lemma** oder **Stichwort** und der Information zu diesem Lemma. Die Menge aller Lemmata bildet die **Makrostruktur**. Ein

Wörterbuch mit vielen Einträgen hat also eine umfangreiche Makrostruktur. Die Informationen innerhalb des Artikels bilden die **Mikrostruktur**. Ein Artikel kann weitere Lemmata, sogenannte **Sublemmata** enthalten.
Die Makrostruktur ist meistens alphabetisch geordnet. Man unterscheidet drei Varianten:

- Bei **glattalphabetischen** Wörterbüchern enthält jeder Textblock nur einen Artikel.
- Bei **nischenalphabetischen** Wörterbüchern sind mehrere Artikel in einem Block gruppiert.
- Bei **nestalphabetischen** Wörterbüchern ist die alphabetische Struktur durchbrochen, z. B. wenn wie im *Lexis* (Larousse) Wortfamilien gebildet werden (*feuille* steht vor *feuillage*).

Varianten der Makrostruktur

Die Mikrostruktur ist bei den Wörterbüchern sehr unterschiedlich ausgeprägt. Sie kann enthalten: erklärende Informationen (Definitionen), syntagmatische Informationen (über Valenz, Kollokationen, typische Ergänzungen usw.) und paradigmatische Informationen (Synonyme, Antonyme, Homonyme).

8.3.2 | Die Entwicklung der Lexikographie

Im Mittelalter ist das Konzept des Wörterbuchs im heutigen Sinne nicht bekannt. Eines der seltenen alphabetisch geordneten Werke ist das 1286 von Johannes Balbus veröffentlichte *(Summa quae vocatur) Catholicon*, das 1460 in Mainz gedruckt wird und bis 1500 über 20 Auflagen hat. Bis zum 16. Jh. gibt es für das Französische nur wenige, meist lateinisch-französische Glossare. Kennzeichnend für das 16. Jh. ist der zu kleine französische Wortschatz, der dem im Humanismus zunehmenden Bedürfnis nach nuancierter Ausdrucksweise nicht mehr genügt:

Defizienzen des volkssprachlichen Wortschatzes

- **Fehlende Wörter:** Wichtige Konzepte können noch nicht auf Französisch ausgedrückt werden; so fehlen die Wörter für Abstrakta wie *abstrait*, *concret*, *causalité*, *concept*, *critère*, *analyse*, *synthèse*, *classification* und Fachtermini wie *attraction*, *ellipse*, *rotation*, *parabole* usw.
- **Fehlende Definitionen:** Selbst der bereits existierende Wortschatz ist semantisch kaum fixiert, da ein klares Konzept der Wortdefinition fehlt. Dies zeigen z. B. der Wortgebrauch und die Neologismen bei François Rabelais und Michel de Montaigne.

Das Verfassen von Wörterbüchern setzt aber einen etablierten Gebrauch voraus, und so ist es verständlich, wenn die französische Lexikographie sich zunächst an klassischen und anderen Sprachen orientiert. Das Lateinische ist der Maßstab für die »Qualität« des Französischen, das sich im Zuge dieser Bestrebungen langsam emanzipiert.

Die Anfänge der Lexikographie: 1539 ist das Geburtsjahr der französischen Lexikographie mit dem *Dictionnaire francois-latin* von Robert Estienne, der Umkehrung seines lateinisch-französischen Wörterbuchs von

Estienne: Dictionarium latinogallicum (1538)

1538. Dort, wo das lateinische Äquivalent fehlt, kommt es zu den ersten einsprachig-französischen Artikeln, die in den folgenden vier Auflagen zunehmen. Dennoch ist sein Hauptziel die Beschreibung des Lateinischen und die Eliminierung des den humanistischen Idealen nicht entsprechenden *bas latin*.

Der *Thresor de la langue francoyse* (1606) ist der nächste Schritt: Das Wörterbuch von Jean Nicot enthält ca. 18.000 ausführliche einsprachige Artikel. Nicot betreibt als Erster eine philologische (weil korpus-basierte) und linguistische (Wortbildungsparadigma behandelnde) Lexikographie (Nicot 1960 ist ein Nachdruck der Ausgabe von 1621).

Trotz dieser Bemühungen ist das Französische für viele Philosophen und Wissenschaftler noch kein zuverlässig beschriebenes Ausdrucksmittel. Für René Descartes ist nur die Mathematik in der Lage, ein Konzept eindeutig auszudrücken. Er meint skeptisch:

»Je ne m'occupe pas du tout de quelle manière ces expressions ont été employées ces derniers temps dans les écoles [...] mais je fais seulement attention à ce que signifie chaque mot en latin...« (Éd. de la Pléiade, S. 12).

Erst die **Jansenisten** von **Port-Royal** sahen präzise logische Wortdefinitionen als »un remède à la confusion qui naît dans nos pensées et dans nos discours de la confusion des mots« (Arnauld und Nicole: *Logique* I, S. xii). Danach richtet sich auch die *Académie française*, die im Vorwort ihres Wörterbuchs 1694 *définir* nach Aristoteles als »expliquer la nature d'une chose par son genre et sa différence« definiert.

Von 1606 bis 1680 erscheint kein größeres einsprachiges Werk, sondern nur Neuauflagen und Reproduktionen von zweisprachigen Wörterbüchern, die alle im Ausland veröffentlicht werden. Sie stehen für ein Jahrhundert des wirtschaftlichen Aufschwungs und der intellektuellen Intoleranz: Colbert akzeptiert nur »offizielles« Gedankengut, und von 1674 bis 1714 ist jegliche lexikographische Produktion außerhalb der *Académie* verboten (s. Kap. 7.6.2).

Richelet und Furetière: Dennoch erscheint 1680 das *Dictionnaire françois* von César-Pierre Richelet mit etwa 25.000 Artikeln in Genf und wird heimlich importiert. Ebenso illegal bringt Antoine Furetière sein *Dictionnaire universel* (La Haye 1690) mit etwa 40.000 Artikeln auf den französischen Markt, wo die gebildeten Kreise seit der Gründung der *Académie française* 1635 auf das von ihr versprochene Wörterbuch warten. Furetière war 1685 von der *Académie* ausgeschlossen worden und soll Teile des nicht fertiggestellten Akademiewörterbuchs selbst verwertet haben. Seine Definitionen sind, verglichen mit den eher deskriptiv-linguistischen Richelets, eher von philosophischer und enzyklopädischer Natur. Erst 1694 erscheint das präskriptive, den *bon usage* vertretende Wörterbuch der *Académie* mit nur 15.000 Einträgen, die in der ersten Auflage zudem nicht alphabetisch, sondern etymologisch und semantisch (nach Wortfamilien) angeordnet sind.

Enzyklopädien: Das 18. Jh. ist die Zeit der Spezialwörterbücher und der Terminologien. Damit wird der enzyklopädische Ansatz von Furetière fortgesetzt, dessen Wörterbuch in vierter und letzter Auflage 1727 erscheint. Erfolgreichstes Wörterbuch ist das von Richelet, dessen 13 Auflagen 1706 bis 1769 nur vier Auflagen des Akademie-Wörterbuchs gegenüberstehen. Das Wort *encyclopédie* (griech. ›den ganzen Wissenskreis umfassende Lehre‹) ist zuerst 1532 bei Rabelais belegt (*Lettre de Gargantua*). Die enzyklopädische Tradition des 18. Jh.s entwickelt sich vor allem, weil ein kultiviertes Publikum das Bedürfnis nach allgemeinverständlicher Darstellung neuer Erkenntnisse hat, und weil für deren Beschreibung ein wissenschaftliches Vokabular zur Verfügung steht.

Den Weg vom Wörterbuch zur **Enzyklopädie** beschreitet zunächst das *Dictionnaire universel françois et latin* aus **Trévoux**, der Hauptstadt des unabhängigen und vom Publikationsverbot der Akademie nicht betroffenen Fürstentums Dombes (bei Lyon). Es ist ein von den Jesuiten hergestelltes Plagiat von Furetières zweiter Auflage (1701), aus der alle jansenistischen Einflüsse eliminiert werden. Hinzugefügt werden die lateinische Übersetzung, Fachwortschatz und theologische Terminologie. Es hat sechs Auflagen mit zuletzt acht Bänden und verschwindet mit dem Erscheinen der großen *Encyclopédie*.

La *Grande Encyclopédie*: Dass die *Encyclopédie* ausgerechnet in Frankreich entstand (auch John Locke und Wilhelm Leibniz verfolgten ähnliche Pläne), wird dem Zusammentreffen von Denis Diderot und Jean D'Alembert zugeschrieben. Diderot sollte ursprünglich das *Chambers Dictionary of Arts and Science* (1728) übersetzen. Aus diesem Projekt wird 1737 beim Treffen eines Freimaurerkreises ein eigenes Projekt, aus dem D'Alembert 1758 wieder austritt. Die 28 Bände erscheinen zwischen 1751 und 1772.

Grande Encyclopédie (1751)

1772–1832 erstellt Charles Panckoucke ausgehend von der *Encyclopédie* die *Encyclopédie méthodique*, ein nach Sachgebieten geordnetes und eher Spezial- als Allgemeinwissen verarbeitendes Monumentalwerk mit fast 200 Bänden (40 Bände Abbildungen), aber ohne, wie das Original, dem **Ancien Régime** und der Religion gegenüber kritisch eingestellt zu sein.

> Einige der bisher erwähnten Wörterbücher und die *Encyclopédie* können beim ARTFL (einem Schwesterprojekt des ATILF) online konsultiert werden: http://portail.atilf.fr/encyclopedie/
>
> Hinweis

Die nicht-enzyklopädische Wörterbuchproduktion des 18. Jh.s besteht, abgesehen von den Auflagen des Akademiewörterbuchs, aus Spezialwörterbüchern zu Registern (Komik, Argot, Sprichwörter usw.) und Fachsprachen. Populär sind außerdem die Neuauflagen alter Werke in reduzierter Fassung: Der *Richelet portatif* erscheint bis 1811 in 21 Auflagen, wird aber später wieder zum Großwörterbuch erweitert (*Nouveau Dictionnaire portatif* von Gattel 1797), zum *Dictionnaire universel portatif* (1813) und

Lexikographie

schließlich zum zweibändigen *Dictionnaire universel de la langue française* (1819).

Im 19. Jahrhundert entstehen neue Wörterbuchtypen. Die ersten komparatistischen Ansätze in der Sprachbetrachtung ab dem Ende des 18. Jh.s (s. Kap. 1.2) leiten die Erstellung von historischen Wörterbüchern ein, und die Einführung des nationalen Unterrichtswesens durch Jules Ferry 1880/81 schafft einen neuen Bedarf an Gebrauchswörterbüchern. Letztere treten auch in Konkurrenz zum Akademiewörterbuch, dessen 8. Auflage wegen der ständig aktualisierten Gebrauchswörterbücher nicht nachgedruckt wird (erst seit 1992 erscheint eine 9. Auflage).

Im 19. und 20. Jahrhundert haben drei Lexikographen die den französischen Wörterbuchmarkt nachhaltig geprägt:

Littré, Larousse und Robert

- Der Arzt **Émile Littré (1801–81)** publiziert 1863 das *Dictionnaire de la langue française*, ein zunächst vierbändiges, später erweitertes Werk, das Rey (1990) als »historique« und »philologique« bezeichnet. Es enthält alle Wörter des Akademiewörterbuchs (1835) sowie Fachwortschatz, Neologismen und Substandard. Wesentliche Neuerung ist, dass Wörter und Bedeutungen systematisch durch Beispiele am Ende der Artikel belegt sind.
- **Pierre Larousse (1817–75)**, Direktor einer *école primaire*, gründet 1852 die Librairie Larousse. Sein Hauptwerk ist das *Grand dictionnaire universel du XIXe siècle* (1864–76).
  Die Durchsetzung des Gebrauchswörterbuchs beim breiten Publikum beginnt aber erst mit der Serie der kleinen Wörterbücher, aus der 1906 der *Petit Larousse illustré* und 1924 der sehr erfolgreiche *Nouveau Petit Larousse illustré* hervorgeht. Er enthält alle Register, auch ausreichend bekannte Fremdwörter und Fachtermini und hat mit seinen Abbildungen und Tabellen Merkmale eines enzyklopädischen Wörterbuchs.
- Der Wirtschaftsjurist **Paul Robert (1910–80)** war seit 1945 lexikographisch tätig. Mit dem *Grand Robert* (1953ff., letzte Neuauflage 2001) verbindet er das philologische Prinzip Littrés (systematische Belege, bevorzugt aus der Literatur) mit dem von ihm entwickelten analogischen Prinzip, das semantisch verwandte Wörter und Bedeutungen in Beziehung setzt. Der erste einbändige *Petit Robert* erscheint 1967.

Neuere Entwicklungen: Mit dem Projekt des *Trésor de la langue française* (TLF 1971ff.) beginnt 1957 die französische Computerlexikographie. Auf dem von Paul Imbs geleiteten Kolloquium für Lexikographie in Straßburg wird das Projekt, den Littré zu überarbeiten, verworfen und ein neues, auf Belegen basierendes Großwörterbuch geplant. Schon damals denkt man daran, mit maschinenlesbaren Texten zu arbeiten. 1960 siedelt Imbs das Projekt in Nancy an, wo seit 1968 das Textarchiv erstellt wird, zuerst für das moderne Französisch (ab 1789), später auch für die früheren Epochen. Der eigentliche »Trésor« ist also das **Korpus**, aus dem das Wörterbuch hervorgegangen ist (zu Textkorpora s. Kap. 10.2, darin Kap. 10.2.3 zum **TLF**).

8.3.3 | Typen von Wörterbüchern

Wörterbücher können nach formalen Kriterien wie dem Umfang (Band-zahl) oder dem Ordnungsprinzip (alphabetisch, onomasiologisch), nach Kriterien der Benutzung (an wen richtet sich das Wörterbuch?) oder nach inhaltlichen Kriterien wie der Informationsdichte (dem Verhältnis zwischen **Makro-** und **Mikrostruktur**) oder der in die Mikrostruktur aufgenommenen Informationstypen unterschieden werden. Die folgende Klassifizierung nennt zu verschiedenen Typen die für Studierende interessanten Standardwerke. Den besten Überblick bietet aber ein Gang durch eine gut ausgestattete Bibliothek.

Einsprachige Definitionswörterbücher sind die mehrbändigen Groß-wörterbücher *Grand Robert* (Grand Robert 2001), der *Grand Larousse de la langue française* (GLLF 1971) mit speziellen Artikeln zur Grammatik (»grammaire et linguistique«) und der *Trésor de la langue française* (TLF 1971 ff.), mit 16 Bänden und 98.200 Lemmata das größte Wörterbuch der französischen Sprache (1971–1994). Der **TLF** bietet natürlich mehr Information als seine Vorgänger, beschränkt sich aber auf die Sprache nach 1789, wohingegen der *Grand Robert* auch das klassische Französisch ausführlich berücksichtigt. Die elektronische Version, der TLFi, ist kostenlos auf den Internetseiten des ATILF (http://www.atilf.fr) konsultierbar und seit 2004 auch auf CD-Rom erhältlich.

Hinweis

> Die wichtigsten einbändigen Definitionswörterbücher sind der für Studie-rende zu empfehlende *Petit Robert* (1993 als *Nouveau Petit Robert* er-heblich erweitert). Französischlernende sollten ihn dem in Frankreich po-puläreren *Petit Larousse illustré* vorziehen, weil er mehr Einträge, eine bessere Mikrostruktur (z. B. systematische Aussprache und Etymologie, konsistentere Definitionen) und Querverweise auf verwandte Formen und Bedeutungen bietet.

Die elektronischen Wörterbücher sind inzwischen kaum noch teurer als die Papierausgaben (anfangs kostete der elektronische *Petit Robert* noch doppelt so viel wie der gedruckte, heute ist es umgekehrt). Manche elektronische Ausgaben bieten zusätzliche Zugriffsmöglichkeiten, die für lexikologische Forschungen wertvoll sein können. Im *Grand Robert électronique* können z. B. die ca. 325.000 Belege durchsucht werden. Im *Petit Robert électronique* können fast alle Informationen als Suchkriterien benutzt werden, z. B. um den Wortschatz bestimmter Register (*familier, vulgaire* usw.) oder Herkunftssprachen zu untersuchen. Der oben genannte TLFi kostet auf CD-Rom ca. 50 Euro.

Vermutlich werden die Wörterbuchverlage immer der technischen Entwicklung hinterherhinken: Bei den Apps für Tablets und Smartphones gibt es *Petit Robert* und *Petit Larousse* nur für iOS, die App von Larousse für Android hat mit dem *Petit Larousse* leider nichts zu tun (Stand 2014). Für Studium und Schule sind diese portablen Varianten aber zweifellos die bessere und inzwischen auch preiswertere Alternative. Darüber hinaus bieten viele Verlage Online-Abonnements oder einen kostenlosen Online-Zugang zu reduzierten Versionen an.

Bei den zweisprachigen Wörterbüchern ist das zweibändige *Langenscheidt Großwörterbuch Französisch* (Sachs/Villatte 1979) veraltet (1968, mit Supplement von 1979). Sein Umfang ist teilweise auf Mehrfachnennungen und die starke Berücksichtigung von Fachterminologien zurückzuführen. Seit 1996 ist das aktuellere und wesentlich billigere einbändige *PONS Großwörterbuch Französisch* erhältlich (mit CD 70 Euro). Es fällt durch seine gute Behandlung von französischen Mehrwortlexemen, Kollokationen und deutschen Komposita auf, die in den Artikeln deutlich markiert bzw. am Ende separat aufgeführt wurden.

Etymologische Wörterbücher enthalten die Herkunft und Geschichte von Wörtern sowie die Beziehungen zwischen Wörtern, die sich aus historisch-phonetischen, -morphologischen und -semantischen Daten ergeben. Das größte etymologische Wörterbuch für das Französische ist Walther von Wartburgs seit 1922 (erstes Faszikel) publiziertes *Französisches Etymologisches Wörterbuch* (**FEW**) in 25 Bänden mit Beiheften und Supplementen (Wartburg 1928ff.). Für den Laien ist das FEW schwer zugänglich, weil es vom Etymon ausgeht, keinen Gesamtindex hat und ein besonderes Transkriptionssystem verwendet. Als »Thesaurus Galloromanicus« ist es aber die Basis fast aller folgenden Werke. Einbändige, vom Französischen ausgehende Wörterbücher sind Bloch/Wartburg (1975), Gamillscheg (1969) und Dauzat et al. (1993). Das zweibändige *Dictionnaire historique de la langue française* (Robert historique 1992) behandelt sowohl die Etymologie als auch die Bedeutungsentwicklung und rundet die übersichtlich präsentierten Informationen mit Behandlungen von Wortfamilien, Artikeln zu anderen Sprachen in Frankreich und der Frankophonie sowie einem Glossar ab.

Das *Dictionnaire étymologique de l'ancien français* (**DEAF**, Baldinger 1974ff.) ist gleichzeitig ein etymologisches und ein **Epochenwörterbuch**. Es gibt einen tieferen Einblick in die Entwicklung der französischen Sprache von den ältesten Texten bis zur Mitte des 14. Jh.s, als das FEW mit seinem viel breiter gesteckten Rahmen. Der Zugriff ist wesentlich einfacher, weil jeder afrz. *signifiant* rein semasiologisch in seinem gesamten Bedeutungsfeld analysiert ist. In zusammenfassenden Tabellen werden die Querverbindungen innerhalb einer Wortfamilie übersichtlich dargestellt. Für die wissenschaftliche Beschäftigung mit dem Altfranzösischen sind Godefroy (1880ff.) und Tobler/Lommatzsch (1925ff.) die Referenzwörterbücher. Beide gibt es auch in elektronischen Versionen: den Godefroy bei Champion Electronique für ca. 2700 Euro, den Tobler/Lommatzsch in Faksimile-Version (Grafikdateien, ohne Volltextsuche) für ca. 300 Euro (Blumenthal/Stein 2002). Der als oberflächlich kritisierte Greimas (1992) ist nicht zu empfehlen. Weitere Wörterbücher für bestimmte Epochen sind Greimas/Keane (1992) für das Mittelfranzösische, Huguet (1925ff.) für das 16. Jh. und Dubois et al. (1971) für das 17. Jh.

Aussprachewörterbücher: Obwohl viele einsprachige Wörterbücher systematisch die Aussprache anführen, gibt es spezielle **Aussprachewör-**

Zur Vertiefung

Das *Französische Verblexikon* von Busse/Dubost

```
considérer¹ (2)              betrachten
  N-V-N                      Considérer une statue. Considérons
                             d'abord le triangle A-B-C.
considérer² (2+A)            hochachten, ansehen als
  N-V-N-(comme n/adj)        Je le considère beaucoup. Je considère
                             mon pari comme perdu d'avance. Je le
                             considère comme un grand artiste.
considérer³ (2)              meinen, der Auffassung sein
  N-V-que S Ind              Les populations côtières ont toujours con-
                             sidéré que leur appartient tout ce que la
                             mer rejette /LeM/.
     Ind/Kj |neg/int         Le Président considère-t-il que l'octroi
                             de l'aide aux pays sous-développés doi-
                             ve fournir l'occasion d'une coopération
                             entre l'Est et l'Ouest? /France-Soir/. Je ne
                             considère pas que cela est/soit possible.
     Ø Inf 1                 Je considère avoir raison, être dans mon
                             droit.
```

terbücher mit ausführlicherer, aber meist nicht aktuellerer Information, wie z. B. Martinet/Walter (1973). Ein Sonderfall ist der *Robert oral-écrit* (1989), in dem die Lemmata nicht graphisch, sondern in Lautschrift eingetragen sind.

Unter den Konstruktionswörterbüchern ist Busse/Dubost (1983) für Studierende, Lehrer und Übersetzer außerordentlich nützlich: Es ist eigentlich ein **Valenzwörterbuch** für Verben (zur Valenz s. Kap. 4.2.1) und nennt für die häufigsten Verben des Französischen alle Konstruktionsmöglichkeiten mit deutschen Übersetzungen und Beispielen.

Die im Kasten abgedruckten Einträge zu *considérer* zeigen die Umsetzung des Valenzprinzips: Beim Verb wird in Klammern die Zahl der Argumente und ggf. der Angaben (»2 + A« bedeutet zwei Argumente, eine Angabe) genannt, darunter steht der **Satzbauplan** in Form einer leicht lesbaren (oder aus den Beispielen erschließbaren) Formel. Sie enthält außerdem Informationen zur Modussetzung (z. B. »Ind/Kj |neg/int«: Indikativ oder Konjunktiv in Negationen oder Fragen). Da die Suche solcher Informationen in Wörterbüchern und Grammatiken zeitraubend ist, ist das *Verblexikon* ein wichtiges Hilfsmittel bei der Textproduktion und der Korrektur von Texten.

Das *Kontextwörterbuch Französisch-Deutsch* (Ilgenfritz et al. 1989) ist als handliches Gebrauchswörterbuch zur Textproduktion konzipiert und hat einige Erkenntnisse der Kollokationsforschung umgesetzt: Der Unterscheidung zwischen **Basis** und **Kollokator** (s. Kap. 5.2.2) folgend, sind über 3.000 Substantive als Lemmata (Basen) berücksichtigt, zu denen etwa 17.000 Kollokationen mit Verben und Adjektiven aufgeführt sind (im Kasten sind Auszüge aus dem Artikel COLÈRE wiedergegeben). Leider ist nicht sicher, ob Langenscheidt das 2005 vergriffene Werk wieder neu auf-

Lexikographie

Das *Kontextwörterbuch Französisch-Deutsch* von Ilgenfritz

colère f *Zorn*, *Wut*

~ **aveugle** *blinde Wut* / ~ **blanche, bleue, noire** *heftiger Zorn; helle Wut*: Il est (entré) dans une ~ noire. (*Er kocht vor Wut; er wird fuchsteufelswild.*) / ~ **contenue** *unterdrückter Zorn* [. . .]

s'**abandonner** à sa ~ *sich seinem Zorn überlassen, hingeben*: Lorsque sa mère fut sortie, il s'abandonna à sa ~ et cogna du poing sur la table. / **apaiser, calmer** la ~ de qn *j-s Zorn besänftigen*: Ces mots rassurants apaisèrent la ~ de Madame Tantin. / s'**attirer** la ~ de qn *sich j-s Zorn zuziehen*: Avec ses paroles imprudentes, il s'est attiré la ~ de tous ses collègues. / **attiser, exciter** la ~ de qn *j-s Zorn entflammen*: L'intervention de Monsieur Garnier, au lieu de calmer l'auditoire, attisa la ~ des délégués. / **céder** à sa ~ *sich von seinem Zorn hinreißen lassen*: Le petit bonhomme de bedeau céda à sa ~ et cria à pleins poumons. / **cuver** sa ~ *seinen Zorn verrauchen lassen*: Dans trois jours, il aura cuvé sa ~. (*. . . wird sein Zorn verraucht sein*) [. . .]

legt. Eine Alternative für Verb-Nomen-Kollokationen ist das neu erschienene *Wörterbuch französischer Nominalprädikate* (Kotschi et al. 2009).

Zwei interessante Online-Editionen in diesem Bereich sind für Verbvalenz *Dicovalence* (Van den Eynde/Mertens 2010) (französische Valenzschemata, englische und niederländische Übersetzungen) und für Kollokationen *Dicouèbe* (Kahane et al. 2013), das allerdings deutlich wissenschaftlicher orientiert ist als das Kontextwörterbuch.

Wortverbindungen: Für die kontrastive Behandlung von **Idiomen** und Sprichwörtern ist als Nachschlagewerk die *Pons Idiomatik Deutsch-Französisch* (Schemann/Raymond 1994) zu nennen. Zur Aufbesserung der Sprachkompetenz in diesem Bereich eignet sich das thematisch geordnete Lernerwörterbuch *Redewendungen Französisch-Deutsch* (Bárdosi et al. 1998).

Synonymwörterbücher wie Genouvrier et al. (1992) sind für den Nicht-Muttersprachler unzureichend, weil die Bedeutungsunterschiede der genannten Formen in der Regel nicht ausreichend differenziert werden. Hier ist ein analogisches Definitionswörterbuch wie der *Petit Robert* meist nützlicher. Für den Lerner geeigneter sind manche Thesauri: Ein **Thesaurus** ist ein **onomasiologisches**, nach Sachgruppen geordnetes Wörterbuch. Der *Thésaurus Larousse* (1992) untergliedert die großen Bereiche *Monde*, *Homme* und *Société* in zahlreiche feinere Gebiete, zu denen dann Wörter, Wendungen und teilweise enzyklopädische Informationen genannt sind. Zwar wird auch hier nicht semantisch differenziert, aber für die systematische Erweiterung des Wortschatzes ist das Werk durchaus zu gebrauchen.

Wörterbücher zu französischen Varietäten: Im Bereich der **diatopischen** Varietäten (s. Kap. 9.2) gibt es zahlreiche Wörterbücher zu französischen Dialekten und den Varianten des Französischen außerhalb Frankreichs. Bei den Registerwörterbüchern ist die lexikographische Aktivität besonders auf den sich schnell verändernden Gebieten **Umgangssprache** und **Argot** sehr hoch. Das deutsch-französische Wörterbuch der Umgangssprache von Meißner et al. (1992) macht differenzierte Angaben zu den stilistischen Niveaus (s. Kap. 9.5), einige Argotwörterbücher sind Caradec (1988), Cellard/Rey (1991) und Colin (1992). Von Interesse für die historische Entwicklung des Argot sind Werke aus dem 19. Jh. wie Rigaud (1888) oder Landes (1861).

Frequenzwörterbücher verlieren an Interesse: Die früher aufwändigen statistischen Analysen sind heute mit elektronischen **Textkorpora** und entsprechenden Programmen automatisch durchführbar, und auch Text-Datenbanken wie *Frantext* (s. Kap. 10.2.3) bieten die Erstellung von Frequenzlisten zu von den Benutzern auswählbaren Texten oder Textgruppen. Reine Frequenzwörterbücher sind Juilland et al. (1970) und das *Dictionnaire des fréquences* (1971), daneben finden sich auch im korpusbasierten **TLF** systematische Frequenzangaben.

Literatur

In die **französische Lexikologie** führen Ricken (1983) und Wunderli (1989) ein. Stefenelli (1981) verfolgt systematisch die Entwicklung des Kernwortschatzes (auf der Basis des *français fondamental*). Die Einleitung des Wörterbuchs von Walter/Walter (1999) ist ein guter Überblick über den französischen Lehnwortschatz, den Walter (1997) für das breite Publikum weiterführt.

Zum **Bedeutungswandel:** Gründe und Prinzipien werden in Kapitel 10–11 von Ullmann (1975) grundlegend dargestellt.

Als Einführung zu **Aspekt und Aktionsart** sind Confais (2002) und Riegel et al. (2009, S. 517–527) empfehlenswert, eine umfassende Anwendung auf französische und deutsche Verben ist François (1989).

Zu **Wortverbindungen** und ihrer Klassifizierung vgl. González Rey (2002), zu Kollokationen vgl. Siepmann (2002).

Zur **Lexikographie:** In die Grundbegriffe führen Gaudin/Guespin (2000) ein, kürzer Pruvost (2002). Detaillierte Einzeldarstellungen zu allen Problemen der allgemeinen und französischen Lexikographie enthält das dreibändige Handbuch von Hausmann et al. (1989ff.), darin zur Geschichte der französischen Lexikographie Bray (1990) und Rey (1990). Hintergrundinformationen zum FEW und anderen historischen Wörterbuchprojekten vermittelt Baldinger (1974).

9. Varietäten des Französischen

9.1 | Norm, Varietät und Sprachpolitik

Bei der Darstellung der Prinzipien von Sprachbeschreibung in Kapitel 1 wurde bereits klargestellt, dass eine Sprache in der Linguistik als abstraktes Gebilde behandelt werden muss, weil sonst eine systematische Beschreibung ihrer Eigenschaften unmöglich wäre. Andererseits muss die deskriptive Linguistik alle Ausprägungen einer Sprache berücksichtigen, und dies ist das Ziel der Varietätenlinguistik. Man unterscheidet zwischen regionalen (**diatopischen**), gesellschaftlichen (**diastratischen**) und situationsbedingten (**diaphasischen**) **Varietäten** oder **Subsystemen** und fasst diese drei Dimensionen auch unter dem Begriff **Diasystem** zusammen (nach Weinreich 1954).

Der Normbegriff: Um Varietäten zu beschreiben, muss allerdings wiederum ein Durchschnittsfranzösisch als **Norm** zugrunde gelegt werden. Dieser Ausgangspunkt ist das *français commun*, das in jeder der drei Dimensionen die unmarkierte Varietät darstellt. Wenn dieser Ausgangspunkt nicht als Vorbild, sondern lediglich als Vergleichsbasis für die anderen Varietäten benutzt wird, handelt es sich nicht um eine **präskriptive**, sondern um eine **deskriptive Norm**. Präskriptive und deskriptive Normen dienen zwar verschiedenen Zwecken, sind aber beide ein theoretisches Konstrukt im Gegensatz zur **Gebrauchs-** oder **Situationsnorm**, die in einer bestimmten Kommunikationssituation als die augenblicklich adäquateste Sprachform entsteht. Diese Perspektive der Norm lässt sich zur **statistischen Norm** verallgemeinern, die von konkreten Kommunikationssituationen unabhängig ist. Statistische Normen existieren überall, wo Sprachen oder ihre Varietäten aufeinandertreffen. Sie stimmen in der Regel weder mit der präskriptiven Norm überein (sofern diese existiert) noch bilden sie eine Art arithmetisches Mittel aller Varietäten. Sie stehen vielmehr für die Form der Sprache, die ihr Durchschnittsbenutzer als normal einstuft.

Die Institutionen der Sprachpflege: Die Situation in Frankreich ist ein gutes Beispiel für die gezielte politische Durchsetzung einer präskriptiven sprachlichen Norm. Die Institutionen zur Pflege oder Überwachung der Sprache und ihrer Verwendung werden von der Regierung per Dekret eingesetzt. Unter François Mitterrand wurden die aus den 1960er Jahren stammenden Institutionen *Commissariat général* und *Comité consultatif de la langue française* durch das Dekret vom 2. Juni 1989 (Nr. 89-403) in zwei neue Organisationen überführt: den heute nicht mehr existierenden **Conseil supérieur de la langue française** (**CSLF**) und die **Délégation générale à la langue française** (**DGLF**, heute DGLFLF, s.u.). Diese Institutionen arbeiten die sprachbezogenen Gesetze aus. Für die DGLF nannte das 1996 aktualisierte Dekret das Ziel

»de promouvoir et de coordonner les actions des administrations et des organismes publics et privés qui concourent à la diffusion et au bon usage de la langue française«. (Décret no. 96-235 du 21 mars 1996)

Die DGLF(LF) untersteht dem Premierminister und ist derzeit dem Kulturministerium zugeordnet.

Sprachpolitik wird in Frankreich positiv beurteilt.

Die öffentliche Meinung: Auch wenn diese Eingriffe regelmäßig ein großes und zwiespältiges Echo in Presse und Öffentlichkeit auslösen, steht die Mehrheit der Bevölkerung der Sprachnormung eher positiv gegenüber. Nach einer in staatlichem Auftrag durchgeführten Umfrage des Instituts SOFRES im Mai 1994 waren 65 % der Franzosen für eine gezielte **Sprachpolitik** zur Verteidigung der französischen Sprache, der damalige Gesetzentwurf zum Gebrauch des Französischen wurde je nach Artikel sogar von 81 % bis 93 % befürwortet, 70 % waren stolz auf die Existenz der *francophonie*, und 78 % zogen die europäische Sprachenvielfalt der Dominanz des Englischen vor.

Aktuelle sprachpolitische Entwicklungen: Auch wenn die aktive Sprachpolitik in Frankreich durchaus populär ist, zeigt ein Rückblick auf zwei Jahrzehnte der institutionellen Sprachpflege, dass Sprachpolitik durchaus kein unverrückbares Konzept ist. Im Folgenden werden die ursprünglichen mit den aktuellen Zielsetzungen verglichen:

Die französische Sprachpolitik der 1990er Jahre wurde vom französischen Kulturministerium über drei große Ziele definiert, die hier anhand der offiziell publizierten Informationen kurz kommentiert werden:

Die Sprachpolitik der 1990er Jahre

1. »**Assurer le rayonnement du français, langue de la République**«: Mit *rayonnement* ist nicht, wie man vermuten könnte, die Ausstrahlung in das Ausland gemeint, sondern die positive Ausstrahlung der Sprache auf die Franzosen. Französisch wird hier als die »langue du lien social« gesehen. Die Initiativen zu diesem Punkt zielen insbesondere auf die Ausbildung der Jugendlichen, umfassen aber auch Erwachsenenbildung (Alphabetisierung) und Bereiche des Alltagslebens (s. u. zur »loi Toubon«).

2. »**Conserver au français son rôle de langue de communication internationale**«: Französisch soll in Wissenschaft und Technik nicht hinter anderen **Verkehrssprachen**, insbesondere dem Englischen, zurückbleiben. Diesem Ziel sind die Aktivitäten in den Bereichen Terminologie und linguistische Ressourcen zuzuordnen.

3. »**Respecter la diversité linguistique et culturelle et promouvoir le plurilinguisme**«: Hier ist nicht von Frankreichs sprachlicher Vielfalt die Rede, sondern von der Europäischen Union. Dieser Punkt steht für

die Beschlüsse des europäischen Ministerrats zur Sprachenvielfalt. Das Hauptaugenmerk Frankreichs richtet sich dabei auf Probleme der Normung und der Übersetzung in der modernen Informationsgesellschaft sowie auf den fremdsprachlichen Unterricht.

Diese Grundsätze stehen zwar für eine im Vergleich zu früheren Epochen deutlich liberalisierte Sprachenpolitik, haben aber lange die **Minderheitensprachen** sowohl der ansässigen (Südfrankreich, Elsass, Bretagne usw., s. Kap. 9.2.3) als auch der zugewanderten (z. B. nordafrikanischen) Bevölkerungsgruppen außer Acht gelassen.

Die *Loi Toubon* Zur Vertiefung

Ein Beispiel für die französische Sprachgesetzgebung ist die umstrittene »Loi relative à l'emploi de la langue française« (Gesetz Nr. 94-665 vom 4.8.1994, auch »Loi Toubon« genannt; vgl. http://www.dglf.culture. gouv.fr oder den Teilabdruck in Trabant 1995, S. 203ff.). Das Gesetz wurde von der DGLF ausgearbeitet und ergänzt das harmlos wirkende Verfassungsprinzip »la langue de la République est le français« durch eine Rechtsprechung im Hinblick auf den Sprachgebrauch im Allgemeinen und den Gebrauch französischer anstelle englischer Terminologie im Besonderen in folgenden Bereichen: Produktinformation (*coussin gonflable de sécurité* statt *airbag*), Arbeitswelt (Stellenausschreibungen), Unterrichtswesen (Verbesserung der französischen Kompetenz bei gleichzeitiger Verpflichtung zur Mehrsprachigkeit) und Außendarstellung (Gebrauch des Französischen auf Kongressen).

Eine ›neue‹ Sprachpolitik? Erst 2001 hat sich die DGLF in *Délégation générale à la langue française et aux langues de France* (**DGLFLF**) umbenannt und die Anerkennung der sprachlichen Vielfalt Frankreichs in ihre Grundsätze aufgenommen, die hier (auf der Grundlage der offiziellen Informationen) wiederum kurz kommentiert werden:

- »**Garantir à nos citoyens un droit au français**«: Dieser Punkt bezieht Aufgaben der DGLFLF sich direkt auf die »Loi Toubon« (s. Kasten) und verfolgt damit vor allem den Schutz vor dem Englischen.
- »**Mettre la langue française au service de la cohésion sociale**«: Hier geht es um die Verbesserung der französischen Sprachkompetenz von Immigranten und damit ihrer gesellschaftlichen Integration.
- »**Enrichir et moderniser la langue française**«: Die Bildung von Neologismen soll institutionell unterstützt und gesteuert werden. Die Beispiele (*covoiturage, courriel* usw.) zeigen, dass es hier vor allem um Alternativen für englische Lehnwörter geht.
- »**Favoriser la diversité linguistique**«: Dabei geht es einerseits um den verstärkten und kontinuierlichen Fremdsprachenerwerb, andererseits um die Stärkung der Übersetzer und der Übersetzungstechnologie. Die-

ser Punkt ist durchaus interpretationsbedürftig, denn größere fremd-sprachliche Kompetenz sollte eigentlich die Übersetzungsnotwendigkeit verringern.

- **»Promouvoir et valoriser les langues de France«:** Hier geht es um Maßnahmen, mit denen die Minderheitensprachen in Frankreich in allen Bereichen (besonders aber in Kultur und Medien) gestärkt werden sollen.

Zusammenfassend zeigt der Vergleich der alten Zielsetzungen (der DGLF) mit den aktuellen (der DGLFLF) sowohl konservative als auch progressive Elemente der französischen Sprachpolitik auf:

- **Das Englische** wird immer noch als große Konkurrenz wahrgenommen, wenn es um die Rolle der Weltsprache geht. Während sich in anderen Sprachen die Entlehnung von Anglizismen ungesteuert vollzieht, greifen die französischen Institutionen massiv und auf gesetzlich festgelegter Grundlage in die Sprachentwicklung ein.
- Die **Minderheitensprachen** haben eine deutliche Stärkung erfahren. Noch vor kurzem wären Aussagen wie »les langues régionales ou minoritaires façonnent notre identité culturelle et constituent un patrimoine immatériel vivant et créatif« in der offiziellen Außendarstellung Frankreichs undenkbar gewesen.

In jedem der folgenden Abschnitte werden nun die jeweilige Norm und ihre Varietäten kurz skizziert. Diese aus Gründen der Verständlichkeit gewählte Gliederung soll aber nicht darüber hinwegtäuschen, dass die Varietäten nicht so klar abgegrenzt sind, wie es die terminologischen Unterscheidungen vermuten lassen, und dass die drei Ebenen untrennbar miteinander verbunden sind und sich im konkreten Sprachgebrauch miteinander vermischen.

9.2 | Diatopische Varietäten in Frankreich

Die räumliche Gliederung des französischen Sprachraums wird aufbauend auf dem sprachgeschichtlichen Überblick in Kapitel 7 zunächst historisch betrachtet (Kap. 9.2.1 und 9.2.2). Die neueren Entwicklungen und die heutige Situation werden in Kapitel 9.2.3 dargestellt.

9.2.1 | Die Herausbildung der dialektalen Gliederung

Die Substratthese (vgl. die Begriffe **Substrat** und **Superstrat** in Kap. 8.1.2) wurde zu Beginn des 20. Jh.s entwickelt und besagt, dass die Zusammensetzung der früheren einheimischen Bevölkerung für die Gliederung in drei große Sprachräume verantwortlich ist. Bereits Caesar erwähnte in *De bello gallico* die unterschiedlichen Völker im heutigen französischen

Sprachgebiet und nannte die neuen Provinzen (neben der früher eroberten *Provincia Narbonensis*) entsprechend *Belgica, Aquitania* und *Celtica*. Diese bereits vorgegebene Gliederung veranlasste die Forscher (z. B. Morf 1909) zur Annahme eines Keltoromanisch (durch gallischen Einfluss auf dem Gebiet des heutigen Französisch), eines Belgoromanisch (durch belgischen Einfluss im Bereich des Normannischen, Pikardischen und Wallonischen) und eines Aquitanoromanisch für die südlichen, später okzitanischen Gebiete. Die Grenzen der vorromanischen Völker Galliens setzten sich in den römischen Verwaltungsgrenzen (*civitates* und *provinciae*) fort, und die Aufteilung in Diözesen unter Diokletian und Konstantin im 3. und 4. Jh. hatte noch im fränkischen Reich Bestand und wurde erst durch die Französische Revolution neu gegliedert.

Die Superstratthese wurde besonders von Walther von Wartburg verfochten und ist nicht als Widerspruch, sondern komplementär zur Substratthese zu sehen. Ihr zufolge hat das Eindringen der germanischen Völker ab dem 5. Jh. (Franken im Norden und Burgunder im frankoprovenzalischen Gebiet) die in Ansätzen schon vorhandene Differenzierung der Romania verstärkt und die französisch-okzitanische Sprachgrenze hervorgebracht. Im 5. Jh. verläuft die Grenze des **Merowingerreichs** etwas südlich der Loire.

Vor dem Auftauchen der ersten Texte im 9. Jh. können zwar keine sicheren Aussagen über die sprachliche Situation in Frankreich gemacht werden, aber aus heutiger Sicht scheint Wartburg den Superstrateinfluss überbewertet zu haben, und letztlich kann man wohl nur von einem Zusammenspiel einer Reihe von Faktoren ausgehen. Dabei spielen die ethnische Bevölkerungsstruktur vor der Romanisierung, die Zeit der Romanisierung, die soziale Struktur der Siedler und die Entfernung von Rom sicherlich eine ebenso große Rolle wie die Superstrat- und Adstrateinflüsse nach der Romanisierung.

9.2.2 | Die Durchsetzung des Standards

Die Dialekte der *langue d'oïl* waren bis zum 13. Jh. einander gleichgestellt. Betrachtet man die literarische Produktion, so hatten andere Dialekte sogar ein größeres Prestige als der Dialekt der Ile-de-France, der auch **Franzisch** genannt wird: Normannisch (Marie de France), Pikardisch oder Champagnisch (Chrétien de Troyes). Es ist strittig, ob dieses Französische ein geographisch definierbarer Dialekt war oder erst durch den Zustrom von Sprechern verschiedener Dialekte entstand.

Der Aufstieg des Franzischen und seine allmähliche Durchsetzung wurden jedenfalls durch eine Reihe außersprachlicher Faktoren begünstigt, durch die sich Paris im 12. und 13. Jh. als dominierendes regionales Zentrum etablierte. Die Auswirkungen auf die sprachliche Situation wurden aber nur allmählich spürbar, denn der französische Dialekt stand sowohl den anderen französischen als auch anderssprachigen (z. B. okzitanischen) Dialekten und dem Lateinischen gegenüber.

Zur Vertiefung

Gründe für den Aufstieg von Paris

- Geographisch gesehen bildete die Ile-de-France seit den fränkischen Invasionen ein strategisches und ökonomisches Zentrum.
- Mit der Verehrung von St. Denis in der Nähe von Paris seit dem 11. Jh. verlor Tours als Wallfahrtsort (St. Martin) an Bedeutung. Seit dem 12. Jh. ließen sich die französischen Könige in der Abtei von St. Denis beisetzen, und unter den Kapetingern hatte der Hof seit Philippe Auguste (1180–1223) seinen Sitz in Paris.
- Durch den Ausbau des Louvre und der ganzen Stadt wurde Paris mit über 100.000 Einwohnern auch demographisches Zentrum.
- Gleichzeitig verringerte sich der Einfluss der übrigen Regionen: Nach den Kriegen mit England im 13. und 14. Jh. fiel die Normandie an Frankreich zurück, und die nordöstlichen Regionen Pikardie und Flandern verloren ihren Haupthandelspartner und damit ihren wirtschaftlichen Einfluss.

Überregionale
Schriftsprachen
konkurrieren mit
dem Lateinischen.

Die sogenannten Skriptae sind Schreibtraditionen von Geistlichen und Dichtern. Die Basis einer wichtigen Skripta war das Franzische, dessen höheres Prestige belegbar ist: Garnier de Pont-Sainte-Maxence schrieb im 12. Jh. »Mes languages est buens, car en France fui nez« und meinte mit »France« die Ile-de-France. Dennoch war die Skripta eine sehr heterogene Sprachform mit zahlreichen Elementen aus dem Lateinischen und aus den verschiedenen Regionen. Sie diente zwar als überregionale **Verkehrssprache**, war aber selbst innerhalb einzelner Manuskripte instabil (z. B. unterschiedliche Graphien desselben Worts). Von einer tendenziellen Standardisierung kann man bestenfalls in der Kanzleisprache des 14. bis 15. Jh.s sprechen, aber natürlich nicht im Sinne einer kodifizierten Norm.

Das Lateinische ging zunächst in den Bereichen Religion und Justiz zurück, wohingegen es an der Universität noch lange Bestand hatte. Schon seit dem **Konzil von Tours** (813) waren die Priester angehalten, in der Volkssprache zu predigen, auch wenn dies systematisch nicht vor dem 13. Jh. praktiziert wurde. Hier sind wieder geschriebene und gesprochene Sprache zu trennen: So sprach das Parlament von Anfang an Französisch, auch wenn die Dokumente noch eine Zeitlang auf Lateinisch verfasst wurden. Die ersten französischen **Urkunden** (*chartes*) tauchten um 1200 in den nördlichen Ballungsräumen auf und setzten sich im 13. Jh. durch, in anderen Gebieten setzte die Entwicklung später ein, z. B. 1244 im Burgund. Das **Okzitanische** hatte sich gegenüber dem Lateinischen schneller emanzipiert: Im Süden Frankreichs sind bereits aus dem 12. Jh. über 500 Urkunden belegt.

In dem Maße, wie der Pariser Verwaltungsapparat ausgebaut wurde, verstärkte sich auch der Kontakt der Amtsschreiber (*clercs*) zu Paris, und die Skripta verlor seit dem Ende des 13. Jh.s nach und nach ihre regionalen Merkmale, zuerst in den zentraleren Gebieten und teilweise deutlich später in den Randgebieten (z. B. in Lothringen erst ab dem 15. Jh.).

In Südfrankreich war die Situation komplizierter, denn das Okzitanische hatte sich gegenüber dem Lateinischen bereits durchgesetzt, als nach den Albigenserkriegen (13. Jh.) eine französische Verwaltung eingesetzt wurde.

Zweisprachigkeit: Hier begann eine längere Epoche der Zweisprachigkeit, die das französischen Königtum durchaus tolerierte: Die Verwaltung war bilingual (Französisch und Latein unter Philippe le Bel, Französisch und Okzitanisch unter Jean le Bon), und als Sprache der Literatur dominierte Okzitanisch. Erst nach dem **Hundertjährigen Krieg** gewann das Französische auch im Süden an Einfluss, als in verschiedenen Städten Regionalparlamente gegründet wurden, die dem französischen König direkt unterstellt waren (zuerst 1444 in Toulouse). Die allmähliche Durchsetzung des Französischen im folgenden Jahrhundert wurde unter François Ier durch das Edikt von **Villers-Cotterêts** (1539), das das Französische als offizielle Sprache der Gerichtsbarkeit vorschrieb, eigentlich nur noch bestätigt: Bis zum Ende des 15. Jh.s wurde die französische Skripta in ganz Frankreich verstanden (zumindest von den etwa 200.000 Lesekundigen).

Edikt von
Villers-Cotterêts
(1539)

Seitdem sind die Dialekte auf den Bereich der gesprochenen Sprache beschränkt, in dem sie allerdings noch bis zur Französischen Revolution dominant blieben: Henri Grégoire legte 1794 die Ergebnisse seiner Umfrage vor, nach denen 6 Mio. (von 25 Mio.) Einwohner kein Französisch beherrschten, weitere 6 Mio. zu keinem längeren Gespräch auf Französisch fähig waren, und höchstens 3 Mio. Französisch gut beherrschten. Getreu dem Prinzip »nation une – langue une« verfolgte die nachrevolutionäre Politik die systematische Durchsetzung des Französischen und die Verdrängung von Dialekten und anderen Sprachen auf französischem Gebiet.

Standardisierung: Die Entwicklung vom franzischen Dialekt zu einer Norm des Französischen erstreckt sich also über mehrere Jahrhunderte und ist bei weitem nicht regelmäßig verlaufen: Auf der Zeitachse ist die langsame, ›natürliche‹ Durchsetzung des Standards bis zur Revolution von der systematischen, politisch gesteuerten Durchsetzung der letzten zwei Jahrhunderte zu unterscheiden (Schulpflicht, Sprachgesetzgebung). In den Regionen Frankreichs weichen Zeitpunkt und Ausmaß der Durchsetzung je nach politischer Situation, Handelsbeziehungen und Bevölkerungsstruktur stark voneinander ab.

9.2.3 | Die räumliche Gliederung heute

Entsprechend den in den vorhergehenden Abschnitten dargestellten sprachlichen Ausgangsbedingungen ist das Ergebnis der Standardisierung heterogen. Die heutige Situation ist durch eine Vielzahl von **Regiolekten** gekennzeichnet. Im Folgenden werden alle Sprachen und Varietäten, die vom Standard abweichen, definiert und einem bestimmten Terminus zugeordnet. Darstellung und Terminologie folgen im Wesentlichen Müller (1985), der die räumliche Gliederung ähnlich wie die in Kapitel 8.1.2 dargestellte historische Schichtung des Wortschatzes skizziert: Der **französische** Dialekt legt sich als überregionale Norm (*français commun*) über die Dialekte und die nicht-französischen Sprachen (Müller: *langues ethniques*). Dialekte und *langues ethniques* verhalten sich damit wie **Substrate**, die das *français commun* beeinflussen.

Die Karte (Abb. 9.1) zeigt vor dem Hintergrund der französischen Regionen die Grenzen der Sprachräume in Frankreich. Die durchgängigen dickeren Linien sind Sprachgrenzen. Quer durch Frankreich läuft die Grenze zwischen dem Französischen und dem **Okzitanischen** (auch *langue d'oïl* und *langue d'oc*, s. Kap. 7.2), zwischen denen an der Schweizer Grenze noch das **Frankoprovenzalische** angesiedelt ist. Die übrigen Sprach-

Abbildung 9.1
Sprachräume
in Frankreich

grenzen trennen in den Randgebieten die Sprachen **Flämisch, Elsässisch, Korsisch, Katalanisch, Baskisch** und **Bretonisch** ab. Die gestrichelte Linie um die Ile-de-France markiert die ungefähre Ausdehnung der (unten erklärten) dialektfreien Zone. Diese Sprachen haben natürlich ebenso wie das Französische regionale Varietäten, die aber hier nicht gesondert dargestellt werden. Die Größe der Sprachgebiete ermöglicht eine ungefähre Abschätzung der Sprecherzahlen, genaue Erhebungen sind aber in den mehrsprachigen Gebieten schwer durchzuführen (je nach Autor schwanken z. B. die Angaben für das Frankoprovenzalische und das Flämische um mehr als das Dreifache).

Die Herausbildung der *français régionaux*: Die oben skizzierte allmähliche Ausbreitung des *français commun* über ganz Frankreich bewirkte, dass sich neue regionale Sprachformen herausbildeten, die sogenannten *français régionaux*. Sie sind das Produkt der Vermischung des Standards mit den französischen Dialekten und den *langues ethniques*.

> → Das *français régional* definiert Müller (1985, S. 157) als »registre limité à une région ou à un seul endroit, que les locuteurs [...] utilisent aussi bien entre eux qu'avec des locuteurs d'origine différente; [...] il est localisé par les francophones d'autres régions comme ›français de A, B, C ...‹ ou comme français parlé ›avec un accent‹«.

Zum Begriff

Der Dialekt oder die Sprache, die dem jeweiligen **Regionalfranzösisch** zugrunde liegt, kann zwar einen unterschiedlich starken Einfluss gehabt haben, aber das Ergebnis ist dem *français commun* noch so nah, dass sich selbst Sprecher geographisch entfernter *français régionaux* untereinander verständigen können. Die lautlichen Besonderheiten (der **Akzent**) und vereinzelte typisch regionale Merkmale (Wörter, Wortbedeutungen, bisweilen auch syntaktische Strukturen oder Wendungen) stören die Kommunikation nicht wesentlich oder lassen sich in der Kommunikationssituation klären.

> → Dialekt und *parler* werden von Müller (1985, S. 145) unterschieden: »Par ›dialectes‹ et ›parlers locaux‹ on entend des variantes géographiques de la langue qui existent au-dessous des couches du français commun et des français régionaux. Le dialecte couvre une aire plus vaste que le parler local, qui peut n'être parlé qu'à un seul endroit. On parle donc par ex. du dialecte picard, mais du parler d'Arras, du parler de Béthune, du parler d'Amiens, etc.«

Zum Begriff

Dialekte und Parlers sind im Gegensatz zu den *français régionaux* keine überregionalen Varietäten. Der Dialekt hat eine größere geographische

Ausdehnung als der *parler*. Beide sind aber durch eine begrenzte geographische Reichweite gekennzeichnet: In benachbarten Dialektgebieten werden sie unter Umständen noch verstanden, in entfernteren Gegenden können sie nicht mehr als Kommunikationsmittel dienen. Hinzu kommt, dass sie im Gegensatz zum Standard weder über eine präskriptive Norm noch über eine verbindliche Schreibung verfügen. Diesen Beschränkungen entsprechend, ist das soziale Prestige der Dialekte geringer und ihre Anwendung nur in eng umrissenen Kommunikationssituationen möglich.

Bereits heute werden in der gestrichelt markierten Zone um Paris (Abb. 9.1) keine Dialekte mehr gesprochen. Nach Müllers Prognose wird die weitere Durchsetzung des Standards die französischen Dialekte im 21. Jh. ganz verschwinden lassen (1985, S. 145). Die Situation der *langues ethniques* ist anders zu bewerten, weil sie einerseits durch ein teilweise stark ausgeprägtes Identitätsgefühl (Baskisch, Elsässisch), andererseits durch gezielte Eingriffe wie die Förderung kultureller Aktivitäten, ihre Eingliederung ins Unterrichtswesen oder die Definition einer graphischen Norm gestützt werden.

9.2.4 | Exkurs ins Elsässische

Elsässische Sprachgeschichte: Im Elsass ist nach den alemannischen und fränkischen Eroberungen im 4. und 5. Jh. das Galloromanische, abgesehen von einigen Ortsnamen, allmählich verdrängt worden. Die Sprachgrenze bildet sich auf dem Vogesenkamm heraus und ist bis heute weitgehend unverändert geblieben. In Konkurrenz zu den elsässischen Dialekten stehen der französische Standard und das Hochdeutsche, das sich seit dem 16. Jh. unter dem starken Einfluss der Reformation festigt: In dieser Zeit ist das Elsass mit Martin Bucer und Jean Calvin ein Zentrum der Reformatoren, Zufluchtsort vertriebener Hugenotten und eine der Bastionen des Bauernaufstandes (1525), der als politische Umsetzung der lutherischen Freiheitsideen verstanden wird. Erst mit dem Dreißigjährigen Krieg erlebt die florierende Region einen kulturellen Niedergang. Nach dem Westfälischen Frieden (1648) werden die elsässischen Gebiete nach und nach an das französische Königreich angegliedert, und das Französische setzt sich in den oberen Gesellschaftsschichten durch. Die große Mehrheit der Bevölkerung spricht aber weiterhin Elsässisch oder (in Schule und Kirche) Hochdeutsch.

Neuere Entwicklungen: Noch 1789 wird das Elsass von Reisenden mit *Allemagne* bezeichnet, ohne dass dieser Terminus negativ konnotiert ist, und erst die nachrevolutionäre Politik stuft den elsässischen Sprachgebrauch als republikfeindlich ein (vgl. hierzu die detaillierte Darstellung bei Vogler 1994). In den oberen Schichten setzt sich das Französische bis 1870 weiter durch, aber auch in den übrigen Schichten gewinnt es im Laufe des 19. Jh.s durch Schule (Unterrichtssprache ab 1858) und Militärdienst stark an Einfluss. Zur Zeit der deutschen Besetzung 1871 bis

1918 ist die Wahl der bevorzugten Sprache auch eine politische Entscheidung: Während auf dem Land und in Arbeiterkreisen Elsässisch gesprochen und Hochdeutsch geschrieben wird, bevorzugen viele bilinguale Familien nun das Französische als Zeichen des Protests, und in den frankophonen (und frankophilen) Milieus setzt sich der bis heute verbreitete Glaube durch, das Elsässische habe nichts mit den alemannischen Dialekten jenseits des Rheins zu tun. Nach dem Zweiten Weltkrieg verlieren die elsässischen Dialekte so deutlich an Prestige, dass das *Office régional du bilinguisme* sogar von einem elsässischen Minderwertigkeitskomplex spricht. Symptomatisch sind Aufrufe zu Bücherspenden (»Des livres de France aux petits Alsaciens!«), in denen das Elsass ähnlich unterentwickelt dargestellt wird wie heute Länder der Dritten Welt.

Aufruf zur
Bücherspende

Mehrsprachigkeit: Auch die hochdeutsche Kompetenz schwindet zusehends und wird über das Schulwesen durch den französischen Standard ersetzt: In der Grundschule wird seit 1945 ausschließlich Französisch toleriert, und erst 1972 werden Deutsch und Elsässisch wieder eingeführt, wenn auch zunächst nur auf freiwilliger Basis. Straßburgs Entwicklung zu einem der politischen Zentren der Europäischen Union hat entscheidend dazu beigetragen, dass die Zweisprachigkeit wieder gezielt gefördert wird. So werden seit 1992 bereits in den *écoles maternelles* regelmäßig zweisprachige Klassen gebildet und die dialektale Erziehung der Kinder als wichtige Vorstufe für die deutsch-französische Zweisprachigkeit propagiert. Auch die großen elsässischen Regionalzeitungen *Dernières Nouvelles d'Alsace* und *L'Alsace* erscheinen in einer zusätzlichen Auflage, in der die meisten Artikel ins Hochdeutsche übersetzt sind.

Heute geben zwei von drei Elsässern an, Elsässisch zu sprechen, bei den unter 25-jährigen liegt dieser Anteil allerdings nur bei etwa einem Drittel, was sich durch den sprachlichen Druck des Schulsystems auf die Eltern dieser Generation erklärt.

Der elsässische
Dialekt ist heute
in der gesprochenen
Sprache weit
verbreitet.

Romanische Sprachinseln: Seine wechselhafte Geschichte macht das Elsass zu einem idealen Studienobjekt für Sub- und Superstrateinflüsse und die Herausbildung von Sprach- und Dialektgrenzen. So hat sich in den Vogesen an der deutsch-französischen Sprachgrenze eine Mundart erhalten, die nach heutigen Erkenntnissen relativ ursprünglich auf das Galloromanische zurückgeht: Dieses sogenannte **Welsch** wird noch in knapp fünfzig Gemeinden gesprochen und hat einen im Wesentlichen auf das Lateinische zurückgehenden Wortschatz mit wenigen germanischen Lehnwörtern. Auch im Schwarzwald waren solche romanischen Sprachinseln noch zu karolingischer Zeit belegt. Synchron gesehen sind die Phänomene des **code switching** interessant, mit dem man in der Soziolinguistik den oft übergangslosen Wechsel zwischen Sprachen oder Varietäten bezeichnet.

Das Französische
außerhalb
Frankreichs

9.3 | Das Französische außerhalb Frankreichs

9.3.1 | Definition und Entstehung

Zum Begriff

> → **Frankophonie** wurde als Begriff erst Ende des 19. Jh.s von dem
> Geographen Onésime Reclus geprägt. Heute definiert der *Petit Robert francophone* als »Qui parle habituellement le français, au moins
> dans certaines circonstances de la communication, comme langue
> première ou seconde« und *francophonie* als »Ensemble constitué par
> les peuples francophones« und »Mouvement en faveur de la langue
> française«.

Nach dieser Definition gehören zur Frankophonie nicht nur die Gebiete,
in denen das Französische üblicherweise Muttersprache ist, sondern auch
diejenigen, die infolge politischer Ereignisse, insbesondere des Kolonialismus, das Französische als Schul-, Verwaltungs- oder **Verkehrssprache**
übernommen haben. Die zweite, politische Definition des Begriffs ist der
Wechselhaftigkeit der Politik unterworfen, die der Frankophonie seit den
1960er Jahren eine besondere Aufmerksamkeit widmet. Mit dem politischen Begriff sind auch Konnotationen wie die »vocation internationale«
einer internationalen Verkehrssprache oder das ehemalige Kommunikationsmittel einer gesellschaftlichen Elite verknüpft.

Etappen der Entwicklung der Frankophonie: Bei der Ausdehnung des
frankophonen Raums sind mehrere Epochen zu unterscheiden:

Entwicklung der
Frankophonie

- Im 13. Jh. erstreckt sich der frankophone Raum über ganz Frankreich,
Okzitanien, England und das Heilige Land (Kreuzzüge).
- Der Kolonialismus setzt im 16. Jh. ein und wird durch Colberts Expansionspolitik im Absolutismus intensiviert: 1682 besitzt Frankreich
im afrikanischen Raum Réunion, Teile von Senegal und Cayenne, in
Mittelamerika Guadeloupe, Martinique und Haiti, in Nordamerika Kanada, Neufundland und Louisiana sowie einige Handelsstützpunkte in
Indien.
- Die nordamerikanischen Kolonien gehen im 18. Jh. größtenteils verloren
(s. den Exkurs zu Québec in Kap. 9.3.3), gleichzeitig wird die Position
des Französischen als Sprache der Diplomatie und des europäischen
Adels gestärkt. Voltaire meint angesichts der sprachlichen Situation am
Hof Friedrichs des Großen: »Notre langue et nos belles-lettres ont fait
plus de conquêtes que Charlemagne.«
- Im 19. Jh. kommen zunächst Gebiete in Afrika (Elfenbeinküste, Gabun)
und im Pazifik (Komoren, Tahiti und Polynesien) hinzu, später Somaliland, Neukaledonien und Indochina.
- Nach weiterer Ausdehnung unter der Dritten Republik (Tunis, Annam,
Tonkin, Madagaskar, Laos, Französisch-West- und Äquatorialafrika, Marokko), der Übernahme der deutschen Kolonien Togo und Kamerun

nach dem Ersten Weltkrieg und dem Mandat in Syrien und im Libanon erreicht das französische Kolonialreich zwischen den beiden Weltkriegen seine größte Ausdehnung.

- Die meisten dieser Gebiete gingen in den folgenden Kriegen (Zweiter Weltkrieg, Algerienkrieg, Indochina) verloren. Heute bleiben lediglich die **Départements d'Outre Mer** (**DOM**) Französisch-Guyana, Guadeloupe, Martinique und Réunion, die **Territoires d'Outre Mer** (**TOM**) Französisch-Polynesien, Neukaledonien, Wallis et Futuna und Terres australes et antarctiques sowie die **Collectivités territoriales** Mayotte und Saint-Pierre-et-Miquelon.

Das Französische in der heutigen Welt: Natürlich sind und waren die genannten Regionen in sehr unterschiedlicher Art und Intensität dem Einfluss der französischen Sprache ausgesetzt, und entsprechend uneinheitlich ist die heutige Situation. Weltweit gibt es etwa 100 Millionen Sprecher des Französischen. Davon leben über die Hälfte in Europa, wo Französisch in Frankreich, Belgien, Luxemburg, der Schweiz, daneben noch in geringem Umfang im Aostatal und auf den anglonormannischen Inseln **offizielle Sprache** ist oder als **Muttersprache** weitergegeben wird.

Außerhalb Europas hat das Französische nur in Teilen Kanadas einen vergleichbaren Status: Dort ist Québec mit etwa 6 Millionen Sprechern das größte frankophone Gebiet (s. Kap. 9.3.3). In allen übrigen Gebieten ist das Französische entweder eine **Minderheitensprache** (z. B. New England, Louisiana), **Verwaltungssprache**, die Sprache einer Elite (frankophone Gebiete in Afrika und dem indischen Ozean), oder es ist in eine Kreolsprache (s. Kap. 9.3.4) eingegangen.

Bei der Betrachtung frankophoner Sprachgebiete und bei der Schätzung der Sprecherzahlen ist eine möglichst differenzierte Einschätzung des Status und der Funktion des Französischen wichtig. Für detailliertere Information zu den einzelnen Gebieten wird auf die am Kapitelende aufgeführte Literatur verwiesen.

9.3.2 | Frankophonie als politischer Begriff

Der Präsident François Mitterrand machte die **Frankophonie** in den 1980er Jahren zu einem wesentlichen Bestandteil französischer Kultur- und Außenpolitik. In ihrer Vorgehensweise und teilweise auch in ihren Inhalten ähnelt diese Sprach-Außenpolitik der in Kapitel 9.1 skizzierten Sprach-Innenpolitik: Die Vorbehalte gegen die angloamerikanische Kultur sind eine treibende Kraft frankophoner Aktivitäten, und die eigentliche Arbeit wird auch hier von sprachpflegenden Organisationen mit unterschiedlicher Funktion geleistet. Neben dem *Haut Conseil de la francophonie*, dessen Vorsitz das Staatsoberhaupt selbst hat, gibt es das *Commissariat de la langue française*, das für die Belebung der französischen Sprache in der Welt zuständig ist, und das *Comité consultatif pour la francophonie* zur Beratung des Premierministers.

Das Französische
außerhalb
Frankreichs

Abbildung 9.2
Verbreitung des
Französischen
in der Welt

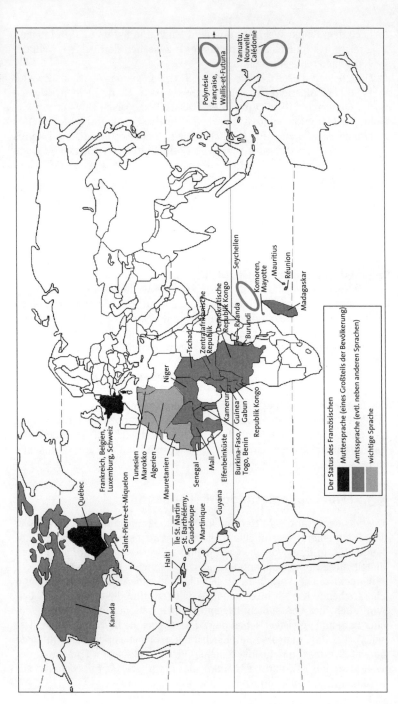

In der Regierung ist zunächst ein Staatssekretär, ab 1988 ein Minister für das Ressort Frankophonie zuständig. Seit 1986 werden regelmäßig die »sommets francophones« zu bestimmten (nicht sprachpolitischen) Themenschwerpunkten abgehalten. Diese politischen Maßnahmen, und insbesondere die mit ihnen einhergehenden Subventionen, haben mit dazu beigetragen, die eher misstrauische Haltung der ehemaligen Kolonien gegenüber der französischen Regierung abzubauen.

Hinzu kommen zahlreiche Gesellschaften, die die Zusammenarbeit auf den unterschiedlichen Ebenen des öffentlichen Lebens erleichtern und von der *Association internationale des parlementaires de langue française* (AIPLF) zur Koordination von über 40 nationalen Parlamenten bis zur Gesellschaft der frankophonen Bürgermeister reichen. Dieses politische Programm wird durch kulturelle Aktivitäten flankiert, wie die Gründung des frankophonen Nachrichtensenders TV5 (seit 1984 in Europa, seit 1988 TV5 Québec-Canada) oder die Ausdehnung der Championnats d'orthographe auf die Frankophonie.

Die Stellung der Frankophonie als politisches Programm schätzt Schmitt folgendermaßen ein:

»Die Frankophonie entspricht dem von der Regierung Pompidou bis zur Regierung Mitterrand sowie allen Parteien formulierten Wunsch, die Staaten und Gebiete mit französischer Sprache und Kultur oder auch nur mit Französisch als internationaler Verkehrssprache zusammenzuführen. Die Aussichten stehen für das Französische gut, da die frankophonen Aktivitäten begleitet sind von einer alles in allem behutsamen Politik gegenüber den ehemals von Frankreich abhängigen Gebieten.« (Schmitt 1990a, S. 699)

9.3.3 | Exkurs ins *français québécois* (FQ)

Die offizielle Darstellung des *français québécois*: Die Dokumentationen der Regierung von Québec, auf die sich dieser Abschnitt stützt, stellen Québec als Aushängeschild der Frankophonie dar:

»Avec ses 5,6 millions de citoyens de langue française sur une population de 7,2 millions, le Québec est une véritable enclave francophone en Amérique du Nord. Le Québec appartient ainsi à la communauté des 105 millions de francophones répartis sur cinq continents. Que ces États soient entièrement francophones ou non, que le français soit langue maternelle, la langue d'enseignement, la langue officielle ou la langue seconde, ils partagent – bien qu'à des degrés divers – un sentiment d'appartenance à un même univers linguistique et culturel.« (Le Québec actuel 1996)

Die Geschichte von Québec: Die französische Kolonie Québec wird 1608 nach mehreren Expeditionen im 16. Jh. (Verrazzano, Cartier) gegründet. Unter Richelieu beginnt 1627 unter dem Zeichen der Auseinandersetzung mit England die systematische Besiedlung von Québec und der übrigen »Nouvelle France«. 1629 wird Québec erstmals von den Engländern besetzt, die wenigen verbliebenen Franzosen errichten jedoch weitere Siedlungen entlang des St. Laurent und nennen das Gebiet *Canada* (< irokesisch *kanata* ›Dorf‹). 1642 wird Montréal (zunächst Ville-Marie) gegründet. Unter Louis XIV wird das Territorium weiter ausgedehnt, aber die Zahl der Franzosen in der Nouvelle France bleibt gering, und 1763 fallen die Kolonien mit dem Frieden von Paris an England. Der Zustrom an Einwanderern ist damit abgeschnitten, und die ethnische Basis der heutigen frankophonen Gebiete bilden ca. 2000 Neuschottländer (*Acadiens*), die der Deportation in englische Kolonien (z. B. nach Louisiana, s. Kap. 9.3.4) entkommen sind. 1791 wird das Land in die seit der Zuwanderung während des amerikanischen Unabhängigkeitskriegs vorwiegend anglophone Provinz Haut-Canada und die vorwiegend frankophone Provinz Bas-Canada aufgeteilt. Auch dort dominiert allerdings die anglophone Minderheit (10 %) in Wirtschaft und Politik. Mit dem *Acte d'Union* von 1840 unterstehen beide Teile einer Regierung, und das Englische ist vorübergehend einzige Amtssprache, bis der *Acte de l'Amérique du Nord britannique* von 1867 die Aufteilung in die Provinzen Ontario, Québec, Nouvelle-Écosse und Nouveau-Brunswick vollzieht und die offizielle Zweisprachigkeit wiederherstellt (der Name Québec ist ebenso wie der Name Kanada indianischen Ursprungs).

Sprachpolitik in Québec: Zwar sind schon zu Beginn des 20. Jh.s erste Ansätze einer Sprachpolitik festzustellen (1902 Gründung der *Société du parler français au Canada*, SPFC), die eigentliche Emanzipationsbewegung setzt aber erst 1960 mit der *Révolution tranquille* genannten gesellschaftlichen und wirtschaftlichen Modernisierung Québecs ein. Das Wahlkampfmotto »Maître chez nous« des Liberalen Jean Lesage steht stellvertretend für dieses neue Selbstbewusstsein. Mit dem Wahlgewinn des *Parti québécois* wird 1976 die Unabhängigkeit von Kanada zum erklärten Ziel der Politik von Québec. Die Abspaltung von Kanada wird aber durch Volksabstimmungen 1980 und 1995 verhindert (am 30. Oktober 1995 nur mit einem knappen Abstand von 1,16 Prozentpunkten).

Parallel zur politischen Emanzipation setzen die sprachpolitischen Aktivitäten ein. Zwei Sprachgesetze sind wichtig:

Sprachgesetz-
gebung
in Québec

- **Die Loi 22 von 1974** ist nach der Bildung des *Office de la langue française* 1961 und einigen zaghaften Gesetzesinitiativen in den 1960er Jahren die erste aktive Verteidigung der französischen Sprache in Québec. Mit Bezug auf das Französische heißt es dort:

  »il incombe au gouvernement du Québec de tout mettre en œuvre pour en assurer la prééminence et pour en favoriser l'épanouissement et la qualité.«

- **Die Loi 101 (*Charte de la langue française*)** drei Jahre später ist umfassender und dehnt die Dominanz des Französischen auf alle Bereiche des öffentlichen Lebens aus. Es wird einzige offizielle Sprache in Québec und macht das Englische auch de iure zu einer Minderheitensprache. Im Schulwesen wird die Anmeldung von Kindern in anglophonen Schulen stark erschwert (z. B. Beschränkung auf Kinder, deren Eltern oder ältere Geschwister ebenfalls die anglophone Grundschule in Québec besucht haben), im Geschäfts- und Berufsleben werden vergleichbare Beschränkungen eingeführt (Sprache der Werbung, Produktauszeichnung, Firmensprache usw.).

Sprachregelungen in der Verfassung: Die folgenden Jahre sind durch zahlreiche Gerichtsverfahren geprägt, die in der Öffentlichkeit große Aufmerksamkeit erregen. Die Änderung der Verfassung von Kanada 1982 ist insofern eine Reaktion auf die Sprachpolitik von Québec, als sie den sprachlichen Minderheiten (also auch der anglophonen Minderheit in Québec) Rechte einräumt, die mit der restriktiven Loi 101 unvereinbar sind, wie etwa die Ausbildung in der Sprache der Minderheit in öffentlichen Schulen auf Kosten der Provinz. Von Québec wurde diese Verfassung erst nach langen Verhandlungen 1987 akzeptiert. Seitdem wurde die Loi 101 durch mehrere folgende Gesetze adaptiert, und es gehört derzeit zur Aufgabe jeder Regierung Québecs (des *ministre de la Culture et des Communications*), zur Sprachpolitik allgemein und diesen Gesetzen im Besonderen Stellung zu nehmen. Alle sprachrelevanten Initiativen werden einem ständigen Ausschuss der *Assemblée nationale* vorgelegt. Die sprachpolitische Situation in Québec ist somit das Ergebnis der konkurrierenden Sprachgesetzgebungen von Kanada und Québec, wobei auf beiden Seiten die kulturell-linguistische Motivation von politisch-nationalistischen Zielsetzungen allmählich in den Hintergrund gedrängt wird.

Zweisprachigkeit
bis ins Detail
(Ottawa)

Die sprachliche Situation im heutigen Kanada: Linguistisch betrachtet, ist Kanada heute dreigeteilt: Eine frankophone Zone umfasst Québec, Teile von Ontario und von Nouveau-Brunswick. Alle übrigen Gebiete bilden, abgesehen von unbedeutenden frankophonen Minderheiten, die anglophone Zone. Als drittes sind die Städte Montréal und Ottawa/Hull als Zonen intensiven **Sprachkontaktes** zu nennen. 1997 beträgt der frankophone Bevölkerungsanteil in Québec 82,1 %, für 9,6 % ist das Englische die Muttersprache, bei fallender Tendenz und deutlicher Konzentration auf Montréal, wo 19 % der Bevölkerung anglophon sind. Etwa ein Drittel der frankophonen Québécois haben Englischkenntnisse, aber nur 9 % der Anglokanadier außerhalb Québecs Französischkenntnisse. Am ausgeprägtesten ist die Zweisprachigkeit in Montréal, wo 46 % der Frankophonen und 60 % der Anglophonen zweisprachig sind. In Nouveau-Brunswick bleibt der frankophone Bevölkerungsanteil der Acadiens mit ca. 31 % konstant. In ganz Kanada ohne Québec sinkt der Anteil der frankophonen Bevölkerung dagegen kontinuierlich von 7,2 % 1931 auf unter 5 % 1991 (Prozentangaben aus den Publikationen des Gouvernement du Québec, Chevrier 1997).

In Montréal ist die
Zweisprachigkeit
am stärksten
ausgeprägt.

Die Zahlen des *Rapport annuel* (2004) bestätigen, dass die Zweisprachigkeit in Québec deutlich zunimmt (von 35,4 % 1991 auf 44 % 2004), im anglophonen Kanada dagegen konstant bleibt (9 %). Nach der selben Quelle liegt bei den jüngeren Kanadiern (15–24 Jahre) der Anteil der bilingualen Sprecher generell um etwa fünf Prozentpunkte über diesen Zahlen.

Merkmale des *français québecois***:** Der Ursprung der sprachlichen Besonderheiten des FQ im Vergleich zum Französischen ist vielfältig: Zum einen stößt man auf **Archaismen**, also älteren Sprachgebrauch aufgrund der langen Unterbrechung des Kontakts zu Frankreich, zum anderen gibt es viele **Regionalismen**, die aus der unterschiedlichen Herkunft der Einwanderer herrühren (hauptsächlich Nord- und Westfrankreich), und schließlich war das FQ seit dem 18. Jh. anderen Einflüssen ausgesetzt als das Französische.

Viele Phänomene sind nicht mehr eindeutig einem dieser Faktoren zuzuordnen. Außerdem müssen sie auch vor dem Hintergrund der Normierung gesehen werden, denn die Norm des FQ weicht natürlich weniger von der Norm des Französischen ab als seine Varietäten. Beispielsweise haben sich im *québécois populaire* wesentlich mehr Merkmale aus französischen Dialekten erhalten als im *québécois standard*. Und schließlich war und ist das FQ auch auf der diatopischen Ebene heterogen und hat eigene Dialekte ausgebildet. Ohne auf diese Differenzierungen näher einzugehen, werden im Folgenden nur einige Merkmale des FQ an Beispielen verdeutlicht.

Merkmale des *français québécois*

- **Auf der morphologischen Ebene** ist das Hilfsverb des *passé composé* der Verbgruppe *commencer, terminer* usw. zu nennen: Die im Französischen zwar noch existierende (vgl. Grevisse 2011 §783), aber tatsächlich selten anzutreffende Bildung mit *être* in der resultativen Lesart (*Le spectacle est déjà commencé*) ist im FQ völlig normal.
- **Im syntaktischen Bereich** gibt es einige Abweichungen in der Verbvalenz, wie den transitiven Gebrauch von *goûter* (*La soupe goûte l'ail*).
- **In der Aussprache** sind zwei Auffälligkeiten die Anhebung des Nasals /ã/ zu /ɛ̃/ (so dass *vent* wie *vin* gesprochen wird) und die **Assibilierung** (Annäherung an Zischlaute) der Plosive vor Vorderzungenvokalen, z. B. *tu* /tˢy/ oder *dix* /dᶻis/.
- **Im Wortschatz** fallen noch stärker als die zahlreichen Archaismen und Regionalismen (*enfarger* ›stolpern‹, *achaler* ›auf die Nerven fallen‹, *garrocher* ›werfen‹) die semantischen Abweichungen bei gleicher Form ins Gewicht, vgl. die Beispiele in (1); auch für die lexikographische Erfassung sind sie problematischer.

(1)	Form	Bedeutung im FQ	französische Bedeutung
	barrer	(Tür) abschließen	verbarrikadieren
	cadran	Wecker	Zifferblatt
	espadrille	Turnschuh	leichter Sommerschuh
	liqueur	sprudelndes Getränk	Likör

- **Im pragmatischen Bereich** sind manche Abweichungen problematisch zu interpretieren, wie *à tantôt* für *à tout à l'heure* (weil die Referenz von *tantôt* sich im Französischen nicht auf die Zukunft erstreckt), andere können zu Missverständnissen führen, weil die Form im Französischen in anderer Bedeutung existiert: *Déshabillez-vous!* bedeutet im FQ ›legen Sie ab‹, im Französischen ›ziehen Sie sich aus‹.

Der Einfluss des Englischen: Unter den Charakteristika der neueren lexikologischen Entwicklungen sind Neologismen und **Anglizismen** zu nennen. Zum ersten Punkt gehören der **produktive** Bereich der synthetischen Ableitungen und die Neubildungen: *magasiner* für frz. *faire les magasins*, *sécheuse* für frz. *sèche-linge*, *séchoir* für frz. *sèche-cheveux*, *traversier* ›Fähre‹ für frz. *bac* oder *ferry(-boat)*. Die Einstellung gegenüber dem englischen Einfluss (ein angesichts der politischen Situation besonders heikler Bereich) ist durch zwei gegenläufige Tendenzen gekennzeichnet: Zum einen hat das FQ in früherer Zeit zahlreiche englische Lehnwörter übernommen, um neue Gegenstände und Sachverhalte zu bezeichnen, besonders in Technik und Wissenschaft (also Bedürfnisentlehnung: *clutch*, *tire*, *station-wagon* usw.), zum anderen führt die sprachliche Konkurrenzsituation dazu, dass viele der im Französischen akzeptierten Anglizismen im FQ gemieden werden (*fin de semaine* statt *week-end*, *croustilles* statt *chips*, *stationnement* statt *parking*, *carré (Rolland)* statt *square (Wilson)* usw.).

Ein weiterer Unterschied besteht darin, dass bei neueren Anglizismen das FQ zur Beibehaltung der amerikanischen Aussprache tendiert, das Französische dagegen die Aussprache anpasst, und dass es im FQ zahlreiche ältere, bereits graphisch und phonetisch assimilierte Anglizismen gibt wie *bécosse* ›toilettes‹ < *back-house*, *lousse* ›relâché‹ < *loose*, *quioute* ›mignon‹ < *cute* oder *smatte* ›sympathique‹ < *smart*. Bei den semantischen Anglizismen wird die englische Bedeutung auf ein ähnlich lautendes französisches Wort übertragen, wie *formation académique* im Sinne von *formation scolaire*.

9.3.4 | Kreolsprachen

Eine → Kreolsprache (kurz: ›**Kreol**‹) ist eine vollwertige Sprache, die sich in der Regel aus einer Hilfssprache (Pidgin) entwickelt hat und als Muttersprache erlernt wird.

Zum Begriff

Für die Herkunft des Worts Pidgin gibt es mehrere Erklärungen (z. B. ähnlich lautende Wörter im Chinesischen oder anderen Sprachen). *Kreole* oder *créole* kommt aus portug. *crioulo* und bezeichnet einen in der Kolonie geborenen Europäer.

Pidgins als Vorstufe für Kreols: Typisch für die kolonialisierten Gebiete ist, dass die angestammte Bevölkerung und die Kolonialisten zunächst eine Hilfssprache benutzen, um miteinander zu kommunizieren, wobei sich die Kommunikation in der Regel auf wenige Bereiche, besonders den Handel, beschränkt. Eine solche zweckgebundene Hilfssprache nennt man **Pidgin** (für noch rudimentärerere Vorstufen verwendet man auch ›**Jargon**‹). Ein Pidgin entsteht spontan, um ein dringendes Kommunikationsbedürfnis zu befriedigen, und wird daher nicht als Muttersprache weitergegeben. Der rudimentäre lexikalische Bestand des Pidgin stammt im Wesentlichen aus der beteiligten europäischen Sprache (die daher auch **Lexifizierersprache** genannt wird), er wird aber durch Lehnwörter aus der angestammten Sprache bereichert. Auch in morphologischer und syntaktischer Hinsicht sind Pidgins sehr einfach strukturiert.

Das Französische
außerhalb
Frankreichs

Pidgins und Kreolsprachen sind somit zwei Stadien eines sprachlichen Entwicklungsprozesses, der in der kreativen Anpassung zweier in Kontakt tretender Sprachen zu einem neuen, voll funktionsfähigen Kommunikationsmittel besteht. Pidgins werden irrtümlicherweise häufig als eine Art degenerierte Sprachform betrachtet, sind aber tatsächlich strukturierte Systeme, die sich in der Regel nicht über längere Zeit halten können, weil sie an historische Situationen und bestimmte Zwecke gebunden sind. So verschwand beispielsweise in Vietnam das französisch-basierte Pidgin (Tay Boy) nach dem Abzug der Franzosen ebenso wie das englisch-basierte Pidgin nach dem amerikanischen Vietnamkrieg. Die Pidgins trugen oft abwertende Namen wie das »Petit Mauresque« im Maghreb oder das besonders von Soldaten gebrauchte »Petit Nègre« an der westafrikanischen Küste.

Kreolisierung: Bei der Entwicklung zum Kreol wird das Pidgin auf allen sprachlichen Ebenen ausgebaut, um den Anforderungen einer Sprache in allen Funktionen gerecht zu werden: Normalerweise sind Pidgins stark durch bestimmte kommunikative Ziele geprägt und können daher gut die apellative Funktion der Sprache erfüllen, aber z. B. nicht die poetische oder die metalinguistische Funktion (vgl. das **Kommunikationsmodell** von Jakobson, Kap. 1.1). Der Ausbau zu einer Kreolsprache wird von bestimmten soziolinguistische Bedingungen favorisiert, die wiederum nur in bestimmten geographischen Kontexten gegeben sind:

Soziolinguistische
Bedingungen

- Ein **Sprachkontakt** zwischen sozialen Gruppen mit unterschiedlichem Prestige muss längere Zeit dauern.
- **Isolierung:** Die schwächere soziale Gruppe wird aus ihrer angestammten soziokulturellen Umgebung herausgerissen.
- **Heterogenität:** Die schwächere Gruppe hat keine einheitliche Muttersprache.

Diese Konstellation war bei vielen Kreolsprachen eine Folge des Sklavenhandels. Hier wurde z.T. systematisch vermieden, dass gleichzeitig deportierte Sklaven aus einheitlichen afrikanischen Sprachgebieten stammten, um Aufstände zu vermeiden. Auf den Plantagen waren die Sklaven isoliert, noch stärker war die Isolierung auf Inseln.

Der Prozess der Kreolisierung erstreckt sich normalerweise über mehrere Generationen und führt in der Regel zu einer Konkurrenzsituation zwischen dem Kreol, der angestammten Sprache und der beteiligten europäischen Standardsprache, deren soziales Prestige meist höher angesiedelt ist.

Zu dieser an sich schon sprachlich komplizierten Situation können weitere Faktoren hinzukommen, die mit der politisch instabilen Situation der Kolonien zusammenhängen. Beispielsweise gibt es in Louisiana neben dem durch den Import afrikanischer Sklaven über die Antillen entstandenen Frankokreol auch noch das **Cajun** oder **Cadjin**, in dem die Sprache der aus Kanada vertriebenen frankophonen Acadiens weiterlebt (s. Kap. 9.3.3), das noch von mehreren Hunderttausend Personen gesprochen wird, wohingegen die Sprecher des standard-nahen *français* *louisianais* inzwischen fast völlig amerikanisiert sind. Insgesamt wird die Zukunft der Frankophonie in Louisiana trotz zahlreicher Initiativen eher skeptisch beurteilt.

Kreolistik: In einigen Eigenschaften ähneln sich Kreolsprachen weltweit und unabhängig von der beteiligten Kolonialsprache, z. B. bei der Entwicklung neuer Tempus-, Modus- und Aspektmorpheme (für Details s. den Exkurs in Kap. 9.3.5). Diese Besonderheiten haben schon im 19. Jh. die systematische Untersuchung von Kreolsprachen beflügelt:

- Adolpho Coelho (1880) vertrat als erster die universalistische Theorie, nach der die weltweiten Ähnlichkeiten der Kreols auf universelle Lernprozesse des Menschen zurückgeführt werden.
- Lucien Adam stellte 1883 Gemeinsamkeiten zwischen Frankokreols und westafrikanischen Sprachen fest und erklärte den nachgestellten Artikel (vgl. die Formen in (4)) als Konvergenz zwischen nachgestellten Funktionswörtern der westafrikanischen Sprache Ewe und dem französischen Artikel *la*.
- Hugo Schuchardt (1842–1927) gilt als der Begründer der Kreolistik: Auf der Basis einer großen Datensammlung kam er zu keiner klaren theoretischen Position, sah aber als erster den Entwicklungszusammenhang zwischen **Pidgins** (die er »Vermittlungssprachen« nannte) und Kreols (Schuchardt 1909).

Diese gegensätzlichen Annahmen für die Erklärung der Herausbildung der Kreols stehen sich bis heute gegenüber. Für die besonderen Strukturen der Kreolsprachen können grob zwei Erklärungen unterschieden werden:

- **Die zugrundeliegenden Sprachen** erklären die Strukturen des Kreols. Für einige Forscher ist hier die **Lexifizierersprache** wichtiger, für andere das **Substrat**, also die Sprache der Deportierten (z. B. westafrikanische Sprachen im Fall der Antillenkreols).
- **Angeborene Regeln:** Mit dem **Bioprogramm** greift Derek Bickerton in extremer Form den universalistischen Ansatz auf. Nach dem Vergleich mehrerer Kreol sprechender Generationen auf Hawaii stellt er fest, dass das Kreol über verschiedene Inseln hinweg gleiche Strukturen ausbildete, die nicht auf (durch das Pidgin vermittelte) Strukturen der englischen Basissprache zurückführbar waren (Bickerton 1981).

Frankokreols: Auf dem Französischen basierende Kreolsprachen gibt es im östlichen Louisiana, auf Haiti, den Antillen (Grenada, Guadeloupe, Martinique, St. Lucia, Trinidad, Tobago), in Französisch-Guyana (mit portugiesischem Einfluss), auf Réunion (le »Réunionnais«), auf Mauritius, der benachbarten Insel Rodrigues sowie auf den Seychellen.

Kreols auf den Antillen: Auf den Antillen war das Kreolische als Sprache der Sklaven auch noch nach der Abschaffung der Sklaverei 1848 eine gegenüber dem französischen Standard stigmatisierte Varietät und wurde bis weit ins 20. Jh. hinein als Schrift- und Kultursprache völlig ignoriert. Erst in den 1960er Jahren gewannen die Kreolsprachen der Antillen mit dem Aufkommen eines karibischen Kulturbewusstseins an Bedeu-

Das Französische
außerhalb
Frankreichs

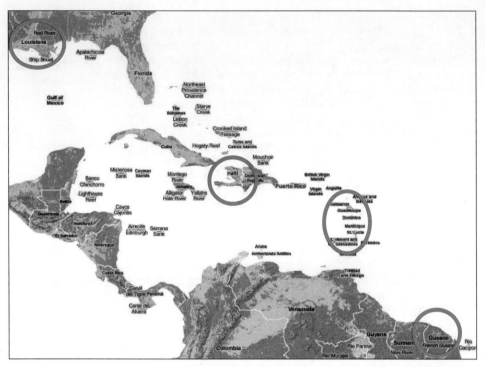

Frankokreols
auf den Antillen

tung, zumindest in intellektuellen Kreisen. Die allgemeine Situation zwischen Französisch und Kreolisch kann aber bestenfalls als französisch-kreolische **Diglossie** bezeichnet werden, deren weitere Entwicklung noch nicht abzusehen ist.

Haiti nimmt vor diesem Hintergrund eine linguistische Sonderstellung ein, denn das Land ist ein Beispiel für die weitreichende Durchsetzung eines Frankokreols. Seit den 1950er Jahren entwickelt sich eine bemerkenswerte kreolische Literatur, Kreolisch ist als Unterrichtssprache zugelassen und hat eine staatlich anerkannte Orthographie. Seit 1987 ist es neben dem Französischen als offizielle Sprache in der haitianischen Verfassung verankert. Französisch ist zwar nach wie vor die Sprache einer Elite, kann aber mit dem Kreolischen nicht konkurrieren: Von etwa 6 Millionen Kreolsprechern spricht nur eine Minderheit von maximal 15 % Französisch.

9.3.5 | Exkurs ins Antillenkreol

Obwohl betont wurde, dass es sich bei Kreols um vollwertige Sprachen handelt, ist die falsche Vorstellung, es handle sich um Hilfssprachen, weit verbreitet. Dagegen hilft am besten eine Reise auf die Antillen oder in eine andere kreolophone Gegend. Als Ersatz können aber auch Sprachaufnahmen oder Texte dienen. Hier wird zunächst an einem kurzen Textbeispiel das

Frankokreol von Guadeloupe vorgestellt. Anschließend werden einige Merkmale dieses Kreols und von Kreolsprachen im Allgemeinen diskutiert.

Dabei wird nicht systematisch zwischen den Kreols von Martinique und Guadeloupe unterschieden. Sie haben zusammen ungefähr 800.000 Sprecher und gehören zu den *ka*-Kreols, im Gegensatz zu den *ap*-Kreols wie das Haitische. Bei der ersten Gruppe hat sich das Morphem für den progressiven **Aspekt** aus frz. *capable* entwickelt, bei der zweiten aus *après* (zu Details s. u.).

Für Französischsprecher ist der akustische Zugang zu Frankokreols erfahrungsgemäß einfacher. Ideal ist eine Kombination von transkribierten Sprachaufnahmen, wie im *Corpus créole* (Ludwig 2001). Auch das Internet bietet inzwischen viele Materialien.

Hinweis

Das Kreol von Guadeloupe: Der hier verwendete Text aus dem *Corpus créole* (Ludwig 2001) gibt eine Unterhaltung zwischen Sylviane Telchid (T), Lehrerin in Capesterre (Guadeloupe), und ihrer Nachbarin (*la voisine*: V) wieder. Dabei handelt es sich um eine sogenannte ›Transliteration‹, d. h. die Aussprache wird nicht mit phonetischen Symbolen, sondern normalen Buchstaben und einigen Diakritika wiedergegeben. Die Transliteration orientiert sich an den orthographischen Konventionen, kann aber dort variieren, wo auch die Aussprache variiert (für weitere Informationen und die Audiodatei s. Ludwig 2001).

Der Textausschnitt (2) wurde mit den Schreibkonventionen aus Ludwig (2001, S. 70) übernommen, aber angepasst: Auf die zweizeilige Darstellung der Diskurse wurde verzichtet und zeitlich überlappende Äußerungen sind linearisiert, einige Formen fehlen. Um das Verständnis zu erleichtern, wurde eine **Glosse** hinzugefügt, die für jede Form eine Interpretationshilfe bietet. Die vereinzelten API-Symbole des Originals stehen in eckigen Klammern.

(2) —T: alò lavwazin bonjou —L: bonjou vwazin —T: wè... alò   nou té
—*T: alors la-voisine bonjour —L: bonjour voisine —T: oui   alors nous Verg.*
vin fè   on ti   kozé avè-w la —L: [e] [ɛ] an ké réponn-vou asi
venir faire un petit causer avec-toi là? —L: ... ... je Fut. répondre-vous à-Art.Pl.
kèsyon a-w ou ka   mandé-mwen —T: wè... alò   —L: si es   si
questions Art. tu Progr. demander-moi —T: oui... alors —L: ... est-ce que Art.Pl.
kèsyon-la   bon wi —T: ében wi... an   préparé déotwa   ti
questions-Art. bon oui —T: eh-ben oui on(a) préparé deux ou trois petites
kèsyon ba-w   mi sa an té   vé   sav   —L: enhen —T: kon/
questions donner-tu voilà ça on Verg. vouloir savoir —L: hein   —T: quand
lè   ou vwè ou té   piti koté uit a dis lanné léswa avan ou té   ay
lorsque tu vois tu Verg. petit côté huit à dix ans   le soir avant tu Verg. aller
kouché adan fanmi a-w... ka   zò té   ka   fè
coucher dans famille Art.   Progr. vous Verg. Progr. faire

Abkürzungen: Art(ikel), Fut(ur), Pl(ural), Progr(essiv), Verg(angenheit)

Das Französische
außerhalb
Frankreichs

Die Besonderheiten der Kreolsprachen lassen sich in vielen Fällen am besten kontrastiv zum Französischen beschreiben. Im Folgenden werden für die verschiedenen sprachlichen Ebenen jeweils einige wichtige Merkmale aufgezählt.

Schreibung und Aussprache: Die Schreibung der Kreols ist erwartungsgemäß uneinheitlich und in den verschiedenen Ländern unterschiedlich einheitlich. Grundsätzlich folgt sie aber eng der Aussprache. Im Gegensatz zur französischen Schreibung haben alle Buchstaben einen phonetischen Wert: So steht *pòt* für /pɔt/ (›pot‹), mit gesprochenem Endkonsonant, und *mo* für /mo/ (›mot‹), ohne gesprochenen Endkonsonant. Phonetisch auffällig sind unter anderem folgende Punkte:

Phonetische
Merkmale

- **Vokalrundung entfällt:** frz. /y/ > /i/ (*pli* ›plus‹), frz. /œ/ > /ɛ/ (*flè* ›fleur‹).
- **Endkonsonanten:** *alò* ›alors‹, *flè* ›fleur‹, *désanm* ›décembre‹ /desãm/ usw.
- **/r/ im Anlaut** und nach manchen Konsonanten wird zu /w/: *gwenn* ›grande‹, *wonn* ›ronde‹
- **Palatalisierung** der Okklusive /k/ und /g/ vor Vokalen: *tchè* ›cœur‹, *dchol* ›gueule‹ (auf Guadeloupe und Martinique)
- **Der Diphthong /wa/** hat sich im Französischen erst spät aus /wɛ/ entwickelt (s. Kap. 7.6.3). In den entsprechenden Kreolwörtern steht entsprechend /ɛ/, also *bwè* ›boire‹, *kwè* ›croire‹ usw.
- **Nasalisierung** erfolgt nach manchen Auslautvokalen (*nen* ›nez‹, *tounen* ›tourner‹) und betrifft manchmal auch den vorhergehenden Laut (*enmen* ›aimer‹, *baigner* ›benyen‹). Die Schreibung Vokal + *n* steht für den Nasalvokal. Ein folgender Nasalkonsonant wird zusätzlich geschrieben (s.o. bei *désanm*).

Straßenschild
in Lamarre,
Guadeloupe

Morphosyntax: Generell ist die Morphologie sehr regelmäßig. Unregelmäßige Formen werden ersetzt, z. B. frz. *meilleur* > *pli bon* ›plus bon‹.

Diese Regelmäßigkeit ist auch bei den verbalen Kategorien sichtbar und kennzeichnend für alle Kreolsprachen (nicht nur die Frankokreols). Alle Kreols haben aus Lexemen hervorgegangene Tempus- und Aspektmorpheme mit den in (3) genannten Werten (zur Grammatikalisierung s. Kap. 7.1.2). Das Konditional wird regelmäßig aus der Kombination von Vergangenheits- und Futurmorphem gebildet, also z. B. *mwen té ke chanté* ›je danserais‹. Dagegen haben Verben keine Endungsflexion (sie enden auf -*é* oder nasalisiert auf -*en*). Somit haben Kreols die Struktur **agglutinierender Sprachen** (s. Kap. 3.3).

(3)	Form	Bedeutung/Übersetzung	Anmerkung
	té	Vergangenheit	(< *été, était*)
	ka	Progressiv (Verlauf)	(< *capable?*)
	ke	Futur	(< *ka + aller*)

Der definite Artikel ist nachgestellt. Seine Formen sind nicht Genus-unterscheidend, sondern nur **kombinatorische** Varianten: *la, a, an* oder *lan,*

vgl. (4). Im Plural tritt zusätzlich die Partikel *sé* vor das determinierte
Substantiv. Auch der indefinite Artikel (*an*) ist vorgestellt.

(4)

Form	Bedeutung/Übersetzung	Anmerkung
tab-la	la table	
loto-a	la voiture	< *l'auto*
téléfonn-lan	le téléphone	
sé pwason-an	les poissons	mit Pluralpartikel

(5)

Form	Bedeutung/Übersetzung	Anmerkung
mwen/an	je	< *moi* (früher /mwɛ/)
ou/w	tu	
i	il/elle	
nou	nous	
zò(t)	vous	< *les autres*
yo	ils/elles	

Die lexikalischen Besonderheiten ergeben sich zum Teil aus den oben genannten morphologischen Eigenschaften

- **Wörter mit im Französischen vokalischem Anlaut** beginnen im Kreol
  - entweder mit dem /l/ des frz. definiten Artikels, wie z. B. *loto* ›voi-
    ture‹ < frz. *l'auto*,
  - oder mit dem /z/ aus der Liaison, denn genauso wie im kindlichen
    Spracherwerb wird z. B. *les épaules* als /le/ + /zepol/ analysiert. Ent-
    sprechend lautet im Kreol der Singular *zépol*.
- **Konversion** ist im Gegensatz zum Französischen ein häufig genutzter
  Wortbildungstyp, der auch für Mehrwortausdrücke genutzt wird, z. B.
  restavek ›Sklave‹ (< *reste avec*)
- **Das *français populaire*** hat den Wortschatz deutlich beeinflusst, z. B.
  kouyonnen ›tromper‹ (< frz. *couillon*).

*Lexikalische
Besonderheiten*

9.4 | Sprache und Gesellschaft

9.4.1 | Grundzüge der Soziolinguistik

> → **Die Soziolinguistik** ist das Teilgebiet der Linguistik, das sich mit der
> Sprache als gesellschaftlichem Phänomen befasst.

Zum Begriff

Die **Soziolinguistik** ist bereits in Saussures Darstellung der Sprache als soziales Phänomen und den Arbeiten von Saussures Schüler Antoine Meillet
(†1936) begründet und wird dann vor dem Hintergrund einer marxisti-
schen Sprachbetrachtung besonders in Russland fortgeführt. Sie entwickelt sich aber erst in den 1960er und 1970er Jahren zu einer eigenständigen wissenschaftlichen Disziplin. Soziolinguistik beschäftigt sich mit den
gegenseitigen Beziehungen zwischen gesellschaftlichen und sprachlichen

Strukturen und ist damit interdisziplinär (die Soziologen sprechen eher von Sprachsoziologie). Konkrete Beispiele für die Gegenstände der Soziolinguistik sind:

- **Das Verhältnis zwischen der Norm und den Substandards**: Hier geht es um die sozialen Bedingungen für die Verwendung der Varietäten, und zwar ebenso der oben (9.2.3) besprochenen diatopischen wie der im Folgenden behandelten diastratischen und diaphasischen Varietäten.
- **Die Phänomene der Mehrsprachigkeit**, wenn zwei (**Diglossie**) oder mehrere (**Polyglossie** oder **Pluriglossie**) Sprachen von bestimmten Sprachbenutzern oder in bestimmten Sprachgebieten gesprochen werden. Im französischen Sprachraum sind hier die Minderheitensprachen in Frankreich (s. Kap. 9.2.3 und 9.2.4), die Sprache der Einwanderer und die Sprachkontakte in der Frankophonie (Kap. 9.3.4 und 9.3.3) zu nennen.
- **Sprachpsychologische Phänomene**, die sich unter dem Stichwort **Sprachprestige** zusammenfassen lassen: Hier geht es um die individuellen Einstellungen der Sprecher zur Sprache, die sich z.B. in ihren Vorurteilen gegenüber anderen Sprachen (vgl. die Wendung *il parle comme une vache espagnole*) oder anderen Varietäten (vgl. die pejorativen Begriffe *patois* oder *charabia*) ausdrücken.
- **Unsicherheiten beim Sprachgebrauch**, die häufig auf historische Faktoren zurückzuführen sind, werden auch normativ als soziales Merkmal betrachtet: Die Sprache mancher Gruppen wird als »korrekter« angesehen.
  - Im Französischen werden viele seltenere oder nur schriftsprachlich vorkommende Formen nicht mehr beherrscht (*que je *voaille* als subjonctif von *voir*, analog zu *aille*, *faille* usw.)
  - Die Kluft zwischen Schreibung und Lautung führt zu »Fehlern« in der Aussprache (/waɲɔ̃/ statt /ɔɲɔ̃/ für *oignon* und /pwɛle/ statt /pwale/ für *poêler*) und in der Schreibung (vgl. das inzwischen tolerierte *évènement* für *événement*).
  - Unsicherheiten führen zu **Hyperkorrektismus**, wenn die selteneren unregelmäßigen Formen anstelle der regelmäßigen verwendet werden: z.B. das Pluralmorphem /-o/ wie in *banaux (statt *banals* ›banal‹) oder die Annahme eines Plural-*s* mit entsprechend falscher Liaison bei *quatre hommes* als */katrəzɔm/.
- **Charakteristika sozialer Kommunikation und ihrer Formen**. Hier geht es um die wesentlichen Faktoren für die möglichst reibungslose und situationsgerechte Übermittlung der Information wie das in Kapitel 6.3.1 beschriebene Prinzip der Kohärenz oder die in Kapitel 6.1.2 genannten Konversationsmaximen von Grice.

Bernsteins Code-Modell: In den Anfängen der Soziolinguistik gingen viele Arbeiten von einem traditionellen, aus Schichten aufgebauten Modell der Gesellschaft aus und versuchten, das spezifische Sprachverhalten der Sprecher dieser Schichten zu definieren. Der englische Soziologe Basil Bernstein hat als einer der ersten soziale und sprachliche Unterschiede in Beziehung gesetzt: Er unterschied, ausgehend von den schlechteren Schulleistungen der Kinder aus der Arbeiterklasse, einen **restringierten Code** und einen **elaborierten Code**, die sich durch konkrete sprachliche Merkmale auszeichnen (Wortwahl, syntaktische Strukturen).

»Qualitative Register« statt Soziolekte: Schon bald setzten sich jedoch weitaus nuanciertere Untersuchungen durch, in denen man bemüht war, die sozialen Faktoren des Sprachgebrauchs (Alter, Geschlecht, Bildung der Sprecher, Kommunikationssituation, Medium usw.) sauberer zu trennen und auf einer solideren linguistischen Basis zu beschreiben. Symptomatisch für diese Entwicklung ist die heute noch übliche Terminologie: Selbst Müller (1985, S. 172) spricht im unten empfohlenen Kapitel von der »perspective diastratique« und von »groupes sociologiques«, behandelt dort aber unter anderem geschlechtsspezifische Sprache und Fachsprachen, die keinen »Schichten« zugeordnet werden können. Er korrigiert diese Auffassung aber mit seiner Abgrenzung der Termini **Soziolekt** und **Gruppensprache** im Zusammenhang mit den sozialen **Subsprachen**:

»Les qualifier de ›sociolectes‹ entraînerait le risque de mal interpréter l'élément *socio-*, car précisément dans la société du XXe siècle, on voit s'organiser, indépendamment des anciennes structures de classes, des groupes hétéroclites caractérisés par leur façon particulière de s'exprimer. Trait spécifique de l'époque actuelle, les langues traditionnelles de classes [...] sont en train de s'uniformiser rapidement tout en développant des différences qualitatives [...] cependant qu'augmente tout aussi rapidement la diversification des langues techniques et scientifiques, de même celle des sous-langues indépendantes des classes sociales (par ex. les sous-langues du sport, de l'armée, de l'automobile, de la politique, des différentes générations).« (Müller 1985, S. 171)

Dieser Unterscheidung in Gruppensprachen und qualitative Abstufungen folgend, werden zunächst die gruppenbildenden Faktoren ›Alter‹ (Kap. 9.4.2) und ›Geschlecht‹ (Kap. 9.4.3) und ihre sprachlichen Auswirkungen dargestellt, bevor in Kapitel 9.5 von den qualitativen Abstufungen der Sprache die Rede sein wird. Dort wird dann auch der historische Zusammenhang zwischen Registern und früheren Gesellschaftsschichten beleuchtet werden. Für weitere Informationen zur wissenschaftsgeschichtlichen Entwicklung der Soziolinguistik sei auf die in Kapitel 9.5.5 genannte Literatur verwiesen.

9.4.2 | Der Faktor ›Alter‹

Sprechergenerationen und Sprachwandel: Das Alter der Sprecher ist ein Faktor der Sprachdifferenzierung, der deutlicher ins Auge fällt als der des Geschlechts. In vielen Forschungen zu diesem Thema wird die Sprache der Erwachsenen als normal eingestuft, die Sprache der Kinder, der Jugend und der Alten als die abweichende Form (die Sprache der Kinder ist dabei weniger unter soziologischen als unter psychologischen Gesichtspunkten zu betrachten, auf sie wird hier nicht näher eingegangen).

Im Allgemeinen sind die älteren Sprechergruppen natürlich konservativer, während bei den jüngeren die neueren Tendenzen sichtbar sind.

Die Varietäten der Generationen ergeben somit eine Art Mikro-Sprachgeschichte und weisen auf eventuelle künftige Sprachentwicklungen hin (zum strukturellen Wandel s. auch Kap. 7.1.3). Daher ist die Jugendsprache auch verhältnismäßig gut untersucht, wohingegen bei erwachsenen und älteren Sprechergruppen wenig differenziert wird: Sie dienen als Vertreter der Norm und einer älteren Norm eher als Vergleichsobjekt für die Jugendsprache.

Auf der phonetischen Ebene sind manche Oppositionen bei den älteren Generationen noch deutlich ausgeprägt, verflachen aber bei den jüngeren. Dazu gehören manche Oppositionen zwischen kurzen und langen Vokalen, wie in *belle : bêle* (/bɛl/ : /bɛːl/), die ohnehin nur schwache (durch wenige Minimalpaare belegte) Opposition der Nasale /ɛ̃/ : /œ̃/ wie in *brin : brun* (/brɛ̃/ : /brœ̃/) oder das Phonem /ɲ/, das von der Lautkombination /nj/ abgelöst wird, so dass z. B. die Opposition *la nielle : l'agnelle* verschwindet.

Besonderheiten der Jugendsprache: Wesentlich drastischer als diese allmählichen lautlichen Veränderungen ist der Kontrast auf der lexikalischen Ebene. Generell gilt, dass die Jugend den Wortschatz neuer oder sich schnell entwickelnder Bereiche besser kennt und bereitwilliger annimmt als die älteren Generationen (z. B. Sport, Medien, Informationstechnologie). Hinzu kommt ein ständiger Bedarf an Bezeichnungen für neue Dinge und Sachverhalte sowie ein gewisses Bedürfnis der sozialen Abgrenzung, die sich auch in originellem Sprachgebrauch niederschlägt und nicht nur in den Wortschatz, sondern auch in die stabileren Ebenen der Sprache wie Morphologie und Syntax eingreift:

- **Derivationen** jeglicher Art (durch Prä- und Suffigierung) sind sehr **produktiv**. Mit Suffixen werden häufig Superlative (*génialissime, minablissime, kitchissime*) oder pejorative Bezeichnungen (*blondasse, follasse, lourdaud, sympatoche*) gebildet. Die hierfür verwendeten Suffixe stammen teilweise aus dem Argot. Auch die Präfixe bezeichnen hauptsächlich die Intensität: *méga-, hyper-, archi-, ultra-, hypra-* treten in Verbindung mit allen möglichen Adjektiven und Substantiven auf.
- **Konversion** ist ein im *français commun* eher selten genutztes Mittel der Wortbildung, kommt aber in der Jugendsprache häufig zur Bildung denominaler Adjektive vor, z. B. *c'est pétasse, c'est tarte.* Bei attributiver Verwendung entstehen die in Kapitel 3.5.3 behandelten asyndetischen **Komposita** (positive oder negative Einordnung: *écrivain culte, résultat bidon*). Formal unverändert können Substantive auch adverbial auftreten: *s'habiller délire, penser latex.*
- **Wortkürzungen** sind ebenfalls aus dem *français commun* bekannt (*télé, métro*), werden aber in der Jugendsprache willkürlicher vorgenommen:
  - Die Silbengrenzen werden nicht unbedingt berücksichtigt (*beauf* für *beau-frère*) und so entstehen auch Varianten mit und ohne auslautendem Konsonant, wie *provoc* oder *provo* (zu *provocateur*).
  - Bisweilen wird auch ein *-o* an die gekürzte Form angefügt (*prolo, crado* ›schmutzig‹), möglicherweise analog zu den zahlreichen Präfixen mit echtem *-o* (*micro, pseudo, philo*).

– Seltener als die Kürzung am Wortende (**Apokope**) ist die Kürzung am Wortanfang (**Aphärese**), wie bei *blème* (= *problème*) oder *ricains* (= *américains*). Eine Kombination von Apokope und Aphärese führt zur **Wortmischung** wie in *merveillantifique*.

- **Syntaktische Veränderungen** betreffen z. B. die Verbvalenz. Hier sind die häufigsten Veränderungen der intransitive oder reflexive Gebrauch von normalerweise transitiven oder nicht reflexiven Verben: *ça craint* ›das ist schlecht‹, *il assure* ›er ist kompetent‹, *j'angoisse* ›ich habe Angst‹, *se planter* ›einen Misserfolg haben‹, *se casser* ›weggehen‹, *s'avaler qc* ›etwas trinken‹.

Dem Bedürfnis nach sozialer Abgrenzung durch die Sprache (das auch für den Argot charakteristisch ist, s. Kap. 9.4.5) entspringen eine Reihe der sprachlichen Merkmale der Jugendsprache. Dazu gehören die teils spielerischen Veränderungen der Form, etwa wenn Suffixe nicht nur zur Bedeutungsveränderung, sondern auch ohne spezifische Funktion eingesetzt werden (*facile* > *fastoche*, *classique* > *classicos* usw.). Aber auch die Bedeutungsveränderung von gemeinsprachlichen Formen führt zu Verständnisproblemen bei nicht Eingeweihten (*zen* ›cool‹, *vert* ›jaloux‹, *thon* ›fille belle‹ usw.)

Verlan: Am deutlichsten sichtbar sind für Außenstehende die systematischen Veränderungen des *signifiant*. In den 1980er Jahren drang das aus dem Argot schon lange bekannte Vertauschen von Silben oder Wortsegmenten in die Jugendsprache ein und wurde unter dem Begriff **Verlan** bekannt, der selbst eine Umstellung von *(à) l'envers* ist. Zweisilbige Verlanwörter sind noch einigermaßen durchschaubar (*joibours* < *bourgeois*, *féca* < *café*), bei Einsilbern sind die Regeln schwieriger zu beschreiben (*keum* < *mec*, *keuf* < *flic*). Die Beschreibung der Phänomene hinkt der sprachlichen Realität naturgemäß weit hinterher, inzwischen sind aber zahlreiche Verlanwörter lexikalisiert: Der *Petit Robert* führt *keum* und *meuf* (*femme*) auf und verweist bei *béton* auf *tomber* (wegen *laisse béton* < *laisse tomber*, das bereits 1970 belegt ist).

> Spielerische Formveränderungen sind typisch für Argot und Jugendsprachen.

Jugendsprache und Lexikographie

Zur Vertiefung

Die Wörterbücher sind gegenüber solchen Neuerungen eher zurückhaltend und akzeptieren in der Regel nur die als *courant* eingestuften Formen:

»Il n'est évidemment pas dans notre propos de décrire un tel système, qui par ailleurs est limité à un milieu restreint. Mais certains mots se sont répandus dans l'usage familier courant et ne pouvaient être raisonnablement rejetés. Nous avons donc traité les mots *beur*, *meuf*, *ripou* sur le même pied que certains mots familiers, sans nous alarmer de leur étymologie.« (*Petit Robert* 1993, S. XVI)

Die Entwicklungen der 90er Jahre zeigen, dass sich die Regeln eher verkomplizieren und die Neubildungen dadurch noch weniger transparent werden (mehrere der hier zitierten Beispiele stammen aus Storz 1997). Der Anwendungsbereich des Verlan erweitert sich auf längere Wörter, die vor oder nach der »Verlanisierung« auf zwei Silben reduziert werden (*porte-monnaie* > *portné* > *népor*), und auf Syntagmen, deren Wörter getrennt behandelt und dann kontrahiert werden (*lache-moi* > *chelaouam*).

Weiterentwicklung vom Verlan zum Veul: Die von Rap-Gruppen der 90er Jahre praktizierte erneute Anwendung von Umstellungsregeln auf Verlanwörter führt zu stark veränderten Formen, die nicht mehr zeitgleich mit dem Sprechakt entschlüsselbar sind, sondern in Jugendzeitschriften (z. B. *20 ANS* Februar 1995, S. 100, vgl. Storz 1997) explizit eingeführt und erklärt werden: Bei *arabe* > *beur* > *rebeu* sind die erste und zweite Form (Standard und Verlan) im *Petit Robert* aufgeführt, die dritte Form nicht. Diese Weiterentwicklung des Verlan heißt **Veul** (*verlan* > *(an)veu(r)l*), und ebenso wie die Bezeichnung selbst werden zahlreiche Wörter des Veul zusätzlich gekürzt, z. B. *sinc* < *sincou* < *cousin* als Anredeform unter maghrebinischen Einwanderern. Der Veul ist heute hauptsächlich in den Industrievorstädten von Paris verbreitet, und es ist nicht abzusehen, ob von diesem Typ der *argots des banlieues* lediglich neue Impulse auf die Jugendsprache schlechthin einwirken oder ob sich hier tatsächlich wieder schichtenspezifische Varietäten der Einwanderer- und Arbeiterjugend herausbilden.

Zur Vertiefung

Neue Soziolekte

Die Vielschichtigkeit dieser neuen Soziolekte beschreibt Philippe Pierre-Adolphe, Autor des *Dico de la Banlieue*:

»Enfant de la banlieue parisienne, j'ai longtemps cru que ce vocabulaire sec, précis et métaphorique n'était qu'un phénomène propre à la couronne francilienne. Jusqu'à ce que je découvre qu'il y avait aujourd'hui en France non pas ›un‹, mais ›des‹ langages de la rue issus d'une multitude d'influences qui se mélangent. Celles-ci vont de l'apport lexical des populations immigrées [...] à celui du français d'extraction populaire (argot, verlan), en passant par les racines linguistiques régionales (occitan, alsacien, normand, ch'timi...), sans oublier l'empreinte des médias et de la publicité sous emprise anglo-américaine.« (*Le Figaro Magazine*, 31.5.97, S. 48)

Diastratisch vs. diaphasisch: Sprachsoziologisch gesehen ist wichtig, dass auch die jugendliche Generation heterogen strukturiert ist: Während ein Teil der Jugendlichen die spezifische Jugendsprache situationsabhängig (**diaphasisch**) als eine von mehreren sprachlichen Alternativen einsetzt, verfügt ein anderer Teil nur über den Substandard. Der Einfluss auf die Norm ist bisher nur sehr begrenzt, weil die Sprecher die altersspezifischen Besonderheiten mit ihrem Eintritt in das Berufs- oder Studienleben ablegen. Sozialwirtschaftliche Faktoren wie hohe Arbeitslosigkeit können aber die Ghettobildung der Banlieues fördern und die Assimilierung der dort gesprochenen Register verhindern.

9.4.3 | Der Faktor ›Geschlecht‹

Geschlechtsspezifische Wörter: Zahlreiche Arbeiten der letzten Zeit beschäftigen sich mit der Frage, ob die Struktur der Sprache der Wirklichkeit ausreichend Rechnung trägt. Dazu gehört insbesondere das Verhältnis zwischen den sprachlichen Kategorien maskulinum und femininum und den natürlichen Kategorien männlich und weiblich, wo die Arbitrarität sprachlicher Zeichen (s. Kap. 5.1.2) als störend empfunden wird: Maskuline Wörter sollten sich nicht auf weibliche Referenten beziehen (*le ministre*) und umgekehrt (*la vedette* ›der Star‹), und unmarkierte maskuline Formen (*les Français*) sollten keine geschlechtsneutrale Referenz haben.

Sprachnormierung: Die Ergebnisse haben sich inzwischen in Eingriffen in das Sprachsystem niedergeschlagen, wobei sich das Französische in Frankreich, verglichen mit dem Französischen in der Schweiz, in Belgien oder in Québec, aber auch mit dem Deutschen, eher konservativ verhält: Die femininen Formen von Berufsbezeichnungen für Frauen haben sich in Frankreich bei weitem nicht so stark durchgesetzt wie in den anderen genannten Ländern und werden bisweilen belächelt (z. B. *la ministre, l'écrivaine, la philosophe*). Auch wenn diese Beziehung zwischen Sprache und Geschlecht in der nicht-wissenschaftlichen Literatur und den Medien ausführlich rezipiert wird, gilt das Hauptaugenmerk der Soziolinguistik traditionell nicht der Frage, ob die Strukturen der Sprache diskriminierend sind, sondern der *parole*-orientierten Frage nach den Unterschieden im Sprachverhalten von Frauen und Männern.

Geschlechtsspezifische Sprache: Das erste Forschungsgebiet der Varietätenlinguistik, die Dialektologie, war auch Vorreiter dieser Untersuchungen, hat aber sehr widersprüchliche Forschungsergebnisse erbracht: In einigen Arbeiten werden die Frauen als die konservativeren Sprachbenutzerinnen gesehen (nach Wartburg bleiben sie eher dem lokalen Dialekt verhaftet als die mobileren Männer), andere Forscher halten dagegen fest, dass gerade die Männer aufgrund ausgeprägterer lokaler Kontakte (Sportverein, Pétanque, freiwillige Feuerwehr usw.) den Dialekt häufiger einsetzen. Frauen wird dagegen ein höheres soziales Prestigebewusstsein zugesprochen, das sie eher zur Standardsprache tendieren lässt. Kritische Analysen zeigen, dass viele dieser frühen Untersuchungen empirisch nicht einwandfrei durchgeführt worden waren (falsche Prämissen, voreingenommene Datenerhebung, unsaubere Auswertung) oder auf Geschlechterstereotypen aufbauten.

> Die moderne
> Genderforschung
> überholt die
> feministische
> Soziolinguistik.

Stilistik statt Soziolinguistik: Mit der schwindenden Position dialektaler Sprachformen in Frankreich hat sich auch die Soziolinguistik anderen Themen zugewandt. Dazu gehört unter anderem das geschlechtsspezifische Sprachverhalten in bestimmten Kommunikationssituationen, etwa in der literarischen Produktion oder der Konversation. Diese Themenbereiche haben sich aus der Sicht der Datenerhebung als weniger problematisch erwiesen als die oben genannten Studien, da sich Text- und Konversationsanalysen auf umfangreiche Korpora stützen können und die oft subjektiv geprägte Sprecherbefragung oder -beobachtung vermeiden (zu

Problemen der Korpuslinguistik s. Kap. 10.2). Das Ergebnis ist eine auf verschiedenen Ebenen der sprachlichen Analyse recht genaue Beschreibung des weiblichen Redestils in verschiedenen Situationen.

9.4.4 | Fach- und Sondersprachen

Die Fachsprachen bilden eine Art linguistischen Mikrokosmos, der inzwischen zu einem eigenständigen Forschungsgebiet geworden ist. Am Anfang der Fachsprachenforschung stand das Interesse an den lexikalischen Besonderheiten und der Aufstellung von **Fachterminologien**. Heute werden Fachsprachen nicht nur horizontal, d. h. nach Fachgebieten, sondern auch vertikal klassifiziert: Je nach Verwendungssituation unterscheidet man zwischen fachsprachlichen Registern wie der Theoriesprache, die in wissenschaftlichen Abhandlungen und Vorträgen eingesetzt wird, der weniger systematischen und terminologisch einfacheren Werkstattsprache und der Verteilersprache zwischen Fachleuten und Laien. Wenn Fachsprache allgemeinverständlich übersetzt wird, spricht man auch (nicht abwertend) von **Vulgarisierung**.

Relativ neu ist die systematische Untersuchung von Fachsprache auf den anderen Sprachebenen.

Fachsprachliche
Untersuchungen

- **Fachsprachliche Morphologie** ist eng mit der Terminologie verbunden, weil es hier um die Verallgemeinerung der fachspezifischen Wortbildungsmechanismen geht. Unter diesen Spezifika sind zum einen extreme Anwendungen sprachlicher Regeln (wie bei überlangen Komposita: *témoin détecteur d'incident sur circuit de freinage* ›Bremskreiskontrollleuchte‹), zum anderen auch allgemeinsprachlich seltenere Merkmale wie die unverbundene (**asyndetische**) Komposition zwischen den ersten beiden Gliedern des zitierten Beispiels.

  Man vermutet, dass diese besonderen Merkmale von Fachsprachen einen zunehmenden Einfluss auf die Gemeinsprache haben, in der beispielsweise auch die asyndetischen Komposita in letzter Zeit deutlich zugenommen haben (s. Kap. 3.5.3).

- **Fachsprachliche Syntax:** Hier stellt man noch stärker als in anderen Bereichen fest, dass Fachsprachen in hohem Maße standardisiert sind und nur eine kleine Teilmenge der Vielzahl sprachlicher Ausdrucksmöglichkeiten aufweisen. Nachdem traditionelle stilistische Formen eine untergeordnete Rolle spielen, dominiert beispielsweise in technischen Beschreibungen das Bestreben nach klarer und ökonomischer Information und führt häufig zu monotonen Abfolgen stereotyp aufgebauter Sätze des Typs *A est B, A se trouve sur B* oder *A a B, A présente B* usw.

  An die Stelle der Möglichkeiten zur **Satzverknüpfung** treten Verben der logischen Verknüpfung (*causer, produire, résulter de* usw.) in Verbindung mit deverbalen Nominalisierungen. Man spricht in diesem Zusammenhang von fachsprachlicher **Kondensierung**, auch wenn das Beispiel zeigt, dass der typisch fachsprachliche Ausdruck (6a) nicht kürzer sein muss als seine gemeinsprachliche Variante (6b). Der syntaktischen

Komplexität auf der Ebene des Satzes in der Gemeinsprache entspricht die Komplexität der Nominalphrase in der Fachsprache.

(6)   a. Le déplacement de la bague provoque l'enfoncement des billes et le serrage des disques.
       b. Si on déplace la bague, on enfonce les billes et on serre les disques.

- **Fachsprachliche Textstrukturen** wurden intensiv erforscht, weil man hoffte zu Methoden zu gelangen, die automatisch Informationen aus Fachtexten extrahieren, und so der wachsenden Informationsflut zu begegnen. Dafür sind umfassende Analysen der fachsprachlichen Kohärenzstrukturen und der Mittel zur Herstellung von Kohäsion erforderlich (s. Kap. 6.3).

Terminologische Normung: Ein außersprachlicher Aspekt ist schließlich die fachsprachliche Normung, die zunächst in den Händen der Fachleute selbst lag, aber mit zunehmender Internationalisierung an besondere Gremien überging, die teils von der Wirtschaft, teils vom Staat gebildet werden. Dabei sind die sprachliche Normung und die Sachnormung eng miteinander verzahnt. Abgesehen von wenigen Sonderfällen wie den textstrukturierenden Vorgaben für internationale Patentschriften beschränkt sich die Normierung auf den lexikalischen Bereich. Die rein linguistische Beschäftigung mit Fachterminologien ist häufig präskriptiv geprägt. Die in Kapitel 9.1 erwähnten gesetzlichen Eingriffe erfolgen im Bereich der fachsprachlichen Terminologien besonders massiv. Die **DGLFLF** publiziert regelmäßig aktualisierte Listen mit Vorschlägen, wie neue, meist anglophone, aber auch aus anderen Sprachen stammende Termini auf Französisch wiederzugeben sind. Die folgenden Beispiele stammen aus der offiziellen Datenbank *FranceTerme* (früher CRITER):

engl. Terminus	Vorschlag der DGLFLF
airbag	*coussin gonflable* oder *sac gonflable*
aquaplaning	*aquaplanage*
minivan	*monospace*
park and ride	*parc relais*
intercooler	*échangeur thermique intermédiaire (E.T.I.)*

Während diese Maßnahmen stellvertretend für die weitverbreitete Meinung sind, die Fachsprachen übten einen deutlichen und negativen Einfluss auf das Französische aus (Stichwort *crise du français*), betrachten viele Linguisten den Sachverhalt differenzierter:

»D'autre part, les termes techniques d'aujourd'hui sont loin d'avoir tous une diffusion qui puisse laisser prédire une banalisation générale. Dans un grand nombre de cas, l'usage des termes techniques est limité aux professions correspondantes et à leur clientèle.« (Hagège 1987, S. 81f.)

Zudem sieht Claude Hagège die angebliche Durchdringung des Französischen mit fachsprachlichen **Anglizismen** vor dem Hintergrund der verschiedenen Register. Gerade in der quantitativ dominierenden einfachen Umgangssprache (*la langue parlée la plus simple*, ebd., S. 82) sind solche Entlehnungen selten und bei weitem keine Bedrohung des Sprachsystems. Hinzu kommt, dass sie auch in der *langue commune* schnell assimiliert und nach kurzer Zeit bereits nicht mehr als Entlehnungen wahrgenommen werden (*rail, tunnel*).

9.4.5 | Argot

> → **Argot** ist die Bezeichnung für die sprachlichen Varietäten gesellschaftlicher Randgruppen, die zur Verschlüsselung und zur sozialen Identifikation eingesetzt werden.

Der Begriff ›**Argot**‹ wird im Französischen für zwei Bereiche verwendet: Einerseits (und ursprünglich) für die Sprache gesellschaftlicher Randgruppen und andererseits für die Fach- und Berufssprachen (frz. *argot de métier, argot professionnel*, im Deutschen ist hierfür eher *Jargon* gebräuchlich). Historisch gesehen ist die erste Verwendung die ursprüngliche und gemessen an der üblichen Argot-Definition auch die korrektere: Das wesentliche Merkmal des Argots ist, dass sich seine Sprecher bewusst gesellschaftlich abgrenzen. Dieses bewusste Element ist bei den Fachsprachen normalerweise nicht vorhanden, auch wenn Nicht-Eingeweihte ebenfalls Schwierigkeiten haben, die Sprecher eines Argots zu verstehen. Daneben wird in der Umgangssprache mit *français argotique* auch eine qualitativ geringer eingeschätzte Abweichung von der Norm bezeichnet. Die Herkunft des Worts *argot* ist unsicher. 1628 ist es im Sinne von ›corporation des gueux‹ belegt (*gueux* < 1452 ndl. *guit*, ›personne qui vit d'aumônes‹, ›coquin, fripon‹).

Die sprachlichen Merkmale des Argot lassen sich unter dem Begriff »krypto-ludisch« zusammenfassen, der den hermetischen, geheimsprachlichen mit dem spielerischen Aspekt verbindet. Wie die unteren qualitativen Register ist auch der Argot weitgehend lexikalisch charakterisiert. Auch die Mittel zur Bildung neuer Formen finden sich teilweise im *français populaire*:

- **Metonymie** kommt in bestimmten Bereichen gehäuft vor, wie bei der Übertragung von Nahrungsmittelbezeichnungen auf Körperteile: *brioche* ›Bauch‹, *poire* ›Kopf‹.
- **Entlehnungen** aus Dialekten oder anderen Sprachen erhalten oft einen pejorativen Wert: arab. *bled* ›village perdu‹, jap. *mousmé* ›femme‹.
- **Partielle Synonyme** ersetzen das eigentliche Wort: *le paternel* statt *le père*.

- **Formveränderungen:** Laute werden umgestellt oder Lautkombinationen werden wie Präfixe und Suffixe eingesetzt, um die Form systematisch zu verändern: z. B. initiales *l*, Verschiebung des Initialkonsonanten ans Ende und die »Suffixe« *-em* bzw. *-i* bei *loucherbem* /luʃebɛm/ (für *boucher*) oder *largonji* (für *jargon*).

Extrem schnelle Veränderung ist typisch für den Argot: Sie macht es fast unmöglich, ihn synchron zu beschreiben (daher handelt es sich auch bei den hier zitierten Beispielen meist um andernorts erwähnte »Klassiker«). Der Vergleich zweier etwa hundert Jahre auseinanderliegender Argotwörterbücher (Larchey 1881 und Cellard/Rey 1991) hat ergeben, dass sich in 100 Jahren mindestens 80 % des Argotwortschatzes grundlegend geändert haben: Nur 15 % der Einträge stimmen in ihrer Kernbedeutung überein, und nur 52 % bzw. 34 % der Lemmata sind im jeweils anderen Werk aufgeführt.

Zur Entwicklung von *mec*

Das Argotwort *mec* ist heute *familier*: In einem Argotwörterbuch von 1888 ist *mec* ›Typ, Kerl‹ noch folgendermaßen definiert:

»**Mec, Meck, Meg.** Maître, monsieur; de *magis*, grand. *Le meg des megs*, Dieu, le maître des maîtres. – *Mec des gerbiers*, bourreau.
Epoux. Celui qui vit maritalement avec une femme à demi-entretenue. Les maîtresses de piano à deux francs le cachet, les demoiselles de magasin qui ont été à l'école jusqu'à douze ans, les petites bourgeoises séparées de leurs maris pour cause d'adultère, disent généralement: ›mon époux‹ en parlant de leurs amants.« (Rigaud 1888)

Heute stuft es der *Petit Robert* als *familier* ein, mit der Bedeutung ›homme, individu quelconque‹.

Zur Vertiefung

Historisch betrachtet hat sich der Argot von einer Sondersprache weniger Gruppen im 19. Jh. zunächst auf eine große Zahl marginaler Gesellschaftsgruppen ausgedehnt und hat im 20. Jh. nach und nach seine Bedeutung als diastratische Varietät verloren: Er ist heute

»über seine Existenz als eigenständiger Soziolekt hinaus in der Gegenwart zum wesentlichen Faktor in der Ausbildung umgangssprachlicher Dynamik (lexikalische Innovation, Schnelllebigkeit, Expressivität, Spontaneität) avanciert, der durch den verblassenden Stellenwert der Dialekte entscheidend begünstigt wird« (E. Radtke, nach Schmitt 1990b).

9.5 | Qualitative Register

9.5.1 | Begriff und Geschichte

→ **Qualitative Register** sind die Stilebenen der Sprache, die je nach Kommunikationssituation eingesetzt werden. Sie heißen daher auch **diaphasische** Register.

Zum Begriff

Qualitative Register

In ihrer heutigen Form sind die qualitativen Register das Ergebnis der Sprachnormierung seit dem 17. Jh. Mit der Entwicklung der höfischen Kultur im Absolutismus wird die Sprache des Hofs, der **bon usage**, mit der Norm gleichgesetzt, und die übrigen Sprachformen sind somit Abweichungen von dieser Norm. Die sprachpuristischen Tendenzen setzten aber bereits lange vor Louis XIV ein, auch wenn Louis XIII (1617–1643) noch wie das Volk gesprochen haben soll (vgl. die Beschreibung der Sprache des jungen Louis XIII durch seinen Arzt Héroard, in Ernst 1985).

Der *bon usage*: Die Gleichsetzung von Hochsprache und **bon usage** erreicht ihren Höhepunkt mit François de Malherbe (1555–1628), dem Hofdichter von Henri IV, und Claude Favre de Vaugelas (1585–1650). Vaugelas ist Mitglied der **Académie française** und prägt mit seinen *Remarques sur la langue française* (1647) den *bon usage* als elitäre, der Aristokratie vorbehaltene Sprachform. Die Sprache einiger Schriftsteller hatte also Vorbildcharakter für die letztlich ausschlaggebende Sprache des Hofs und daneben Teilen des obersten Bürgertums. Der Stellenwert der *Remarques* zeigt sich daran, dass sie im 17. Jh. zwanzig Auflagen erreichen und in Molières *Femmes savantes* (2. Akt, 6. Szene) erwähnt sind.

Zur Vertiefung

Der *bon usage* bei Vaugelas

»C'est la façon de parler de la plus saine partie de la Cour, conformément à la façon d'escrire de la plus saine partie des Autheurs du temps. Quand ie dis la Cour, i'y comprens les femmes comme les hommes, & plusieurs personnes de la ville où le Prince réside, qui par la communication qu'elles ont auec les gens de la Cour participent à sa politesse.« (*Remarques*: Préface II 3.)

Die heutige Struktur der Register geht auf die Normierungen des 17. Jh.s zurück.

Vom *bon usage* zur Supernorm: Die Zuordnung von Registern zu Gesellschaftsschichten stammt also im Wesentlichen aus der Zeit des Sprachpurismus im 17. Jh. Die mit dem **bon usage** definierte **Norm** lebt als klassisches Französisch bis heute fort und ist auch in ihrer heutigen Ausprägung eine **Supernorm**, der die **Gebrauchsnorm**, das *français commun* oder *français courant*, folgt und der die **Subnormen** *français familier*, *français populaire* und *français vulgaire* untergeordnet sind. Die in Lehrbüchern und Grammatiken vermittelte **präskriptive Norm** ist zwischen dem *français courant* und dem *français cultivé* angesiedelt. In Abbildung 9.3 ist links die Herausbildung der präskriptiven Norm im 17. Jh. skizziert, wobei die vertikalen Pfeile die gegenseitige Beeinflussung der beiden Register symbolisieren. Rechts sind die qualitativen Register des 20. Jh.s angeordnet, wobei das *français cultivé* etwa auf die Höhe der alten präskriptiven Norm gesetzt wurde und das *français populaire* auf die Höhe der Volkssprache, die sich unabhängig von der Norm (»libre de toute pression«, Müller S. 240) weiter entwickelt.

Register in deskriptiver Perspektive: Auch wenn die qualitativen Register häufig zur Bewertung sprachlicher Formen herangezogen werden

Qualitative Register

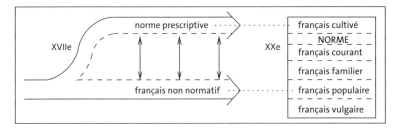

Abbildung 9.3
Herausbildung der
Norm im 17. Jh. und
qualitative Register
heute (adaptiert
nach Müller 1985,
S. 240 u. 226)

(z. B. in Wörterbüchern oder Stilistiken), so dürfen sie nicht als degenerierte Formen einer Sprache der Oberschicht angesehen werden. Der
historische Rückblick hat gezeigt, dass der **bon usage** als neue Norm des
17. Jh.s ein ebenso vollwertiges Register ist wie das *français populaire.*
Sprecher des *français populaire* benutzen also nicht etwa einen durch
Nachlässigkeit oder Unwissen veränderten Standard, sondern ein eigenes
Sprachsystem mit Merkmalen, von denen manche älter als die Norm sind
(s. Kap. 9.5.4).

Üblicherweise bezeichnet man das *français cultivé* als das Register
mit dem höchsten, das *français vulgaire* als das Register mit dem nied-
rigsten Vorbildcharakter. Generell kann aber jedes Register in einer kommunikativen oder sozialen Situation ein gewisses Prestige erlangen und
als erstrebenswert gelten. Jedes Register ist durch sprachliche und außersprachliche Merkmale gekennzeichnet. Die außersprachlichen Merkmale
sind Sprecherhaltungen wie Expressivität, Subjektivität, Spontaneität und
das Kommunikationsmedium.

- **Die Gebrauchsnorm** ist hinsichtlich dieser Merkmale neutral: Das *fran-* | Merkmale
  çais commun ist weder betont expressiv, noch subjektiv oder spontan | von Registern
  und wird gleichermaßen in mündlicher wie in schriftlicher Form verwendet.
- In den **Subnorm-Registern** werden Sprecherhaltungen dagegen unter
  anderem durch Wortwahl und Syntax explizit ausgedrückt, und das bevorzugte Medium der gesprochenen Sprache stellt weitere Ausdrucksmittel wie Intonation und Gestik zur Verfügung.
- **Die Supernorm**, das *français cultivé*, ist durch sorgfältige Formulierung,
  überlegte Wortwahl und die Beschränkung auf geschriebene Medien
  oder die schriftlich vorbereitete mündliche Kommunikation (feierliche
  Reden und Ansprachen) gekennzeichnet.

Die allgemeine Tendenz bei den sprachlichen Merkmalen geht vom Archa-
isch-Konservativen beim *français cultivé* zum bewusst Innovativen beim
français vulgaire.

9.5.2 | Das *français cultivé*

Aussprache: Wenn das *français cultivé* bei öffentlichen Anlässen wie Fei-
ern, Ansprachen oder Vorträgen in gesprochener Form benutzt wird, stehen einige Besonderheiten der Aussprache besonders hervor:

Qualitative Register

- **Oppositionen zwischen Vokalqualitäten und -quantitäten**, die nur noch schwach ausgeprägt sind, werden bewahrt: /a/ : /ɑ/, /ɛ̃/ : /œ̃/, /ɛ/ : /ɛ:/. Im *français cultivé* wird also noch *patte* von *pâte*, *brin* von *brun* und *belle* von *bêle* unterschieden – Merkmale, die bereits beim sozialen Faktor des Alters (Kap. 9.4.2) als typisch für konservativeres Sprechen genannt wurden.
- **Fehlende Neutralisierung:** Die im unmarkierten Sprachgebrauch weitgehend neutralisierten Oppositionen, z. B. /ɛ/ : /e/ werden ebenfalls artikuliert.
  Der Verzicht auf die Benutzung des neutralisierten Phonems (z. B. *mes* als /mɛ/ statt /me/ oder *aimable* als /ɛmabl/ statt /emabl/) und noch stärker die Aussprache üblicherweise stummer Konsonanten (bei Liaison) werden von anderen Sprechern als affektiert gewertet, wenn sie durch die Kommunikationssituation nicht ausreichend legitimiert sind.
- **Liaison:** Im Unterschied zu den anderen Registern werden im *français cultivé* auch *-g, -p* und *-r* gebunden (*long͜ hiver, trop͜ aimable, dernier͜ étage*) und fakultative Bindungen aller Art werden realisiert, z. B. nach Präpositionen und Adverbien (*mais͜ il...*, *après͜ une*).
- **Auslaut-/ə/:** Schließlich wird noch das /ə/ wesentlich seltener unterdrückt als im *français commun*. Insgesamt gesehen, bleiben im *français cultivé* möglichst viele Laute realisiert, wohingegen die übrigen Register mit zur Subnorm steigender Tendenz phonetisch kontrahieren.

In **Morphologie und Syntax** bevorzugen Benutzer des *français cultivé* die schriftsprachlich markierten Formen wie *passé simple, subjonctif imparfait* oder die Inversion in Fragen anstelle der Konstruktion mit *est-ce que*. Eindeutige **Archaismen** sind Formeln wie *dussé-je* (statt *si je devais*), *pour ce faire* (statt *pour faire ceci*) oder *il n'est ...* (statt *il n'y a pas de ...*). Die Satzstellung ist weniger regularisiert, und gewisse Abweichungen wie der Einschub von Appositionen an ungewöhnlichen Positionen oder die Vorstellung ansonsten nachgestellter Adjektive sind kennzeichnend für das Register. Die Sätze sind generell länger als die der anderen Register, und für die **Satzverknüpfung** wird das ganze Paradigma der Konnektoren (Konjunktionen und Adverbien) ausgeschöpft.

Wortschatz: Auf der lexikalischen Ebene wird dem *français cultivé* besondere Reichhaltigkeit nachgesagt. Der Unterschied zu den anderen Registern besteht aber weniger in quantitativer als in qualitativer Hinsicht: Im *français cultivé* treten gehäuft Archaismen und aus der Poesie bekannte bildhafte Ausdrücke auf, die Alternativen zum Vokabular der Gebrauchsnorm sind und hauptsächlich zur Markierung des Registers und zum Erzielen von Effekten genutzt werden, in manchen Fällen aber tatsächlich zu einer feineren semantischen Nuancierung führen. Müller (1985, S. 214) nennt als Beispiel die Negation: Von den Partikeln *(ne ...)* *guère, pas, pas du tout, aucunement, nullement* und *point* ist nur *pas (du tout)* im *français commun* geläufig, und eine Vielzahl von Präfixen (*désagréable, incommode, mécontent, disconvenir*) stehen dem universellen *pas* gegenüber. Durch seine zahlreichen gelehrten Wörter und die Benutzung lateinischer und griechischer Affixe hat das *français cultivé* Züge der Fachsprachen (*abhorrer, délection*), dieser Reichtum beschränkt sich aber auf den nicht-technischen Bereich. Die Terminologie der Wissenschaft und Technik sowie Anglizismen sind mit dem *français commun* kaum vereinbar.

9.5.3 | Das *français familier*

Das *français familier* ist vor allem ein Register der gesprochenen Sprache, das unabhängig vom sozialen Status seiner Sprecher in allen alltäglichen Kommunikationssituationen einsetzbar ist. Seine expressiven, subjektiven und spontansprachlichen Elemente sind nicht so stark ausgeprägt wie im *français populaire*, und sein Gebrauch schafft keine explizite Distanz zur Gebrauchsnorm.

Die Aussprache ist die der normalen gesprochenen Sprache: Im Vergleich zum *français cultivé* ist die Sprechgeschwindigkeit höher und weniger konstant, und der Akzent kann flexibler zur Heraushebung bestimmter Segmente eingesetzt werden. Das schnellere und emphatischere Sprechen führt dazu, dass insgesamt weniger sorgfältig artikuliert wird, und dies betrifft insbesondere die Vokale in den unbetonten Silben: Durch die geringere Artikulationsenergie senkt sich der Zungenrücken, und die Vokale werden offener realisiert (*heureux* als /œrø/ statt /ørø/, *autoroute* als /ɔtɔrut/ statt /otorut/, *aujourd'hui* als /ɔʒɔrdɥi/ statt /oʒurdɥi/, *nous céderons* als /nusɛdrɔ̃/ statt /nusedrɔ̃/ usw.). Die im *français cultivé* noch gepflegten Oppositionen zwischen offenem und geschlossenem Vokal in geschlossener und offener Silbe werden im *français familier* neutralisiert (s. die Beispiele in Kap. 9.5.2).

Die heutige Norm beginnt, sich diesen phonetischen Tendenzen anzupassen: Der *Petit Robert* (1993) notiert zwar für die zitierten Beispiele jeweils die Variante des *français cultivé*, gibt aber für das Futur von *céder* beide Aussprachen an und erklärt: »la prononciation actuelle appellerait plutôt l'accent grave au futur et au conditionnel«. Damit ist die neutralisierte Variante bereits Bestandteil des *français courant*.

Die Syntax des *français familier* reflektiert den Informationswert der Elemente im Satz (s. die Begriffe Thema und Rhema in Kap. 6.3.2). Rhematische Elemente werden durch **mise en relief** explizit hervorgehoben (*C'est hier qu'ils sont passés*), neue Themen durch Präsentativformeln eingeführt (*Il y a Jean qui est malade*) und thematische Elemente segmentiert (*Les Gauloises blondes, j'en fume pas souvent*). Bei den Frageformen werden die Intonationsfrage und die *Est-ce-que*-Frage den Inversionsfragen vorgezogen (s. Kap. 4.3.2).

Auf der lexikalischen Ebene spiegelt sich im *français familier* eine hohe Bereitschaft wider, Entwicklungen aus allen möglichen anderen Varietäten aufzunehmen, wie dem *français populaire* (s. Kap. 9.5.4), der Kindersprache (*faire dodo* ›schlafen‹, *kif-kif* ›egal‹), der Jugendsprache (vgl. den im *Petit Robert* festgestellten Zusammenhang zwischen **Verlan** und *français courant* bzw. *français familier* in Kap. 9.4.2) oder den unteren Ebenen der

Fachsprachen, den *argots de métier*. Die Möglichkeiten der Wortbildung werden intensiv genutzt, insbesondere für:

Wortbildung im
français familier

- **Diminutivbildungen:** *-et(te)*, *-ot(te)*,
- **Nomina agentis:** *-ard(e)*: *motard* ›Motorradfahrer‹, *veinard* ›Glückspilz‹,
- **Wortkürzungen:** *frigo(rifique)*, *pull(over)*, *extra(ordinaire)*,
- **Konversionen** zwischen Substantiven und Adjektiven: *un temps record*, *une question vache*, *une mère poule*.

Typisch ist auch die bei Sprechern des *français cultivé* verpönte Benutzung von Eigen- und Markennamen wie *sopalin* ›Küchentuch‹, *scotch* ›Klebeband‹ und deren Ableitungen (*scotcher* usw.).

Durch die genannten Merkmale kann das *français familier* als ein weitgehend der Norm angenähertes *français populaire* charakterisiert werden. Seine Sprecher gehören zu sozialen Schichten, die mit der Gebrauchsnorm durch Ausbildung, Lektüre oder soziale Kontakte vertraut sind. Der Gebrauch des *français familier* wirkt im Gegensatz zu dem des *français cultivé* oder des *français populaire* nicht sozial markierend.

9.5.4 | Das *français populaire*

Das *français populaire* ist die heutige Form der ehemals diastratischen Varietät der *langue du peuple*, die von dem Teil der Bevölkerung gesprochen wurde, der außerhalb der Ständegliederung stand (Kleinbürgertum, Handwerker, Bauern). Manchen Sprechern des *français populaire* stehen mangels Ausbildung keine anderen Register zur Verfügung, andere benutzen bewusst dieses Register, um sich der Kommunikationssituation anzupassen oder besondere kommunikative Effekte zu erzielen. Kennzeichnend für das *français populaire* ist einerseits seine in Kapitel 9.5.1 genannte direkte historische Verbindung zu den älteren Sprachstufen des Französischen, andererseits seine innovative Funktion, denn die von ihm ausgehenden Veränderungen dringen auch in die übrigen Register ein und sind damit Kandidaten für die Norm.

Archaische Merkmale: Die folgenden Merkmale sind Beispiele für zahlreiche aus älteren Sprachstufen erklärbare Eigenschaften des *français populaire*:

Merkmale des
français populaire

- Die meisten **Endkonsonanten** werden nicht gesprochen, ausgenommen bei den vorgestellten Morphemen (*ils‿ont*, *un‿enfant*, *les‿hommes*). Ebenso ist das ə *instable* in vielen Positionen geschwunden.
- **Die systematische Liaison** vor vokalischem Anlaut ist ein Produkt des **bon usage** und fehlt häufig im *français populaire*.
- Die normative **Distribution der Hilfsverben** *être* und *avoir* ist nicht ins *français populaire* eingedrungen: *je suis été*, *il s'a vu* usw.
- **Die Angleichung des Partizips** folgt nicht den heutigen komplizierten Regeln: *elle s'est assis; la robe qu'elle a fait*.
- **Der *subjonctif*** steht (wie vor der puristischen Normierung) nach Ausdrücken des Wollens, wird aber nach epistemischer Modalität (*il est possible que*) oder nach konzessiven und finalen Konjunktionen (*bien que*,

afin que usw.) nicht gesetzt. Die heutige normgerechte Verwendung geht auf die inkonsistente Regelung des Modusgebrauchs im 17. Jh. zurück.

- **Das Fehlen des Subjektpronomens** wird häufig als nachlässiger Sprachgebrauch bezeichnet, ist aber historischen Ursprungs: *Faut pas faire ça*; *Y'a rien à faire.*
- **Das Relativpronomen** *que* steht nach wie vor für das ganze Paradigma der heutigen Formen (*qui, dont*, Präp. + *quel* usw.).
- Die Kategorien **Adverb und Präposition** sind nicht klar voneinander getrennt: *Il est tombé en bas l'échelle; il est venu avec.*

Syntax: Zu den Merkmalen des *français populaire*, die laut Müller (1985, S. 245f.) in die Norm eindringen könnten, gehört die Negation: Von den zweigliedrigen Formen (*ne ... pas, ne ... rien, ne ... jamais* usw.) hat im *français populaire* nur das zweite Element überlebt; ein Beispiel für die Fortsetzung einer Entwicklung seit mittelfranzösischer Zeit, als die zweiten Elemente zur Verstärkung des im Altfranzösischen autonomen *ne* zunahmen. Der *bon usage* hat die zweigliedrigen Formen festgeschrieben, im *français populaire* hat sich aber die Entwicklung bis zum Wegfall des phonetisch schwachen *ne* fortgesetzt. Weitere Merkmale sind die Aufgabe des *subjonctif imparfait* zugunsten des *subjonctif présent*, der Zusammenfall der Phoneme /ɑ̃/ und /ɔ̃/ in einem Mittelwert sowie hyperkorrekte Formen, die auf **Analogie** zu häufigeren Formen beruhen (*donne-moi-z-en* statt *donne-m'en*, *faudra-t-aller* statt *faudra aller* usw.)

Wortschatz: Auf lexikalischer Ebene ist das *français populaire* durch zahlreiche Bedeutungsveränderungen gekennzeichnet, die besonders die Bezeichnungen für Personen, Körperteile und Wertungen betreffen. Semantische und formale Wortveränderungen unterscheiden sich nicht von denen der auf dem *français populaire* basierenden Registern der Jugendsprache oder des Argot. Entsprechend ist ein Großteil dieser Bildungen erst seit dem 19. und 20. Jh. belegt.

Damit ist das *français populaire* einerseits als ein Register mit teilweise alten, aber im Gegensatz zum *français cultivé* nicht bewusst konservierten Sprachstrukturen gekennzeichnet, andererseits durch den für nicht normierte Sprache typischen Wandel, der sich an einigen syntaktischen Tendenzen, besonders aber an den lexikalischen Veränderungen zeigt.

9.5.5 | Das *français vulgaire*

Auch wenn das *français vulgaire* bisweilen als *argotique* bezeichnet wird, bestehen zum Argot und auch zum *français populaire* deutliche Unterschiede im lexikalischen Bereich: Während Argotwörter meist neu geprägt oder bis zur Unkenntlichkeit verändert werden, handelt es sich beim *français vulgaire* um allgemein bekannte und verständliche Wörter, die häufig schon seit altfranzösischer Zeit Teil des Wortschatzes sind: *bordel, putain, pisser, garce.* Die Direktheit und Verständlichkeit dieser als vulgär eingestuften Wörter hat dazu geführt, dass sie durch Euphemismen ersetzt und im gehobeneren Sprachgebrauch gemieden werden. In syntaktischer und phonetischer Hinsicht entspricht das *français vulgaire* dem *français populaire*.

Literatur

Zur französischen Varietätenlinguistik enthält Müller (1985) viele Beispiele zu Dialekten und Registern, ist aber zu aktuellen Themen wie Sprachpolitik und Institutionen nicht mehr aktuell. Über die Varietäten hinausgehend wird das heutige Französisch in Antoine/Cerquiglini (2000) dargestellt.

Zur Stellung des Französischen in der Welt vgl. Chaudenson (2000), Truchot (2001) und Stein (2008), zur sogenannten Krise auch unter historischen Aspekten Hagège (1987). Winkelmann (1990) gibt einen Überblick über die Sprachnormierung und die Durchsetzung der Standardsprache.

Zum Standard vgl. Lodge (1993), zu einer soziolinguistischen Einschätzung des Franzischen Lodge (2004). Carton (1983) enthält Aufnahmen regionaler Varietäten. Rézeau (2001) ist ein Nachschlagewerk mit ca. 10.000 lexikalischen Regionalismen.

Zur Frankophonie: Einführungen sind Chaudenson et al. (1991), Deniau (2001), P. Stein (2000) und Pöll (2001), zur historischen Entwicklung vgl. den 1. Teil von Picoche/Marchello-Nizia (2001).

Zu Kreolsprachen vgl. den Überblick von Schroeder (1990), zu französischen Kreols P. Stein (1984), Valdman (2002), Hazaël-Massieux (2005a), Hazaël-Massieux (2005b) und Hazaël-Massieux (2011). Speziell zu Fragen der Grammatikalisierung in Kreols Detges (2003) und Kriegel (2003). Das Korpus von Ludwig (2001) enthält Aufnahmen und Transkriptionen zu mehreren Frankokreols. Die Internetseiten der DGLFLF (http://www.dglf.culture.gouv.fr/ enthalten an verschiedenen Orten weitere Literatur und Informationen zu Kreolsprachen und *langues régionales*, meist unter »ressources et liens – langues régionales«). Die englischsprachigen Werke bieten reichhaltige Daten (Holm 1989) und eine gute Zusammenfassung der Theorien (Holm 2000).

Sprachpolitik und Frankophonie: Die politischen Institutionen sind in Bruchet (2001) aufgelistet. Zum Französischen in Québec s. Hewson (2000), Edwards (1998) und Schafroth (2009), speziell zum *français populaire* in Québec Proteau (1991). Zum Französischen in Afrika Zang Zang (1998). Als Wörterbücher zum FQ sind das eher am Standard orientierte *Dictionnaire du français plus* und das den Substandard stärker berücksichtigende *Dictionnaire du québécois d'aujourd'hui* zu empfehlen. Zu Fragen des Standards im Wörterbuch vgl. Mercier/Verreault (2002).

Zur Soziolinguistik allgemein: Einführungen sind Schlieben-Lange (1991), Calvet (2003), Gadet (2003a) und Baylon (2005). Zu Methoden der Datenerhebung und -darstellung Schlobinski (1996) und Albert/Koster (2002).

Zur Frage Sprache und Geschlecht: Bierbach/Ellrich (1990), Schlieben-Lange (1980), Samel (1995), Yaguello (2002), die Beiträge in Dahmen et al. (1997), Baudino (2001), Mathieu (2002) und Brick/Wilks (2002). Zur Regelung von Berufsbezeichnungen in Frankreich vgl. Schapira (1995), in Belgien *Mettre au féminin* (1994) und in der Frankophonie Niedzwiecki (1994).

Zur Jugendsprache vgl. Verdelhan-Bourgade (1990), Lefkowitz (1991), Boyer (1997), Bernhard (2000), Cammenga-Waller (2002), Helfrich (2003) und Gadet (2003b). Zum Argot und diversen Ausprägungen des *français branché* vgl. Brunet (1996), Merle (1997), Goudaillier (2001) und Goudaillier (2002). Nachschlagewerke zum aktuellen Varietäten-Wortschatz erneuern sich ständig, man sucht sie am besten in den Buchhandlungen.

Zur gesprochenen Sprache und dem Zusammenhang zwischen Mündlichkeit und Schriftlichkeit ist das Arbeitsheft von Koch/Oesterreicher (2011) zu empfehlen. Zum *français populaire* vgl. Gadet (1992), zum Verlan Antoine (1999).

Zu Fachsprachen ist Kocourek (1991) eine umfassende französische Einführung. Aktuelle Terminologielisten und die Datenbank *FranceTerme* sind über die Internetseiten der DGLFLF abfragbar, oder direkt unter http://www.franceterme.culture.fr.

10. Sprachverarbeitung und Korpuslinguistik

Die heutigen Tendenzen in der französischen Linguistik wie in der Linguistik im Allgemeinen sind von dem Bestreben geprägt, die Sprache maschinell verarbeitbar zu machen und Sprachbeschreibungen und ihre Hilfsmittel an neue Medien anzupassen. In einem kurzen Überblick werden hier aktuelle Ansätze in dieser Richtung aufgezeigt. Sie betreffen zumeist konkrete Anwendungen und fallen somit in den Bereich der **angewandten Linguistik**. Da zusammenfassende Arbeiten in den meisten Gebieten noch fehlen, sind anstelle der Literaturhinweise am Kapitelende einige aktuelle, bevorzugt das Französische betreffende Arbeiten im Text zitiert. Auch die Terminologie der **maschinellen Sprachverarbeitung** stammt häufig aus englischen Publikationen und ist noch nicht systematisch ins Französische und Deutsche umgesetzt worden. Hier werden nur einige der grundlegendsten Begriffe eingeführt.

10.1 | Anwendungen aus der Sprachverarbeitung

10.1.1 | Spracherkennung

Die **Spracherkennung** ist ein Bereich der **experimentellen Phonetik**, in dem Phonetik, Statistik und Signalverarbeitung zusammenfließen. Ziel der Spracherkennung ist es, in der Flut von akustischen Signalen zunächst Laute und dann Wörter zu erkennen.

Die akustischen Signale können in Form von **Sonagrammen** dargestellt werden. Abbildung 10.1 zeigt ein Sonagramm des Satzes *je n'aime que les frites*. Damit auch der ungeübte Beobachter einige Zuordnungen vornehmen kann, sind unter dem Sonagramm die Phoneme und Phonemgrenzen eingezeichnet

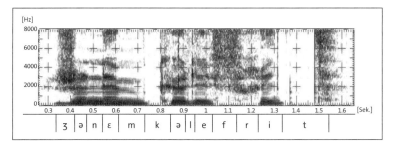

Abbildung 10.1
Sonagramm zu *je n'aime que les frites*

Interpretation des Sonagramms: Auf der *x*-Achse des Sonagramms ist die Zeit in Sekunden angetragen (die Dauer der Äußerung), auf der *y*-Achse die Frequenz in Hertz. Folgende Charakteristika der Laute lassen sich ablesen:

Interpretation
des Sonagramms

- Stärkere Intensität in den verschiedenen Frequenzbereichen ist dunkler gezeichnet. Intensität im unteren Frequenzbereich ist typisch für Stimmhaftigkeit: Die dunklen Stellen am unteren Rand des Sonagramms werden nur von den stimmlosen Konsonanten /k/, /f/, /r/ und /t/ unterbrochen.
- Die Frikative /ʒ/ und /f/ sind durch Rauschanteile gekennzeichnet, die grau im oberen Frequenzbereich dargestellt sind. Man sieht, dass das Rauschen des /f/ bis in das /r/ hineinreicht, was die automatische Lauttrennung erschwert.
- Die Okklusive /k/ und /t/ sind sehr einfach zu erkennen: Beim Verschluss entweicht kein Schall, und das Sonagramm ist durchgehend hell. Nach dem Öffnen des Verschlusses strömt die Luft aus und produziert Rauschen. Die Okklusive sind somit als solche leicht zu identifizieren, aber schwer voneinander zu unterscheiden.
- Recht gut heben sich auch die Nasalkonsonanten ab: Der untere Frequenzbereich ist dunkel (wegen Stimmhaftigkeit), aber im mittleren Frequenzbereich gibt es eine weiße Stelle, die beim /n/ um 4000 Hertz (Hz) liegt, beim /m/ etwas niedriger. Diese Stelle heißt **Antiformant** und ist kennzeichnend für die Nasalkonsonanten.
- Die Längung der betonten letzten Silbe ist im Französischen besonders ausgeprägt. Sie lässt sich auf der Zeitachse ablesen: Das /i/ ist länger als die übrigen Vokale, und der Verschluss des finalen /t/ ist im Vergleich zum /k/ ebenfalls deutlich gelängt.

Spracherkennung: Zur Analyse akustischer Daten werden statistische Methoden eingesetzt, die Hypothesen über die in der Äußerung vorkommenden Lautfolgen entwickeln. Die Systeme müssen also mit voranalysierten Korpora gesprochener Sprache trainiert werden. Darüber hinaus ist linguistisches Wissen auf verschiedenen Ebenen nötig, denn manche Zweifelsfälle können erst ausgeräumt werden, wenn die Äußerung auch auf höherer Ebene analysiert ist: Ambiguitäten, die erst nach morphologischer, syntaktischer oder gar semantischer Analyse auflösbar sind (vgl. die folgenden Kapitel), entstehen beispielsweise durch **homophone** Wörter (*la mer, la mère*) und Wortkombinationen (*de la reine, de l'arène*). Da weitere Analysen eine schriftliche Eingabe erfordern, ist zunächst die Anwendung von **Korrespondenzregeln** erforderlich, um die Laute in Buchstaben und Wörter umzusetzen (s. Kap. 2.4).

Die Varianz der Aussprache ist ein anderes Problem der Spracherkennung. Die Unterschiede zwischen einzelnen Sprechern können so erheblich sein, dass bekanntlich selbst menschliche Hörer Verständnisschwierigkeiten haben. Hinzu kommen die anderen in Kapitel 9 angesprochenen Varietäten: Die Aussprachegewohnheiten im *français populaire* differieren z. B. stark von der Norm. Dazu kommen typische Probleme der Umgangs-

Anwendungen
aus der Sprach-
verarbeitung

sprache, wie die **Assimilation** (Angleichung) von Lauten an ihre Umgebung, vgl. die Assimilation von /ʒ/ zu /ʃ/ in schnell gesprochenem *je sais que* ... (nicht /ʒəsɛkə/, sondern /ʃsɛkə/). Schließlich muss das System auch prosodische Faktoren berücksichtigen, um Fragen von Aussagen zu unterscheiden oder die Hervorhebung von Elementen durch besondere Betonung zu erkennen (s. Kap. 2.2.2).

10.1.2 | Morphologische Analyse

Im Bereich der Morphologie wird heute hauptsächlich die automatische Zuweisung von Wortarten und morphologischen Kategorien verfolgt. Sie kann eigentlich durch einfaches Nachschlagen in einem Vollformenwörterbuch, also einer Liste aller möglichen Flexionsformen erfolgen. Das Problem dieser Methode ist erstens die Größe eines solchen Wörterbuchs (allein Verben haben ca. 50 verschiedene Formen), zweitens die **Homographie**: Gleich geschriebene Wörter müssen im **Kontext** disambiguiert werden, d. h. das System muss sich für eine von mehreren Analysen entscheiden (Ist *porte* Verb oder Substantiv? Ist *que* Konjunktion oder Pronomen? usw.).

›Part-of-Speech-Tagger‹: Für die morphologische Analyse und die Disambiguierung gibt es sowohl rein statistische (vgl. die verschiedenen Beiträge in Habert 1995) als auch linguistische Systeme sowie Kombinationen von beiden. Solche Systeme heißen Part-of-Speech-Tagger oder kurz **Tagger**. Ein statistischer Tagger lernt in einem vorher manuell korrekt analysierten Text, mit welcher Wahrscheinlichkeit bestimmte Wortarten aufeinanderfolgen: *le* vor einem Verb ist z. B. mit höherer Wahrscheinlichkeit ein Personalpronomen als ein Artikel; die Dreiergruppe Pronomen-Pronomen-Verb ist für *il la porte* eine wahrscheinlichere Analyse als Pronomen-Artikel-Substantiv. Da diese Methode aber nur bei unterschiedlich **distribuierten** Formen funktioniert (*que* Relativpronomen und Konjunktion sind z. B. sehr ähnlich distribuiert), kombiniert man solche Systeme meist mit zusätzlichen linguistischen Regeln.

Morphologische Analyse wird hauptsächlich für die **Annotation** von **Textkorpora** eingesetzt (frz. *étiquetage morphologique*, engl. *part-of-speech tagging*). Linguisten bedienen sich der so aufbereiteten Korpora, um nach grammatischen Kategorien und bestimmten Strukturen zu suchen; der normale Benutzer profitiert bei Textrecherchen (z. B. in Bibliotheken oder Datenbanken) davon, dass er nicht mehr die verschiedenen Flexionsformen eingeben muss, weil das System neben den morphologischen Kategorien auch die Grundform (das **Lemma**, s. Kap. 8.3.1) in das Korpus schreibt. Man spricht dann von **lemmatisierten** Korpora (s. Abb. 10.2).

10.1.3 | Syntaktische Analyse

Der nächst höhere Schritt der Sprachanalyse betrifft die Syntax. Mit **Parsing** wird die automatische Erkennung syntaktischer Strukturen und grammatischer Relationen bezeichnet. Das Ergebnis des Parsing ist die Ausgabe der Satzstruktur in Form eines Baumdiagramms oder einer Klammerstruktur (wie in Kap. 4.2.2 dargestellt).

Für das Französische sind bereits **Parser** verfügbar (z. B. Candito et al. 2010), aber ohne tiefere technische Vorkenntnisse kaum einsetzbar. Formen der syntaktischen Analyse finden sich aber, von den Benutzern unbemerkt, in den Korrekturmodulen von Textverarbeitungsprogrammen. Wehrli (1997) ist eines der wenigen französischsprachigen Werke, das einen Überblick über verschiedene Methoden des Parsing gibt. Vor allem die Dependenzgrammatik (s. Kap. 4.2.1) hat durch die aktuellen Entwicklungen in diesem Bereich wieder einen Aufschwung erfahren.

Mehrdeutigkeiten treten natürlich auch auf dieser Ebene auf, besonders bei der in Kapitel 4.2.2 gezeigten Adjunktion von Präpositionalphrasen, aber auch beim Bezug von Relativsätzen, Adjektiven und anderen Modifikatoren. Kommen mehrere Mehrdeutigkeiten vor, ist die Zahl der Analysen das Produkt aller Möglichkeiten, und so ist es nicht erstaunlich, dass rein syntaktische Analysesysteme keine zufriedenstellenden Ergebnisse liefern. Üblicherweise versucht man, alle möglichen Analysen in die Ebene der Semantik zu übernehmen und sich erst dort für die sinnvollste oder wahrscheinlichste zu entscheiden. Alternativ werden in probabilistischen Parsern statistische Methoden eingesetzt, um die wahrscheinlichste(n) Lösung(en) herauszufiltern, ähnlich wie bei der morphologischen Analyse (s. Kap. 10.1.2).

10.1.4 | Semantische Analyse

In der semantischen Analyse werden die syntaktischen Bezüge in logische Operationen übersetzt. Spätestens hier müssen auch eventuelle Mehrdeutigkeiten entdeckt und aufgelöst werden. Diese Ebene der automatischen Sprachanalyse ist einer der Bereiche, in dem derzeit besonders intensiv geforscht wird. Die Zusammenarbeit mit der traditionellen Linguistik ist dabei von großer Bedeutung, denn es fehlt den meisten Systemen an umfangreichen und geeigneten sprachlichen Ressourcen. Dazu gehören insbesondere Wörterbücher, in denen die Bedeutungen der Wörter so beschrieben sind, dass sie von maschinellen Systemen verarbeitet werden können.

In vielen Fällen kann sich die semantische Analyse nicht auf die Ebene des Satzes beschränken, sondern setzt Wissen über den Vortext oder gar über den außersprachlichen **Kontext** voraus. Ohne Wissen über den Vortext können **Anaphern** (z. B. Pronomina) nicht ihren Bezugswörtern zugeordnet werden, und ohne kontextuelles Wissen sind **Sprechakte** nicht richtig interpretierbar (vgl. Sprecherabsichten in Kap. 6.1.1).

Unterspezifizierung ist eine von vielen semantischen Formalismen benutzte Technik: In einem unterspezifizierten Ausdruck können **Mehrdeutigkeiten** repräsentiert werden, ohne dass sie unbedingt aufgelöst werden müssen. Damit versucht man, die menschliche Informationsverarbeitung zu imitieren: Ein Hörer kann problemlos Mehrdeutigkeiten unverarbeitet aufnehmen und sie erst beim weiteren Zuhören auflösen. Diese Auflösung geschieht meistens unbewusst, führt manchmal aber auch zu »Aha-Effekten«. Solche unterspezifizierten semantischen Repräsentationen werden in verschiedenen Modulen weiterverarbeitet, die sich jeweils speziellen semantischen Teilaufgaben widmen, z. B. der Anaphernauflösung oder dem Ziehen von Schlussfolgerungen.

Bedeutung und Künstliche Intelligenz: Die semantische Analyse ist eng mit Disziplinen der **künstlichen Intelligenz** verbunden. Ohne die Repräsentation von **Weltwissen** (s. Kap. 5.2.3) können z. B. **Quantoren** nicht interpretiert werden: Um *une* in einem Satz wie *Trois linguistes se rencontrent pour manger une pizza* richtig zu interpretieren, muss das System wissen, dass jeder Restaurantbesucher üblicherweise seine eigene Pizza bestellt (im Gegensatz zu kollektiven Gerichten wie *fondue*).

Im Handel verfügbare Anwendungen für semantische Analyse sind selten. Das Program *Cordial* von Synapse Développement bietet aber neben der Grammatikkorrektur auch eine Textanalyse, die die wichtigsten thematischen Bereiche eines französischen Texts visuell darstellt. Auch bei den **semantischen Netzwerken** hinkt der französische Forschungsstand den Arbeiten zum Englischen hinterher. Im psycholinguistisch motivierten *WordNet*-Projekt der Universität Princeton wurde der größte Teil des englischen Wortschatzes einer konzeptuellen Hierarchie zugeordnet. Im Rahmen des europäischen Folgeprojekts *EuroWordNet* wurde mit dem französischen WordNet immerhin ein erster Schritt in diesem Bereich unternommen. Es enthält etwa 15.000 Substantive und knapp 4.000 Verben (French WordNet 1999), aber leider auch viele Fehler. Die Konzepte sind fast ausschließlich nach dem Prinzip der **Hyponymie** strukturiert (s. Kap. 5.2).

10.1.5 | Textgenerierung

Als letzter Bereich der Sprachverarbeitung soll kurz die **Textgenerierung** (oder einfach **Generierung**) angesprochen werden. Sie ist eine Art Umkehrung der oben angesprochenen Analysen: Aus einer semantischen Repräsentation wird Text in geschriebener oder in gesprochener Form generiert. Solche Generierungssysteme sind unverzichtbar im Bereich der Mensch-Maschine-Kommunikation, bei der die Maschine auf Eingaben des Menschen sprachlich reagieren soll. Andere Anwendungsbereiche sind die automatische Produktion häufig anfallender standardisierter Texte, z. B. die sprachliche Umsetzung von Messwerten in einen ausformulierten Wetterbericht, einen medizinischen Befund oder ähnliches. Schließlich kommen Generierungsprogramme auch als zweite Komponente der **maschinellen Übersetzung** zum Einsatz: Die Eingabe in der Ausgangssprache wird zunächst bis zur Ebene der semantischen Repräsentation analysiert, bei der dann ein Generierungssystem zum Aufbau der zielsprachlichen Ausgabe ansetzt. Für den Bereich der Generierung werden eigene Grammatiken erstellt, die sowohl Regeln zur Textplanung als auch syntaktische Regeln enthalten.

10.2 | Textkorpora

10.2.1 | Die Entwicklung der Korpuslinguistik

Zum Begriff

> Als → Textkorpus oder kurz **Korpus** bezeichnet man eine nach be-
> stimmten Kriterien zusammengestellte Sammlung von (geschriebe-
> nen oder gesprochenen) Sprachdaten für die linguistische Analyse.
> Man sagt »das Korpus« (Plural: »die Korpora«).

Im Gegensatz zu den bisher vorgestellten Themenbereichen der Linguistik
ist die Korpuslinguistik keine eigenständige Disziplin der Linguistik, sondern eine Methode, die den Disziplinen eine korpus-basierte Komponente
hinzufügt.

Korpuslinguistik ist bereits durch den amerikanischen Deskriptivis-
mus der 20er Jahre eingeführt worden (s. Kap. 1.2) und spaltet die linguistische Forschung noch heute in zwei Lager: Der rationalistische Ansatz betreibt die linguistische Theoriebildung weitgehend unabhängig vom praktischen Material, der empirische Ansatz verlässt sich auf die Auswertung
von Korpora.

Zur Vertiefung

Empirischer und rationalistischer Ansatz

Korpuslinguistik und theoretische Linguistik standen sich bisweilen un-
versöhnlich gegenüber, wie Charles Fillmores Beschreibung des rationalistischen Theoretikers (des »non-corpus linguist«) zeigt:

»He sits in a deep soft comfortable armchair, with his eyes closed and his hands
clasped behind his head. Once in a while he opens his eyes, sits up abruptly
shouting, ›Wow, what a neat fact!‹, grabs his pencil, and writes something down.
Then he paces around for a few hours in the excitement of having come still closer
to knowing what language is really like.« (Fillmore 1992, S. 35)

Erste korpusbasierte Forschungen: Im Folgenden sind einige Etappen in
der Entwicklung der Korpuslinguistik skizziert, die zu den aktuellen Projekten, insbesondere in Frankreich, führen werden. Beispiele für die frühe
Korpuslinguistik sind vereinzelte Studien auf verschiedenen Gebieten. Sie
reichen von den Spracherwerbsuntersuchungen des ausgehenden 19. Jh.s
(Auswertung von Tagebüchern der Eltern und Äußerungen der Kinder)
über orthographische Analysen (Käding lässt Buchstabenfolgen in einem
deutschen 11-Millionen-Wörter-Korpus untersuchen und veröffentlicht die
Ergebnisse im *Häufigkeitswörterbuch der deutschen Sprache*, 1897) bis zur
Aufstellung von anwendungsorientierten Wortschätzen wie Georges Gou-
genheims *français élémentaire* und *français fondamental* in den 1950er
Jahren, das auf den Aussagen von 257 Sprechern beruht (s. Kap. 8.2).

Korpora und Computer: Während die 1950er und 1960er Jahre durch
eine Rückkehr zur rationalistischen Linguistik gekennzeichnet sind, die

sich z. B. in der Entwicklung von Grammatikmodellen wie Noam Chomskys Generativer Grammatik oder Lucien Tesnières Dependenzgrammatik
niederschlägt (s. Kap. 4), erlebte die Korpuslinguistik mit dem Einsatz
der elektronischen Datenverarbeitung eine neue Blüte. Das schlagendste
Gegenargument der Rationalisten, nämlich die Kritik an der Repräsentati-
vität der Korpora, glaubte man durch größere Quantität und maschinelle
Auswertung wettmachen zu können. Inzwischen sind mit »Textkorpora«
meistens maschinenlesbare Textkorpora gemeint, und Quantität ist bei
maschineller Auswertung kaum noch ein Problem (im 19. Jh. arbeitete
Käding noch mit 5.000 Hilfslesern).

Den Vorteilen des schnellen Auffindens von Formen, des Sortierens
und Selektierens von Belegen und des automatischen Erstellens von Indizes und **Konkordanzen** stehen allerdings nach wie vor die Risiken
falscher Benutzung gegenüber: Häufig begangene Fehler sind die metho-
disch unfundierte Aufstellung des Korpus, der Verlust des Kontextbezugs
durch zu starke Selektion des Materials oder die unsaubere statistische
Auswertung der gewonnenen Daten.

Zur gesprochenen Sprache und zu älteren Sprachstufen gibt es in der
französischen Korpuslinguistik (verglichen mit der englischsprachigen)
einen gewissen Nachholbedarf: Wegen der zeitaufwändigen Transkription sind Korpora der gesprochenen Sprache entweder veraltet, wie das in
den 1960er Jahren erstellte **Orléans-Korpus**, oder verhältnismäßig klein,
wie das ca. 2 Millionen Wörter umfassende Korpus des *Groupe Aixois de
Recherches en Syntaxe* (**GARS** 1990), das nun auch online verfügbar ist:
http://eslo.huma-num.fr. Generell ist zwischen aufgenommenen Sprachdaten, phonetisch transkribierter gesprochener Sprache und geschriebener Sprache zu unterscheiden.

Korpora zu älteren Sprachstufen des Französischen (Alt- und Mittelfranzösisch) sind das aus einem niederländischen Forschungsprojekt hervorgegangene *Nouveau Corpus d'Amsterdam* (NCA) mit ca. 3 Millionen
Wörtern altfranzösischem Text und die *Base de Français Médiéval* (BFM)
der École Normale Supérieure in Lyon mit alt- und mittelfranzösischen
Texten und komfortablen Online-Suchmöglichkeiten. Das *Consortium international pour les corpus de français médiéval* (CCFM) sammelt Informationen zu sprachgeschichtlichen Ressourcen (Adressen s. Kap. 10.2.3).

Der folgende Abschnitt beschränkt sich auf die Behandlung maschi-
nenlesbarer schriftlicher Textkorpora.

10.2.2 | Maschinenlesbare Korpora

Korpusaufbereitung: War in den Anfägen der Korpuslinguistik noch die
Erstellung der Korpora das Hauptproblem (die ersten Werke von *Frantext* (s. u.) wurden noch in mühsamer Kleinarbeit auf Lochkarten übertragen), so konzentrieren sich heute die Anstrengungen auf die linguistische Aufbereitung: Ein Korpus soll nicht nur Sprache enthalten, sondern
darüber hinaus Informationen, die seine Auswertung erleichtern. Solche
Informationen können die Form (Aussprache, grammatische Kategorien,

Textstruktur) und die Inhalte (Markierung von Schlüsselbegriffen, Hinzufügung von metatextuellen Informationen) der Korpora betreffen. Letztlich hängen sie vom Anwendungsgebiet des Korpus und den technischen Möglichkeiten ab: Solange der Inhalt von Texten nicht zuverlässig automatisch analysierbar ist, wird man den Text um entsprechende Informationen anreichern müssen. Man spricht daher von **annotierten Korpora**. Für manche Bereiche der Annotation können die in Kapitel 10.1 erwähnten Methoden eingesetzt werden.

**Abbildung 10.2
Ausschnitt aus
einem annotierten
Korpus**

```
<s artnr=47 date=20021231 page=7>
<word pos=PRO:PER lemma=en>En</word>
<word pos=VER:ppre lemma=attendre>attendant</word>
<word pos=PUN lemma=,>,</word>
<word pos=DET:ART lemma=le>les</word>
<word pos=NOM lemma=langue>langues</word>
<word pos=KON lemma=et>et</word>
<word pos=DET:ART lemma=le>les</word>
<word pos=NOM lemma=habitude>habitudes</word>
<word pos=VER:pres lemma=sembler>semblent</word>
<word pos=VER:infi lemma=faire>faire</word>
<word pos=NOM lemma=obstacle>obstacle</word>
<word pos=PUN lemma=.>.</word>
</s>
```

**Die Annotation
in modernen
Textkorpora ist im
XML-Format
kodiert.**

Annotation von Korpora: Auf der untersten Ebene der sprachlichen Beschreibung kann ein annotiertes Korpus z. B. Angaben über morphologische Kategorien enthalten. Abbildung 10.2 zeigt anhand eines kleinen Ausschnitts, wie ein morphologisch analysiertes und lemmatisiertes Korpus aussehen kann. Neben den sprachlichen Informationen sind auch Codes enthalten, die auf die Textstruktur Bezug nehmen. Die Codes < s > und < /s > markieren z. B. die Satzgrenzen innerhalb des Korpus. Solche Markierungen sind inzwischen im Rahmen der *Standard Generalized Markup Language* (**SGML**) bzw. seinem Derivat *Extensible Markup Language* (**XML**) vereinheitlicht worden, und das Format der Codes ist ebenfalls normiert (nach ISO 8879:1986).

Das etwas vereinfachte Beispiel (Abb. 10.2) zeigt einerseits, dass sich die annotierten Korpora in ihrem Format vom gewohnten Textbild deutlich entfernen und nicht gerade lesbarer werden. Andererseits kann aber jeder Texteinheit, z. B. dem Satz (hier: *s*) oder dem Wort (hier: *word*) in Form von Attribut-Wert-Paaren (hier z. B.: *pos = NOM*) eine fast beliebige Menge von Informationen hinzugefügt werden. Der Benutzer der aufbereiteten Korpora kommt mit dieser internen Repräsentation normalerweise nicht mehr in Berührung, sondern benutzt komfortable Werkzeuge für ihre Auswertung.

10.2.3 | Der *Trésor de la langue française*

Korpusbasierte Lexikographie: Mit dem *Trésor de la langue française* (**TLF**) verfügt das frühere *Institut National de la Langue Française* nach eigener

Aussage über die größte Textsammlung der Welt. Die Geschichte des TLF ist nicht nur eine Epoche der Korpuslinguistik, sondern zeigt auch deutlich die Anwendungsbezogenheit dieser Disziplin. Inzwischen heißt das Institut **ATILF**.

Auf einem Kolloquium in Straßburg stellt Paul Imbs 1957 Pläne für ein großes historisches Wörterbuch vor. Sie münden 1960 in das Projekt des *Trésor*, der dieses lexikographische Ziel mit dem der Erstellung eines digitalisierten Archivs der französischen Sprache verbindet. 1961 wird der TLF als offizielles Projekt des CNRS (*Centre National de la Recherche Scientifique*) institutionalisiert, in dessen Rahmen in den 1970er Jahren bis zu neun Forschergruppen an einem *Trésor général des langues et parlers français* arbeiten. Das Projekt weitet sich durch internationale Kooperation (z. B. mit der Universität Chicago) aus und führt nebenbei auch andere Großprojekte weiter, etwa die Ergänzung von Walther von Wartburgs etymologischem Wörterbuch und das vom ATILF auch online verfügbar gemachte *Dictionnaire du Moyen Français* (DMF) (s. Kap. 8.3).

Dass korpusbezogene Methoden auch in der Literaturwissenschaft eine gewisse Rolle spielen können, zeigen z. B. die statistischen Arbeiten von Etienne Brunet zu Proust, Zola, Hugo und anderen Autoren (Brunet 1983; Brunet 1985; Brunet 1988; Brunet 1989) oder von Engwall (1984) zum Wortschatz des französischen Romans. Heute sind diese Aktivitäten Teil der sogenannten ›Digital Humanities‹ und werden in Projekten betrieben, die die Linguistik mit den Literaturwissenschaften und anderen Disziplinen verbinden (wie z.B. DARIAH: https://de.dariah.eu).

Zugang zur Datenbank Frantext: Auch wenn der maschinelle Zugang zur Literatur für Literaturwissenschaftler nur eine untergeordnete Rolle spielt, so ist er für Linguisten ein wertvolles Hilfsmittel zur Beschaffung von Sprachdaten und zur Verifizierung von Theorien. Seit den 1980er Jahren kann die **Frantext** getaufte Textdatenbank interaktiv konsultiert werden, und inzwischen bietet das **ATILF** den Zugang zu *Frantext* über das Internet (http://www.atilf.fr/frantext.htm) als Jahresabonnement für öffentliche Institutionen (350 Euro zzgl. TVA, 2014) und Einzelpersonen (44 Euro) an, so dass der Nutzung durch Lehrende und Studierende nichts mehr im Wege steht.

Literatur

In **Anwendungen und theoretische Fragen der Computerlinguistik** führen Bouillon (1998) und der Band *Traitement automatique des langues* (2001) ein, speziellere Fragen behandeln die Themenbände der Zeitschrift *Traitement automatique du langage (TAL)*. Habert (2005) geht sowohl auf computerlinguistische Werkzeuge als auch auf Textkorpora ein. Beschreibungen zweier unterschiedlicher Systeme zur morphologischen Analyse französischer Textkorpora sind Silberztein (1993) und Stein/Schmid (1995). Die meisten Arbeiten zur Semantik sind im Rahmen der Diskursrepräsentationstheorie (DRT, s. S. 84) angesiedelt, die kurz in Schwarz/Chur (2001) eingeführt wird, grundlegend in Kamp/Reyle (1993), außerdem in Corblin (2002). Vertiefende Arbeiten in Richtung auf die Modellierung des Diskurses (Argumentation und Inferenzen) sind Moeschler (1989) und Lascarides/Asher (1993). Einen kurzen Überblick über die Textgenerierung geben Zock/Sabah (1992), ausführlicher ist die französische Einführung in Probleme der automatischen Analyse und Generierung von Texten von Gardent/Baschung (1995).

Ressourcen: *WordNet* kann für das Englische kostenlos bezogen werden (http://wordnet.princeton.edu), das französische WordNet wird für ca. 450 Euro über die *Evaluations and Language resources Distribution Agency* (ELDA) vertrieben (www.elda.org). Über diese Agentur sind auch Korpus- und Wörterbuchressourcen zu vielen Sprachen erhältlich. Einen Überblick über die Prinzipien von *WordNet* geben die Beiträge in Fellbaum (1999). Das *WordNet Libre du Français* (http://alpage. inria.fr/~sagot/wolf-en.html) ist eine im Aufbau befindliche freie Alternative zum ELDA-WordNet. Ein frei verfügbarer Tagger zur morphologischen Analyse des Französischen ist der *TreeTagger* (http://www.ims. uni-stuttgart.de/projekte/corplex/TreeTagger/).

Zur **Korpuslinguistik:** Als französische Einführung eignen sich Habert et al. (1997) und Habert (2005), die Technik der Korpusaufbereitung (SGML, Programmiersprachen usw.) ist in Habert et al. (1998) stärker betont. Didaktisch gelungen ist die englische Einführung von McEnery/Wilson (2003) mit Aufgaben und ergänzenden Internet-Seiten. Für die Korpusauswertung notwendige Berechnungsmethoden sind in Albert/Koster (2002) gut verständlich beschrieben. Über Romanistische Korpora informieren die Sammelbände von Pusch/Raible (2002) und Pusch et al. (2005). Zu Frantext vgl. Frantext (1993), die exemplarische Auswertungen in Quemada (1992) und Martin (1994) und das *Tutoriel* auf http:// www.atilf.fr/frantext.htm. Zu Korpora und anderen romanistischen Ressourcen im Internet vgl. Gabriel et al. (2000) und http://www.romanistik. de. Historische französische Textkorpora und ihre Problematik werden in (Kunstmann/Stein 2007) besprochen. Informationen zu historischen Korpora finden sich auf den Seiten des *Consortium pour les corpus de français médiéval* (http://ccfm.ens-lsh.fr).

11. Theorie und Anwendung

Dieses Kapitel fällt in formaler und inhaltlicher Hinsicht aus dem Rahmen: Hier werden Sie als Leser direkt angesprochen, es werden keine Verweise auf Literatur oder andere Kapitel gegeben, und sie werden nicht mit neuen Fachtermini konfrontiert. Am Ende des Kapitels ist wie bisher weiterführende Literatur angegeben, und einige Fragen sollen Sie zur weiteren Forschung anregen.

11.1 | Ziel dieses Kapitels

In vielen Einführungen in die Linguistik wird in strukturalistischer Tradition zwischen dem Sprachsystem einerseits und seinen Varietäten und der historischen Dimension andererseits unterschieden. Auch dieses Buch folgt im Wesentlichen dieser Gliederung. Dieses Kapitel verfolgt zwei Ziele:
1. Es soll an einem konkreten Beispiel zeigen, wie die Kenntisse, die in den bisherigen, systemlinguistischen Kapiteln zu Morphologie, Syntax, Semantik und Kontext erworben wurden, zusammenspielen.
2. Es soll zeigen, dass bei der systemlinguistischen Analyse die Sprachgeschichte und die Varietäten eine wichtige Rolle spielen können.

Worum geht es? Unser Analysebeispiel ist eine Vertiefung der im Kapitel 3.5.2 behandelten Derivation: Es geht um die Bildung französischer Adjektive mit dem Suffix *-able*. Nach einer kleinen Analyseaufgabe zum Einstieg werden wir zuerst die wichtigsten Fragen stellen, die sich Linguisten zu diesem Thema stellen, und dann versuchen, sie zumindest ansatzweise zu beantworten. Auch wenn wir hier vom Französischen ausgehen, lassen sich die Beispiele problemlos in andere Sprachen übertragen.

Aufgabe

Beurteilen zunächst Sie selbst mit Ihrer (vermutlich deutschen) muttersprachlichen Kompetenz die Form *werfbar* in der Produktbeschreibung (1):

(1)   Luffa Ball vollverdaulich Größe S. Dieses Spielzeug ist besonders gut für alle Hunde geeignet [...] Man kann ihn Knabbern, Kauen und herrlich mit ihm Spielen. Er ist leicht und gut **werfbar**.

Versuchen Sie dann, ebenso intuitiv, die Fragen zu beantworten:
- Ist die Form *werfbar* wohlgeformt?
- Ist die Form *werfbar* akzeptabel?
- Hätten Sie in diesem Kontext auch *Er ist knabberbar, kaubar* oder *spielbar* akzeptiert?

11.2 | Fragen

Präzisierung der Fragestellung: Wenn Sie das Kapitel durchgearbeitet haben, sollten Sie die folgenden Fragen beantworten können.
- Welche Bedeutung hat das Suffix *-able*, z. B. in (2)?
  Wie kann man die Bedeutung paraphrasieren?

   (2)   Le champignon est mangeable.

- Welche syntaktische Struktur liegt *-able*-Bildungen zugrunde?
- Wann sind Bildungen grammatisch?
  Welches sind die Wortbildungsregeln?
- Warum sind manche Bildungen mit frz. *-able* bzw. dt. *-bar* akzeptabler als andere?
  Welche Bedeutung gibt man den eigentlich nicht akzeptablen Bildungen?
- Warum werden manche Bildungen akzeptabler, wenn sie weiter modifiziert werden (z. B. durch ein Präfix)? Vgl. die Formen in (3).
  Warum treten in den Übersetzungen zum Teil andere Suffixe auf?

   (3)   a. frz. ?*gelable*, aber: *congelable* / dt. ?*(ein-)frierbar*
            b. frz. ?*perturbable*, aber *imperturbable*
            c. dt. ?*werfbar*, aber *wegwerfbar* / frz. ?*lançable*, aber *jetable*
            d. frz. *cassable* / dt. ?*zerbrechbar*, aber *zerbrechlich*

11.3 | Antworten

11.3.1 | Eine Wortbildungsregel für *-able*-Bildungen

Von der **Form** ausgehend, können wir die Regel zur Bildung von Ableitungen direkt umsetzen. Sie lautet:»Bei der Derivation tritt an die verbale Basis ein gebundenes Morphem«. Das Morphem *-able* hat zwei seltenere Allomorphe *-ible* (*nuisible*) und *-uble* (*soluble*). Die Worbildungsregel besagt, dass das Suffix die Kategorie ›Adjektiv‹ trägt, sich nur mit verbalen Basen verbindet und dass das Derivat ebenfalls ein Adjektiv ist.

Wie die **Bedeutung** zustande kommt, muss ebenfalls von der Wortbildungsregel erklärt werden. Die Bedeutung von Bildungen des Typs *V-able* lässt sich mit ›qu'on peut V‹ paraphrasieren, also z. B. *lavable* ›qu'on peut laver‹. Das Bezugsnomen des Adjektivs ist das Objekt des Basisverbs. Daraus folgt, dass das Verb transitiv sein muss. Entsprechend sind Bildungen aus intransitiven Verben wie *dormible* oder dt. *schlafbar* ungrammatisch.

Die **Wortbildungsregel** ist daher auf transitive verbale Basen beschränkt. Die entsprechende Struktur der *-able*-Bildungen ist in (4) dargestellt:

(4)

11.3.2 | Syntaktische und semantische Probleme

Die aufgestellte Wortbildungsregel kann eine Reihe von möglichen Bildungen nicht erklären. Sehen wir uns drei Probleme an.

- **1. Problem:** Manche Basisverben können intransitiv und transitiv auftreten, z. B. *casser* ›(zer)brechen‹, andere sogar nur intransitiv: *flotter* ›treiben‹, *(per)durer* ›(an)dauern‹, *périr* ›scheitern‹. Dennoch sind *cassable, flottable, perdurable, périssable* usw. wohlgeformt.
- **2. Problem:** Auch manche Verben mit präpositionaler Ergänzung lassen *-able*-Derivate zu, vgl. (5):

(5)   a.   y est lamentable < x se lamente de y
      b.   y est fiable < x se fie à y
      c.   y est remédiable < x remédie à y

- **3. Problem:** Selbst bei manchen transitiven Verben scheint die Regel nicht zu gelten. So bedeutet *aimable* nicht ›qu'on peut aimer‹ sondern ›qui cherche à se faire plaisir‹ (dt. ›liebenswürdig‹).

11.3.3 | Die Faktoren ›Bedeutung‹ und ›Produktivität‹

Betrachten wir zuerst die **Bedeutung** dieser ›problematischen‹ Bildungen. Bei den meisten scheint keine modale Bedeutung (›**peut** être V‹) mehr vorzuliegen: *y est lamentable* bedeutet nicht, dass man y bedauern **kann**. Ebenso bedeutet das vom intransitiven Verb *durer* abgeleitete *durable* nicht ›qui peut durer‹, sondern ›qui dure‹. Daher stehen bei Übersetzungen in anderen Sprachen oft andere Suffixe, wie dt. *bedauerlich, dauerhaft*.

Möglich ist auch, dass die Bedeutung zum Zeitpunkt der Ableitung der Regel entsprach (also *aimable* ›qu'on peut aimer‹) und sich dann verändert hat (›liebenswert‹ > ›liebenswürdig‹). Die heutige Bedeutung ist dann nicht direkt durch eine Wortbildungsregel entstanden, sondern es liegt eine Bedeutungsverschiebung vor (Metonymie).

Produktivität: Schließlich ist zu fragen, ob die Formen auf produktiven Wortbildungsregeln beruhen. Da **dormible* nicht bildbar ist, ist die Regel für intransitive Verben offensichtlich nicht mehr produktiv.

Einige Fälle können also über die Sprachgeschichte erklärt werden. In anderen Fällen könnte unsere Wortbildungsregel ungenügend sein. Wie könnte sie verfeinert werden?

11.3.4 | Semantische Restriktionen

Semantische Rolle: Alternativ zur syntaktischen Restriktion (transitives
Basisverb) ist eine Restriktion über die semantische Rolle des Arguments
y möglich. Vorgeschlagen wurde in der Literatur u. a. die Rolle des prototypischen *Patiens*, unter den auch lokative Argumente fallen (Fradin 2003,
S. 267f.). Damit wären die präpositionalen Ergänzungen in (5) erklärbar,
nicht aber, warum transitive Verben mit eindeutigen Patiens-Argumenten
nicht ableitbar sind, wie **apportable* oder dt. **bringbar*.

Aktionsart: Hierfür kann eine weitere semantische Eigenschaft herangezogen werden: die Aktionsart des Basisverbs. Telische oder resultative
Verben drücken aus, dass ein Endzustand erreicht wird. Da Bildungen mit
-able Eigenschaften ausdrücken (›qui peut *être* V‹), kann in die Wortbildungsregel [+ telisch] oder [+ resultativ] aufgenommen werden. Damit
ist erklärbar, warum frz. *jetable* akzeptabler ist als *lançable* und dt. *weg-
werfbar* akzeptabler als *werfbar*.

In ›ungewöhnlichen‹ Bildungen wird Verben, die an sich nicht resul-
tativ sind, genau dieses Merkmal hinzugefügt. In (6) wird Stadtflucht als
Prozess mit einem für Urbanisten relevanten Resultat dargestellt. In diesem Kontext wird es akzeptabler, der Stadt die entsprechende Eigenschaft
zuzuschreiben (etwa ›flüchtbar‹):

(6)   ... et Philippe Godard plaide pour une ›ville fuyable‹, sans préciser comment
        elle pourrait s'instaurer.

11.3.5 | Pragmatische Faktoren

Die Pragmatik behandelt u. a. die Interpretation von Sprechakten in der
konkreten Äußerungssituation. Zur syntaktischen und semantischen Analyse der sprachlichen Ebene kommen hier noch weitere Faktoren. Zum
einen spielen Inferenzen und Implikaturen der Sprecher eine Rolle, zum
anderen Prinzipien, die unsere Kommunikation steuern (Konversationsmaximen).

Das Prinzip der Relevanz spielt für die Akzeptabilität von *-able*-Bildun-
gen eine wichtige Rolle. Mit *imperturbable* schreibt man einer Person eine
eher seltene, kommunikativ also relevante Eigenschaft zu, dagegen ist
?perturbable weniger relevant und sollte nach Grices Maximen normalerweise nicht kommuniziert werde.

11.4 | Was sollte gezeigt werden?

Die wichtigste Erkenntnis dieses Kapitels ist wohl, dass es nicht einfach
ist, eine Wortbildungsregel aufzustellen, die alle Formen mit *-able* erklärt,
und dass man andererseits eine aufgestellte Regel durch Gegenbeispiele
widerlegen kann. Wir haben aber auch gesehen, dass dies nicht beliebig
möglich ist, und dass wir auch erklären können, unter welchen Bedin-

gungen wir von der Wortbildungsregel abweichen können. Neben dieser allgemeinen Erkenntnis haben wir folgendes festgestellt:

- Die morphosyntaktische Struktur darf nicht unabhängig von der Bedeutung analysiert werden.
- Die Bedeutung ist vom Kontext und von der Situation abhängig. Daher sind auch pragmatische Faktoren einzubeziehen.
- Die sprachgeschichtliche Dimension ist wichtig, weil geprüft werden muss, zu welchem Zeitpunkt die Wortbildungsregel produktiv ist.

Bei der Aufstellung von Wortbildungsregeln für -*able* müssen also syntaktische, semantische und pragmatische Faktoren einbezogen werden. Bei der Analyse ist die Produktivität der Wortbildungsregeln auch diachron zu berücksichtigen.

11.5 | Aufgaben und Vertiefung

- **Zur Entstehung** von frz. -*able* schlagen Sie das Suffix im *Trésor de la langue française* (TLF 1971ff.) nach (online http://atilf.atilf.fr/tlf.htm) und verfolgen Sie dort seine Entstehung bis ins Lateinische zurück.
  Achten Sie im TLF-Eintrag auf Kommentare zu den syntaktischen Eigenschaften der älteren Bildungen, und erläutern Sie, inwiefern eine Form wie *merciable* von der heutigen Wortbildungsregel abweicht.
- **Zu aktuellen Bildungen:** Versuchen Sie, im Internet Bildungen zu finden, die nicht der Wortbildungsregel entsprechen. Definieren Sie ihre Bedeutung im Kontext und erklären Sie, warum die Formen gebildet wurden. (Tipp: Wenn Ihnen keine Formen einfallen, beginnen Sie mit *atterrissable* und *tombable*.)
- **Lektüre zur Vertiefung:** Die syntaktisch-semantische Analyse von Bildungen mit -*able* können Sie in Kapitel 7 von Fradin (2003) nachlesen. Fragen der Sprachgeschichte und des Sprachkontakts werden in Trips/ Stein (2008) mit strukturellen Aspekten verknüpft, um die Zusammenhänge zwischen altfranzösischen -*able*-Formen und dem Auftauchen des Suffixes im Mittelenglischen zu klären.

12. Anhang

12.1 | Literaturverzeichnis

Abeillé, Anne: *Les nouvelles syntaxes. Grammaires d'unification et analyse du français*. Paris 1993.

Adam, Jean-Michel: *Éléments de linguistique textuelle. Théorie et pratique de l'analyse textuelle*. Liège 1990.

Adam, Jean-Michel: *Les textes: types et prototypes. Récit, description, argumentation, explication et dialogue*. Paris 1992.

Agel, Vilmos et al. (Hg.): *Dependenz und Valenz: ein internationales Handbuch der zeitgenössischen Forschung. Band 1*. Berlin, New York 2003.

Albert, Ruth/Koster, Cor J.: *Empirie in Linguistik und Sprachlehrforschung. Ein methodologisches Arbeitsbuch*. Tübingen 2002.

Allières, Jacques: *Manuel de linguistique romane*. Paris 2001.

Anscombre, Jean-Claude/Ducrot, Oswald: *L'argumentation dans la langue*. 2. Auflage, Brüssel 1988.

Antoine, Fabrice: »Verlan français, backslang anglais, etc.«. In: *Cahiers de lexikologie*, 74, 1999, S. 171–183.

Antoine, Gérald/Cerquiglini, Bernard (Hg.): *Histoire de la langue française: 1945–2000*. Paris 2000.

Arnauld/Lancelot: *Grammaire générale et raisonnée conturant les fondements de l'art de parler expliqués d'une manière claire et naturelle*, édition critique en fac-similé de la troisième édition de 1676. 1966.

Atkins, Beryl: »Analyzing the verbs of seeing: A frame semantics approach to corpus lexicography«. In: Gahl, S./Johnson, C./Dolbey, A. (Hg.): *Proceedings of the Twentieth Annual Meeting of the Berkeley Lingustics Society*. 1994.

Auer, Peter (Hg.): *Sprachwissenschaft: Grammatik - Interaktion - Kognition*. Stuttgart, Weimar 2013.

Auroux, Sylvain/Koerner, E.F.K./Niederehe, Hans-Josef/Versteegh, Kees: *History of the Language Sciences/Geschichte der Sprachwissenschaften/Histoire des sciences du langage, vol. 2*. Berlin etc. 2000 (= Handbücher zur Sprach- und Kommunikationswissenschaft, Band 18.2).

Austin, John L.: *How to do Things with Words*. Oxford 1962.

Ayres-Bennett, Wendy: *A History of the French Language through Texts*. London 1996.

Baayen, Harald: »Quantitative aspects of morphological productivity«. In: Booij, Geert E./Van Marle, Jaap (Hg.): *Yearbook of Morphology 1991*. Dordrecht, London 1992, S. 109–149.

Baayen, Harald: »On frequency, transparency and productivity«. In: Booij, Geert E./Van Marle, Jaap (Hg.): *Yearbook of Morphology 1992*. Dordrecht, London 1993, S. 181–208.

Baldinger, Kurt: »Sémasiologie et onomasiologie«. In: *Revue de Linguistique romane*, 28, 1964, S. 249–272.

Baldinger, Kurt: »Post- und Prädeterminierung im Französischen«. In: Baldinger, Kurt (Hg.): *Festschrift W. v. Wartburg zum 80. Geburtstag*, Bd. 1. Tübingen 1968, S. 87–106.

Baldinger, Kurt (Hg.): *Introduction aux dictionnaires les plus importants pour l'histoire du français*. Paris 1974.

Baldinger, Kurt: *Dictionnaire étymologique de l'ancien français*. Québec etc. 1974ff.

Literaturverzeichnis

Bárdosi, Vilmos et al.: *Redewendungen Französisch-Deutsch. Thematisches Wörter- und Übungsbuch*. 2. Auflage, Tübingen 1998 (= UTB 1703).

Battye, Adrian/Hintze, Marie-Anne: *The French Language Today*. New York 2002.

Baudino, Claudie: *Politique de la langue et différence sexuelle*. Paris 2001.

Baylon, Christian: *Sociolinguistique. Société, langue et discours*. 2. Auflage, Paris 2005.

Baylon, Christian/Fabre, Paul: *La sémantique*. Paris 1978.

Baylon, Christian/Mignot, Xavier: *Sémantique du langage: initiation*. Paris 1995.

Becker, Martin: *Einführung in die spanische Sprachwissenschaft*. Stuttgart, Weimar 2013.

Beinke, Christiane/Rogge, Waltraud: »Geschichte der Verschriftung«. In: Holtus, Günter et al. (Hg.): *Lexikon der Romanistischen Linguistik*, Band V,1: Französisch. Tübingen 1990, S. 471–493.

Bernhard, Gerald: »Französische Jugendsprache in den achtziger und neunziger Jahren«. In: *Französisch heute*, 31, 2000, S. 288–297.

Bickerton, Derek: *Roots of language*. Ann Arbor 1981.

Bierbach, Christine/Ellrich, Beate: »Sprache und Geschlechter«. In: Holtus, Günter et al. (Hg.): *Lexikon der Romanistischen Linguistik*, Band V,1: Französisch. Tübingen 1990, S. 248–266.

Blank, Andreas: *Einführung in die lexikalische Semantik für Romanisten*. Tübingen 2001 (= Romanistische Arbeitshefte).

Blasco Ferrer, Eduardo: *Linguistik für Romanisten*. Berlin 1996.

Bloch, Oscar/Wartburg, Walther von: *Dictionnaire étymologique de la langue française*. 6. Auflage, Paris 1975.

Blumenthal, Peter: *La syntaxe du message*. Tübingen 1980.

Blumenthal, Peter: »Textorganisation im Französischen. Vom Mittelalter zur Klassik«. In: *Zeitschrift für französische Sprache und Literatur*, 100, 1990, S. 25–60.

Blumenthal, Peter: »Textorganisation bei Voltaire«. In: *Folia Linguistica*, 25, 1992, S. 155–187.

Blumenthal, Peter: »Argumentation im französischen Liebesbrief«. In: *Zeitschrift für französische Sprache und Literatur*, 104, 1994, S. 8–138.

Blumenthal, Peter: »Schémas de cohésion, causalité ›floue‹ et paradigme de complexité dans F. Braudel: ›La Méditerranée‹«. In: *Le français moderne*, 63, 1995, S. 1–19.

Blumenthal, Peter: »Der Begriff der externen und internen Sprachgeschichte in der Romanistik«. In: Ernst, Gerhard/Gleßgen, Martin-Dietrich/Schmitt, Christian/Schweickard, Wolfgang (Hg.): *Romanische Sprachgeschichte. Ein internationales Handbuch zur Geschichte der romanischen Sprachen und ihrer Erforschung, Teilband 1*. Berlin, New York 2003, S. 37–45.

Blumenthal, Peter/Stein, Achim (Hg.): *Tobler-Lommatzsch: Altfranzösisches Wörterbuch. 4 CD-ROMs und DVD mit Begleitbuch*. Stuttgart 2002.

Boons, Jean-Paul/Guillet, Alain/Leclère, Christian: *La structure des phrases simples en français: classes de constructions transitives*. Paris 1976 (= Rapport de Recherches du LADL no. 6).

Börner, Wolfgang: *Die französische Orthographie*. Tübingen 1977 (= Romanistische Arbeitshefte 18).

Bossong, Georg: *Die romanischen Sprachen. Eine vergleichende Einführung*. Hamburg 2008.

Bouillon, Pierrette: *Traitement automatique des langues naturelles*. Louvain 1998.

Boyer, Henri (Hg.): *Les mots des jeunes. Observation et hypothèses*. Paris 1997 (= Langue française, no. 114, juin 1997).

Bracops, Martine: *Introduction à la pragmatique*. Bruxelles 2006.

Bray, Laurent: »La lexicographie française des origines à Littré«. In: Hausmann, Franz Josef et al. (Hg.): *Wörterbücher, Dictionaries, Dictionnaires. Ein internationales Handbuch zur Lexikographie*, Zweiter Teilband. Berlin, New York 1990, S. 1788–1818.

Brick, Noëlle/Wilks, Clarissa: »Les partis politiques et la féminisation des noms de métier«. In: *Journal of French Language Studies*, 12, 2002, S. 43–53.

Bruchet, Jocelyne: *Langue française et francophonie: Répertoire des organismes et associations oeuvrant pour la promotion de la langue française*. 5. Auflage, Paris 2001.

Brunet, Etienne: *Le vocabulaire de Proust.* Genf, Paris 1983.

Brunet, Etienne: *Le vocabulaire de Zola,* 4 Vol. Genf, Paris 1985.

Brunet, Etienne: *Le vocabulaire de Victor Hugo,* 3 Vol. Paris 1988.

Brunet, Etienne: »L'exploitation des grands corpus: Le bestiaire de la littérature française«. In: *Literary and linguistic computing,* 4, 1989, S. 121–134.

Brunet, Sylvie: *Les mots de la fin du siècle.* Paris 1996.

Brunot, Ferdinand: *Histoire de la langue française des origines à nos jours,* 22 Bde. Paris 1966ff.

Bühler, Karl: *Sprachtheorie. Die Darstellungsfunktion der Sprache.* 3. Auflage, Stuttgart 1999.

Buridant, Claude: *Grammaire nouvelle de l'ancien français.* Paris 2000.

Busse, Winfried/Dubost, Jean-Pierre: *Französisches Verblexikon. Die Konstruktion der Verben im Französischen.* 2. Auflage, Stuttgart 1983.

Bußmann, Hadumod: *Lexikon der Sprachwissenschaft.* 3. Auflage, Stuttgart 2002.

Calvet, Louis-Jean: *La sociolinguistique.* Paris 2003 (= Que sais-je? 2731).

Cammenga-Waller, Anne: *Substandard im Deutschen und Französischen. Lexikologische Studien zur zeitgenössischen Konsumliteratur.* Frankfurt a.M. etc. 2002.

Candito, Marie/Crabbé, Benoît/Denis, Pascal: »Statistical French dependency parsing: treebank conversion and first results«. In: *Proceedings of LREC'2010, La Valletta, Malta.* 2010.

Caput, Jean-Pol: *L'académie française.* Paris 1986 (= Que sais-je? 2322).

Caradec, François: *N'ayons pas peur des mots. Dictionnaire du français argotique et populaire.* Paris 1988.

Carnap, Rudolf: *Meaning and Necessity.* Chicago 1956.

Caron, Jean: *Précis de psycholinguistique.* 2. Auflage, Paris 2008.

Carton, Fernand: *Les accents des Français.* 1983.

Carton, Fernand: *Introduction à la phonétique du français. Nouvelle présentation.* Paris 1997.

Catach, Nina: *L'orthographe en débat.* Paris 1991.

Catach, Nina: *Histoire de l'orthographe française. Edition posthume réalisée par Renée Honvault avec la collaboration de Irène Rosier-Catach.* Paris 2001.

Catach, Nina: *L'orthographe française. Traité théorique et pratique avec des travaux d'application et leurs corrigés.* 3. Auflage, Paris 2003.

Catach, Nina: *L'orthographe.* 11. Auflage, Paris 2011 (= Que sais-je? 685).

Cellard, Jacques/Rey, Alain: *Dictionnaire du français non conventionnel.* 2. Auflage, Paris 1991.

Chaudenson, Robert: *Mondialisation: la langue française a-t-elle encore un avenir?* Paris 2000.

Chaudenson, Robert et al.: *La francophonie: représentations, réalités, perspectives.* Paris 1991.

Chevrier, Marc: *Des lois et des langues au Québec.* Québec 1997 (= Etudes & Documents).

Choi, Byung-Jin: *Vererbungsbasierte semantische Repräsentation für maschinelle Wörterbücher.* Frankfurt a.M. etc. 1995.

Chomsky, Noam: *Syntactic Structures.* Den Haag 1957.

Chomsky, Noam: *Aspects of the Theory of Syntax.* Cambrige Mass. 1965.

Chomsky, Noam: *Lectures on Government and Binding.* Dordrecht 1981 (= Studies in generative grammar 9).

Chomsky, Noam: *Barriers.* Cambrige Mass. 1986 (= Linguistic Inquiry Monographs 13).

Chomsky, Noam: *The Minimalistic Program.* Cambridge Mass. 1995.

Clark, Robin/Roberts, Ian: »A Computational Model of Language Learnability and Language Change«. In: *Linguistic Inquiry,* 24, 1993, S. 299–345.

Colin, Jean-Paul: *Les derniers mots.* Paris 1992.

Confais, Jean-Paul: *Temps, mode, aspect. Les approches des morphèmes verbaux et leurs problèmes à l'exemple du français et de l'allemand.* 2. Auflage, Toulouse 2002.

Corbin, Danielle: *La formation des mots: structures et interprétations*. Lille 1991 (= Lexique; 10).
Corblin, Francis: *Représentation du discours et sémantique formelle*. Rennes 2002.
Coseriu, Eugenio: *Einführung in die strukturelle Betrachtung des Wortschatzes*. 2. Auflage, Tübingen 1973.
Coseriu, Eugenio: *Probleme der strukturellen Semantik*. Tübingen 1975.
Coseriu, Eugenio/Meisterfeld, Reinhard: *Geschichte der romanischen Sprachwissenschaft*. 1. *Von den Anfängen bis 1492*. Tübingen 2003.
Croft, William/Cruse, D. Alan: *Cognitive Linguistics*. Cambridge 2004.
Crystal, David: *Die Cambridge Enzyklopädie der Sprache*. Frankfurt a.M. 1998.
Crystal, David: *The Cambridge Encyclopedia of Language*. 2. Auflage, Cambridge 2004.

Dahmen, Wolfgang et al. (Hg.): *Sprache und Geschlecht in der Romania. Romanistisches Kolloquium X*. Tübingen 1997.
Daneš, Frantisek: »Zur linguistischen Analyse der Textstruktur«. In: *Folia Linguistica*, 4, 1970.
Dauzat, Albert/Dubois, Jean/Mitterand, Henri: *Dictionnaire étymologique et historique du français*. Paris 1993.
De Beaugrande, Robert/Dressler, Wolfgang: *Einführung in die Textlinguistik*. Tübingen 1981.
Delbecque, Nicole: *Linguistique cognitive. Comprendre comment fonctionne le langage*. Bruxelles 2002.
Deniau, Xavier: *La francophonie*. 5. Auflage, Paris 2001 (= Que sais-je? 2111).
Detges, Ulrich: »Wie entsteht Grammatik? Kognitive und pragmatische Determinanten der Grammatikalisierung von Tempusmarkern«. In: Lang, Jürgen/Neumann-Holzschuh, Ingrid (Hg.): *Reanalyse und Grammatikalisierung in den romanischen Sprachen*. Tübingen 1999, S. 31–52.
Detges, Ulrich: »La notion de réanalyse et son application à la description des langues créoles«. In: Kriegel, Sibylle (Hg.): *Grammaticalisation et réanalyse: Approches de la variation créole et française*. Paris 2003, S. 49–67.
Dictionnaire des frequences = *Dictionnaire des frequences. Vocabulaire littéraire des XIXe et XXe siècles*. Nancy 1971.
Dictionnaire du français plus = *Dictionnaire du français plus*. Montréal 1988.
Dictionnnaire québécois = *Dictionnnaire du québécois d'aujourd'hui*. Saint-Laurent 1992.
Dietze, Joachim: *Texterschließung: lexikalische Semantik und Wissensrepräsentation*. München etc. 1994.
Diewald, Gabriele: *Grammatikalisierung: eine Einführung in Sein und Werden grammatischer Formen*. Tübingen 1997.
Dijk, Teun A. van/Kintsch, Walter: *Strategies of Discourse Comprehension*. Orlando 1983.
Dubois, Jean et al.: »Le mouvement général du vocabulaire français de 1949 à 1960«. In: *Le français moderne*, 28, 1960, S. 86ff, 196ff.
Dubois, Jean et al.: *Dictionnaire du français classique*. Paris 1971.
Dubois, Jean et al.: *Dictionnaire de linguistique et des sciences du langage*. Paris 2002.
Ducrot, Oswald: *Les mots du discours*. Paris 1980.
Ducrot, Oswald: *Dire et ne pas dire. Principes de sémantique linguistique*. 3. Auflage, Paris 1991.
Ducrot, Oswald/Schaeffer, Jean-Marie: *Nouveau dictionnaire encyclopédique des sciences du langage*. Paris 1999.

Eckert, Gabriele: »Periodisierung«. In: Holtus, Günter et al. (Hg.): *Lexikon der romanistischen Linguistik (LRL)*, Bd. V,1: Französisch. Tübingen 1990, S. 816–830.
Edwards, John (Hg.): *Language in Canada*. Cambridge 1998.
Eggs, Ekkehard/Mordellet, Isabelle: *Phonétique et phonologie du français. Théorie et pratique*. Tübingen 1990 (= Romanistische Arbeitshefte; 34).
Engwall, Gunnel: *Vocabulaire du roman français*. Stockholm 1984.
Ernst, Gerhard: *Gesprochenes Französisch zu Beginn des 17. Jahrhunderts*. Tübingen 1985.

Ernst, Gerhard/Gleßgen, Martin-Dietrich/Schmitt, Christian/Schweickard, Wolfgang (Hg.): *Romanische Sprachgeschichte. Ein internationales Handbuch zur Geschichte der romanischen Sprachen und ihrer Erforschung, Teilband 1*. Berlin, New York 2003 (= Handbücher zur Sprach- und Kommunikationswissenschaft).

Felixberger, Josef: »Sub-, Ad- und Superstrat und ihre Wirkung auf die romanischen Sprachen: Galloromania«. In: Ernst, Gerhard/Gleßgen, Martin-Dietrich/Schmitt, Christian/Schweickard, Wolfgang (Hg.): *Romanische Sprachgeschichte. Ein internationales Handbuch zur Geschichte der romanischen Sprachen und ihrer Erforschung, Teilband I*. Berlin, New York 2003, S. 594–607 (= Handbücher zur Sprach- und Kommunikationswissenschaft).

Fellbaum, Christiane (Hg.): *WordNet: An Electronic Lexical Database*. Cambrige Mass. 1999.

Fillmore, Charles: »The Case for Case«. In: Bach, Emmon/Harms, Robert T. (Hg.): *Universals in Linguistic Theory*. New York 1968, S. 1–90.

Fillmore, Charles: »Frames and the semantics of understanding«. In: *Quaderni di Semantica*, 6,2, 1985, S. 222–254.

Fillmore, Charles: »›Corpus linguistics‹ or ›Computer-aided armchair linguistics‹«. In: Svartvik, Jan (Hg.): *Directions in Corpus Linguistics*, Proceedings of Nobel Symposium 82, Stockholm, 4-8 August 1991. Berlin, New York 1992, S. 35–60 (= Trends in Linguistics, Studies and Monographs 65).

Firbas, Jan: »On defining the theme in functional sentence analysis«. In: *Travaux linguistiques de Prague*, 1, 1964, S. 267–280.

Fradin, Bernard: *Nouvelles approches en morphologie*. Paris 2003.

François, Jacques: *Changement, causation, action. Trois catégories sémantiques fondamentales du lexique verbal français et allemand*. Genève 1989.

Frantext = *Recueil méthodique des informations destinées aux utilisateurs de la base de données textuelles FRANTEXT*. Nancy 1993.

French WordNet = *The French WordNet Version 1.0. EuroWordNet, LE2-4003 & LE4-8328*. 1999.

Fuchs, Catherine/Habert, Benoît (Hg.): *Le traitement automatique des langues*. Paris 2001 (= Histoire, Épistémologie, Langage; Tome XXIII/1).

Fuchs, Catherine/Le Goffic, Pierre: *Les linguistiques contemporaines*. Paris 2000.

Gabriel, Christoph/Müller, Natascha: *Grundlagen der generativen Syntax. Französisch, Italienisch, Spanisch*. 2. Auflage, Tübingen 2013.

Gabriel, Klaus/Ide, Katja/Osthus, Dietmar/Polzin, Claudia: *Romanistik im Internet. Eine praktische Einführung in die Nutzung der neuen Medien im Rahmen der romanistischen Linguistik*. 2. Auflage, Bonn 2000.

Gadet, Françoise: *Le français populaire*. Paris 1992 (= Que sais-je? 1172).

Gadet, Françoise: *La variation sociale en français*. Paris 2003.

Gadet, Françoise: »Youth language in France: forms and practices«. In: Neuland, Eva (Hg.): *Jugendsprachen – Spiegel der Zeit*. Frankfurt a.M. etc. 2003, S. 77–89.

Gamillscheg, Ernst: *Historische französische Syntax*. Tübingen 1957.

Gamillscheg, Ernst: *Etymologisches Wörterbuch der französischen Sprache*. 2. Auflage, Heidelberg 1969.

Gardent, Claire/Baschung, Karine: *Techniques d'analyse et de génération pour la langue naturelle*. Clermont-Ferrand 1995.

Gaudin, François/Guespin, Louis: *Initiation à la lexicologie française*. Bruxelles 2000.

Gebhardt, Carl: *Das okzitanische Lehngut im Französischen*. Bern 1974.

Geckeler, Horst: *Strukturelle Semantik und Wortfeldtheorie*. 3. Auflage, München 1982.

Geckeler, Horst: »Zum Verhältnis der Kategorien ›analytisch/synthetisch‹ und ›prädeterminierend/postdeterminierend‹ in der Sprachtypologie«. In: Heintz, G./Schmitter, P. (Hg.): *Collectanea Philologica. Festschrift für Helmut Gipper zum 65. Geburtstag*, Vol. 1. Baden-Baden 1985, S. 203–223.

Geckeler, Horst/Dietrich, Wolf: *Einführung in die französische Sprachwissenschaft*. 4. Auflage, Berlin 2007.

Literaturverzeichnis

Geeraerts, Dirk: *Diachronic Prototype Semantics: A Contribution to Historical Lexicology*. Oxford 1997.

Genouvrier, Émile et al.: *Nouveau dictionnaire des synonymes*. Paris 1992.

Gilliéron, Jules/Edmont, Edmond: *Atlas linguistique de la France*. Paris 1902f.

Gledhill, Christopher: *Fundamentals of French Syntax*. München 2003.

Gleßgen, Martin-Dietrich: *Linguistique romane. Domaines et méthodes en linguistique française et romane*. Paris 2012.

GLLF = *Grand Larousse de la langue française*, 7 Bde. Paris 1971.

Glück, Helmut (Hg.): *Metzler Lexikon Sprache*. 4. Auflage, Stuttgart, Weimar 2010.

Godefroy, Frédéric: *Dictionnaire de l'ancienne langue française et de tous ses dialectes du IX. au XV. siècle*. Paris 1880ff.

Goes, Jan: *L'adjectif. Entre nom et verbe*. Paris, Bruxelles 1999.

González Rey, Isabel: *La phraséologie du français*. Toulouse 2002.

Gordon, Raymond: *Ethonologue: Languages of the World*. 15. Auflage, Dallas 2005.

Goudaillier, Jean-Pierre: *Comment tu tchatches! Dictionnaire du français contemporain des cités*. 3. Auflage, Paris 2001.

Goudaillier, Jean-Pierre (Hg.): *Argots et argotologie*. Paris 2002 (= La Linguistique, Vol. 38).

Gougenheim, Georges et al.: *L'élaboration du français fondamental (1er degré). Étude sur l'établissement d'un vocabulaire et d'une grammaire de base*, Nouvelle édition refondue et augmentée. Paris 1964.

Goyens, M./Lamiroy, B./Melis, L.: »Déplacement et repositionnement de la préposition à en français«. In: *Linguisticae investigationes*, 25,2, 2002, S. 275–310.

Grand Robert = *Le Grand Robert de la langue française. Dictionnaire alphabétique et analogique de la langue française*. 3. Auflage, Paris 2001 (= Troisième Édition entièrement revue et enrichie par Alain Rey).

Greimas, Algirdas: *Dictionnaire de l'ancien français*. Paris 1992.

Greimas, Algirdas/Keane, Teresa: *Dictionnaire du moyen français*. Paris 1992.

Greimas, Algirdas J.: *Sémantique structurale. Recherche de méthode*. Paris 1966.

Grevisse, Maurice: *Le bon usage. Grammaire française*. 15. Auflage, Paris-Gembloux 2011.

Grewendorf, Günther/Hamm, Fritz/Sternefeld, Wolfgang: *Sprachliches Wissen. Eine Einführung in moderne Theorien der grammatischen Beschreibung*. 12. Auflage, Frankfurt a.M. 2001.

Grice, Herbert Paul: »Logic and Conversation«. In: Cole, P./Morgan, J. L. (Hg.): *Speech Acts*. New York 1975, S. 41–58.

Grice, Herbert Paul: *Studies in the Way of Words*. Cambrige Mass. 1989.

Gross, Gaston: »Le degré de figement des noms composés«. In: *Langages*, 90, 1988, S. 57–72.

Gross, Gaston: *Les constructions converses du français*. Genf 1989.

Gross, Gaston: »Définition des noms composés dans un lexique grammaire«. In: *Langue française*, 87, 1990, S. 84–90.

Grosse, Ernst Ulrich: *Altfranzösischer Elementarkurs*. München 1986.

Groupe Aixois de Recherches en Syntaxe (GARS) (Hg.): *Recherches sur le français parlé*, no. 10. Aix-en-Provence 1990.

Guiraud, Pierre: *Le moyen français*. 2. Auflage, Paris 1966 (= Que sais-je? 1086).

Gundel, Jeanette: *The role of topic and comment in linguistic theory*. PhD Thesis Austin 1974.

Haase, Martin: *Italienische Sprachwissenschaft. Eine Einführung*. Tübingen 2007.

Habert, Benoît (Hg.): *Traitements probabilistes et corpus*. 1995 (= traitement automatique des langues; Vol. 36, No. 1–2).

Habert, Benoît: *Instruments et ressources électroniques pour le français*. Gap, Paris 2005.

Habert, Benoît/Fabre, Cécile/Issac, Fabrice: *De l'écrit au numérique. Constituer, normaliser et exploiter les corpus électroniques, avec CD-ROM*. Paris 1998.

Habert, Benoît/Nazarenko, Adeline/Salem, André: *Les linguistiques de corpus*. Paris 1997.

Haegeman, Liliane: *Introduction to Government and Binding Theory*. 2. Auflage, Oxford 2001.

Hagège, Claude: *Le français et les siècles*. Paris 1987.

Halliday, Michael A. K.: *An Introduction to Functional Grammar*. London etc. 1985.

Halliday, Michael A. K./Hasan, Ruquaiya: *Cohesion in English*. London 1976 (= English Language Series 9).

Hammarström, Göran: *Französische Phonetik. Eine Einführung*. Tübingen 1998.

Hausmann, Franz Josef: »Wortschatzlernen ist Kollokationslernen. Zum Lehren und Lernen französischer Wortverbindungen«. In: *Praxis des neusprachlichen Unterrichts*, 31, 1984, S. 395–406.

Hausmann, Franz Josef: »Kollokationen im deutschen Wörterbuch: Ein Beitrag zur Theorie des lexikographischen Beispiels«. In: Bergenholtz, Henning/Mugdan, Joachim (Hg.): *Lexikographie und Grammatik. Akten des Essener Kolloquiums zur Grammatik im Wörterbuch 28.–30.6.1984*. Tübingen 1985, S. 118–129.

Hausmann, Franz Josef et al. (Hg.): *Wörterbücher, Dictionaries, Dictionnaires. Ein internationales Handbuch zur Lexikographie*, 3 Bde. Berlin, New York 1989ff.

Hazaël-Massieux, Marie-Christine: »Au sujet de la définition des langues créoles«. In: *La Linguistique*, 41, 2005, S. 3–17.

Hazaël-Massieux, Marie-Christine: »Théories de la genèse ou histoire des créoles: l'exemple du développement des créoles de la Caraïbe«. In: *La Linguistique*, 41, 2005, S. 19–40.

Hazaël-Massieux, Marie-Christine: *Les créoles: à base française*. Paris 2011 (= L'essentiel français).

Heger, K.: »Die methodologischen Voraussetzungen von Onomasiologie und begrifflicher Gliederung«. In: *Zeitschrift für romanische Philologie*, 82, 1966, S. 138–170.

Helfrich, Uta: »›Jugendsprache‹ in Frankreich: Erkenntnisse und Desiderata«. In: Neuland, Eva (Hg.): *Jugendsprachen - Spiegel der Zeit*. Frankfurt a.M. etc. 2003, S. 91–108.

Hewson, John: *The French Language in Canada*. München 2000.

Hillert, Dieter: *Zur mentalen Repräsentation von Wortbedeutungen*. Tübingen 1987.

Hollender, Ulrike: *Erfolgreich recherchieren - Romanistik*. Berlin 2012.

Holm, John: *Pidgins and Creoles. Volume II: Reference Survey*. Cambridge 1989.

Holm, John: *An introduction to pidgins and creoles*. Cambridge 2000.

Hopper, Paul J./Traugott, Elizabeth C.: *Grammaticalization*. 2. Auflage, Cambridge 2003 (= Cambridge textbooks in linguistics).

Huchon, Mireille: *Histoire de la langue française*. Paris 2002.

Huguet, Edmond: *Dictionnaire de la langue française du seizième siècle*. Paris 1925ff.

Huot, Hélène: *La morphologie. Forme et sens des mots du français*. 2. Auflage, Paris 2005.

Ilgenfritz, Peter et al.: *Langenscheidts Kontextwörterbuch Französisch-Deutsch*. Berlin etc. 1989.

Jackendoff, Ray: *Semantic Structures*. Cambrige Mass. 1990.

Joseph, Brian D./Janda, Richard D. (Hg.): *The Handbook of Historical Linguistics*. Oxford 2003.

Juilland, Alphonse/Brodin, D./Davidovitch, C.: *Frequency Dictionary of French Words*. Den Haag, Paris 1970.

Kahane, Sylvain/Polguère, Alain/Steinlin, Jacques: *DiCouèbe. Dictionnaire en ligne de combinatoire du français*. http://olst.ling.umontreal.ca/dicouebe/ 2013.

Kamp, Hans/Reyle, Uwe: *From Discourse to Logic*. Dordrecht 1993.

Keller, Monika: *Ein Jahrhundert Reformen der französischen Orthographie. Geschichte eines Scheiterns*. Tübingen 1991.

Kerbrat-Orecchioni, Catherine: *La connotation*. 3. Auflage, Lyon 1984.

Kerbrat-Orecchioni, Catherine: *L'implicite*. Paris 1986.

Kerbrat-Orecchioni, Catherine: *Les interactions verbales*, Tome I. Paris 1990.

Kerbrat-Orecchioni, Catherine: *Les interactions verbales*, Tome II. Paris 1992.

Klann-Delius, Gisela: *Spracherwerb*. 2. Auflage, Stuttgart, Weimar 2008 (= Sammlung Metzler; 307).

Klare, Johannes: *Französische Sprachgeschichte*. Stuttgart 1999.

Kleiber, Georges: *La sémantique du prototype. Catégories et sens lexical*. Paris 1990.

Kleiber, Georges: *Prototypensemantik*. 2. Auflage, Tübingen 1998.

Kleiber, Georges: *La sémantique du prototype. Catégories et sens lexical*. 2. Auflage, Paris 1999.

Kleineidam, Hartmut: »Syntax«. In: Holtus, Günter et al. (Hg.): *Lexikon der Romanistischen Linguistik*, Band V,1: Französisch. Tübingen 1990, S. 125–144.

Klenk, Ursula: *Generative Syntax*. Tübingen 2003.

Klinkenberg, Jean-Marie: *Des langues romanes*. 2. Auflage, Paris 1999.

Koch, Peter/Oesterreicher, Wulf: *Gesprochene Sprache in der Romania: Französisch, Italienisch, Spanisch*. 2. Auflage, Tübingen 2011 (= Romanistische Arbeitshefte 31).

Kocourek, Rostislav: *La langue française de la technique et de la science. Vers une linguistique de la langue savante*. 2. Auflage, Wiesbaden 1991.

Kolboom, Ingo/Kotschi, Thomas/Reichel, Edward: *Handbuch Französisch. Studium – Lehre – Praxis*. Berlin 2008.

Konderding, Klaus-Peter: *Frames und lexikalisches Bedeutungswissen. Untersuchungen zur linguistischen Grundlegung einer Frametheorie und zu ihrer Anwendung in der Lexikographie*. Tübingen 1993 (= Reihe Germanistische Linguistik 142).

Kotschi, Thomas: »Wertigkeitsbestimmungen und vierwertige Verben im Französischen«. In: Bergerfurth, Wolfgang/Diekmann, Erwin/Winkelmann, Otto (Hg.): *Festschrift für Rupprecht Rohr zum 60. Geburtstag*. Heidelberg 1979, S. 271–292.

Kotschi, Thomas: »Verbvalenz im Französischen«. In: Kotschi, Thomas (Hg.): *Beiträge zur Linguistik des Französischen*. Tübingen 1981, S. 80–122 (= Tübinger Beiträge zur Linguistik 154).

Kotschi, Thomas/Detges, Ulrich/Cortès, Collette: *Wörterbuch französischer Nominalprädikate*. Tübingen 2009.

Kriegel, Sibylle: *Grammaticalisation et réanalyse. Approches de la variation créole et française*. Paris 2003.

Kunstmann, Pierre/Stein, Achim (Hg.): *Le Nouveau Corpus d'Amsterdam. Actes de l'atelier de Lauterbad, 23–26 février 2006*. Stuttgart 2007 (= Beihefte zur Zeitschrift für französische Sprache und Literatur 34).

Kürschner, Wilfried: *Grammatisches Kompendium. Systematisches Verzeichnis grammatischer Grundbegriffe*. 4. Auflage, Tübingen 2003 (= UTB 1526).

Labov, W.: »The Boundaries of Words and Their Meanings«. In: Bailey, Ch. J./Shuy, R.W. (Hg.): *New Ways of Analyzing Variation in English*. Washington 1973, S. 340–373.

Laenzlinger, Christopher: *Initiation à la Syntaxe formelle du français*. Frankfurt a.M. etc. 2003.

Landes, Louis de: *Glossaire érotique de la langue française*. Bruxelles 1861.

Lang, Jürgen/Neumann-Holzschuh, Ingrid (Hg.): *Reanalyse und Grammatikalisierung in den romanischen Sprachen*. Tübingen 1999 (= Linguistische Arbeiten 410).

Larchey, Lorédan: *Dictionnaire historique d'argot et des excentricités du langage*. Paris 1881.

Larrivée, Pierre: *Une histoire du sens. Panorama de la sémantique linguistique depuis Bréal*. Bruxelles 2008.

Lascarides, Alex/Asher, Nicholas: »Temporal Interpretation, Discourse Relations and Commonsense Entailment«. In: *Linguistics and Philosophy*, 16,5, 1993, S. 437–493.

Le Québec actuel = *Le Québec actuel*. Québec 1996.

Lee, David: *Cognitive Linguistics. An introduction*. Oxford, New York 2001.

Lefkowitz, Natalie: *Talking backwards, looking forwards: the French language game Verlan*. Tübingen 1991.

Lehmann, Alise/Martin-Berthet, Françoise: *Introduction à la lexicologie. Sémantique et morphologie*. 2. Auflage, Paris 2003.

Léon, Pierre: *Phonétisme et prononciations du français avec des travaux pratiques d'application et leur corrigés*. Paris 1992.

Lewandowski, Theodor: *Linguistisches Wörterbuch*, 3 Bände. 5. Auflage, Heidelberg, Wiesbaden 1990 (= UTB 1518).

Lexis = *Dictionnaire de la langue française: lexis*. Paris 1992.

Lindenbauer, Petra/Metzeltin, Michael/Thir, Margit: *Die romanischen Sprachen. Eine einführende Übersicht*. 2. Auflage, Wilhelmsfeld 1995 (= Pro lingua 20).

Lodge, Anthony: *French: From Dialect to Standard*. London, New York 1993.

Lodge, Anthony: *Sociolinguistic History of Parisian French*. Cambridge 2004.

Lohnstein, Horst: *Formale Semantik und Natürliche Sprache*. Opladen 1996.

Longobardi, Giuseppe: »Formal Syntax, Diachronic Minimalism, and Etymology: The History of French Chez«. In: *Linguistic Inquiry*, 32, 2001, S. 275–301.

Ludwig, Ralph/ Telchid, Sylviane/ Bruneau-Ludwig Florence: *Corpus créole. Textes oraux dominicais, guadeloupéens, guyanais, haïtiens, mauriciens et seychellois: enregistrements, transcriptions et traductions*. Hamburg 2001.

Lust, Barbara C.: *Child Language. Acquisition and Growth*. Cambridge 2006.

Maingueneau, Dominique: *Analyser les textes de communication*. 2. Auflage, Paris 2007.

Maingueneau, Dominique: *Précis de grammaire pour les concours*. 3. Auflage, Paris 2010.

Marchello-Nizia, Christiane: *L'évolution du français. Ordre des mots, démonstratifs, accent tonique*. Paris 1995.

Marchello-Nizia, Christiane: *Histoire de la langue française au XIVe et XVe siècles*. Paris 1997.

Marchello-Nizia, Christiane: *Grammaticalisation et changement linguistique*. 2. Auflage, Bruxelles 2009.

Marchello-Nizia, Christiane: »Histoire interne du français: morphosyntaxe et syntaxe«. In: Ernst, Gerhard/Gleßgen, Martin-Dietrich/Schmitt, Christian/Schweickard, Wolfgang (Hg.): *Romanische Sprachgeschichte. Ein internationales Handbuch zur Geschichte der romanischen Sprachen und ihrer Erforschung, Teilband 3*. Berlin, New York 2009, S. 2926–2947 (= Handbücher zur Sprach- und Kommunikationswissenschaft).

Martin, Évelyne: *Traitements informatisés de corpus textuels*. Paris 1994 (= Collection Études de sémantique lexicale).

Martinet, André/Walter, Henriette: *Dictionnaire de la prononciation française dans son usage réel*. Paris 1973.

Mathieu, Marie-Jo (Hg.): *Extension du féminin. Les incertitudes de la langue*. Paris 2002.

Mathieu-Colas, Michel: »Variations graphiques des mots composés dans le ›Petit Larousse‹ et le ›Petit Robert‹«. In: *Linguisticae Investigationes*, 12, 1988, S. 235–280.

Mathieu-Colas, Michel: »Orthographe et informatique. Établissement d'un dictionnaire électronique des variantes graphiques«. In: *Langue française*, 87, 1990, S. 104–111.

McEnery, Tony/Wilson, Andrew: *Corpus Linguistics*. 2. Auflage, Edinburgh 2003.

Meibauer, Jörg et al.: *Einführung in die germanistische Linguistik*. Stuttgart 2002.

Meillet, Antoine: *Linguistique historique et linguistique générale*. Paris 1921.

Meisel, Jürgen: *First and second language acquisition: parallels and differences*. Cambridge 2011.

Meisenburg, Trudel/Selig, Maria: *Phonetik und Phonologie des Französischen*. Stuttgart 1999.

Meißner, Franz-Joseph et al.: *Langenscheidts Wörterbuch der Umgangssprache Französisch*. Berlin etc. 1992.

Mel'čuk, Igor A./Clas, André/Polguère, Alain: *Introduction à la lexicologie explicative et combinatoire*. Paris 1995.

Mel'čuk, Igor A. et al.: *Dictionnaire explicatif et combinatoire du français contemporain. Recherches lexico-sémantiques*, 4 Vol. 1984/88/92/99. Montreal 1984ff.

Mercier, Louis/Verreault, Claude: »Opposer français ›standard‹ et français québécois pour mieux se comprendre entre francophones? Le cas du Dictionnaire québécois français«. In: *Le français moderne*, 70, 2002, S. 87–108.

Merle, Pierre: *Le Dico de l'argot fin de siècle*. Paris 1997.

Métrich, René et al.: *Les invariables difficiles. Dictionnaire allemand-français des particules, connecteurs, interjections et autres ›mots de la communication‹*. 3. Auflage, Nancy 1994ff.

Mettre au féminin = *Mettre au féminin. Guide de féminisation des noms de métier, fonction, grade ou titre*. Bruxelles 1994.

Literaturverzeichnis

Metzeltin, Michael: »Textsorten«. In: Holtus, Günter et al. (Hg.): *Lexikon der Romanistischen Linguistik*, Band V,1: Französisch. Tübingen 1990, S. 167–181.
Michaelis, Susanne (Hg.): *Grammatikalisierung in der Romania*. Bochum 1996.
Moeschler, Jacques: *Modélisation du dialogue. Représentation de l'inférence argumentative*. Paris 1989.
Moeschler, Jacques/Auchlin, Antoine: *Introduction à la linguistique contemporaine*. 2. Auflage, Paris 2000.
Moeschler, Jacques/Reboul, Anne: *Dictionnaire encyclopédique de pragmatique*. Paris 1994.
Moignet, Gérard: *Grammaire de l'ancien français: morphologie - syntaxe*. Paris 1973.
Monreal-Wickert, Irene: *Die Sprachforschung der Aufklärung im Spiegel der großen französischen Enzyklopädie*. Tübingen 1977.
Morf, Heinrich: »Mundartenforschung und Geschichte auf romanischem Gebiet«. In: *Bulletin de dialectologie romane*, 1, 1909, S. 1–17.
Müller, Bodo: *Le français d'aujourd'hui*. Paris 1985.
Müller, Natascha et al.: *Einführung in die Mehrsprachigkeitsforschung: Deutsch – Französisch – Italienisch*. Tübingen 2006.
Müller, Natascha/Riemer, Beate: *Generative Syntax der romanischen Sprachen: Französisch, Italienisch, Portugiesisch, Spanisch*. Tübingen 1998.
Müller, Stefan: *Head-driven phrase structure grammar: eine Einführung*. 2. Auflage, Tübingen 2008.
Müller-Lancé, Johannes: *Latein für Romanisten: Ein Lehr- und Arbeitsbuch*. Tübingen 2006.

Nicot, Jean: *Thresor de la langue francoyse, tant ancienne que Moderne*, réimpr. de l'édition de 1621. Paris 1960.
Niedzwiecki, Patricia: *Au Féminin! Code de féminisation à l'usage de la francophonie*. Paris 1994.
Noailly, Michèle (Hg.): *L'adjectif*. Paris 1993 (= L'information grammaticale no. 58).

Ogden, Charles K./Richards, Ivor A.: *The Meaning of Meaning. A Study of the Influence of Language upon Thought and of the Science of Symbolism*. 10. Auflage, London 1923.

Palm, Christine: *Phraseologie. Ein Arbeitsbuch*. Tübingen 1994.
Paul, Hermann: *Principien der Sprachgeschichte*. Halle 1880.
Peeters, Bert (Hg.): *Les primitifs sémantiques*. Paris 1993 (= Langue française no. 89).
Perret, Michèle: *Introduction à l'histoire de la langue française*. 3. Auflage, Paris 2008.
Petit Robert = *Le Nouveau Petit Robert. Dictionnaire alphabétique et analogique de la langue française*, Nouvelle édition remaniée et amplifiée sous la rédaction de Josette Rey-Debove et Alain Rey. Paris 1993.
Picoche, Jacqueline/Marchello-Nizia, Christiane: *Histoire de la langue française*. Paris 2001.
Pinker, Steven: *The language instinct: how the mind creates language*. New York 1994.
Pinker, Steven: *Der Sprachinstinkt: wie der Geist die Sprache bildet*. München 1996.
Pintzuk, Susan: »Variationist Approaches to Syntactic Change«. In: Joseph, Brian D./Janda, Richard D. (Hg.): *The Handbook of Historical Linguistics*. Oxford 2003, S. 509–528.
Pöckl, Wolfgang/Rainer, Franz: *Einführung in die romanische Sprachwissenschaft*. 4. Auflage, Tübingen 2007 (= Romanistische Arbeitshefte 33).
Polguère, Alain: *Lexicologie et sémantique lexicale*. Montréal 2003.
Pöll, Bernhard: *Francophonies périphériques. Histoire, statut et profil des principales variétés du français hors de France*. Paris 2001.
Pollock, Jean-Yves: *Langage et cognition: introduction au programme minimaliste de la grammaire générative*. Paris 1997.
Pons Großwörterbuch Französisch = *Pons Großwörterbuch Französisch-Deutsch Deutsch-Französisch*. Stuttgart, Dresden 2004.
Pötters, Wilhelm/Alsdorf-Bollée, Annegret: *Sprachwissenschaftlicher Grundkurs Französisch*. 7. Auflage, Tübingen 1995.

Pottier, Bernard: *Recherches sur l'analyse sémantique en linguistique et en traduction mécanique.* Nancy 1963.

Prévost, Sophie: »La grammaticalisation: unidirectionnalité et statut«. In: *Le français moderne*, 71, 2003, S. 144–166.

Price, Glanville: *Die französische Sprache.* Tübingen 1988 (= UTB 1507).

Proteau, Lorenzo: *Le français populaire au Québec.* Boucherville 1991.

Pruvost, Jean: *Les dictionnaires de la langue française.* Paris 2002 (= Que sais-je? 3622).

Pusch, Claus/Kabatek, Johannes/Raible, Wolfgang (Hg.): *Romanistische Korpuslinguistik II: Korpora und diachrone Sprachwissenschaft / Romance Corpus Linguistics II: Corpora and Diachronic Linguistics.* Tübingen 2005.

Pusch, Claus/Raible, Wolfgang (Hg.): *Romanistische Korpuslinguistik. Korpora und gesprochene Sprache.* Tübingen 2002.

Pustka, Elissa: *Phonetik und Phonologie des Französischen.* Berlin 2011.

Quemada, Bernard (Hg.): *FRANTEXT. Autour d'une base de données textuelles.* Paris 1992 (= Dictionnairique et Lexicographie 2).

Rapport annuel = *Rapport annuel du Commissariat des langues officielles.* Ottawa 2004.

Rey, Alain: »La lexicographie française depuis Littré«. In: Hausmann, Franz Josef et al. (Hg.): *Wörterbücher, Dictionaries, Dictionnaires. Ein internationales Handbuch zur Lexikographie*, Band II. Berlin, New York 1990, S. 1818–1843.

Rey-Debove, Josette/Le Beau-Bensa, Béatrice: *La réforme de l'orthographe au banc d'essai du Robert.* Paris 1991.

Rézeau, Pierre (Hg.): *Dictionnaire des régionalismes de France.* Bruxelles 2001.

Rheinfelder, Hans: *Altfranzösische Grammatik*, 2 Bde. München 1975.

Rickard, Peter: *La langue française au 16e siècle.* Cambridge 1968.

Ricken, Ulrich: *Französische Lexikologie.* Leipzig 1983.

Riegel, Martin/Pellat, Jean-Christophe/Rioul, René: *Grammaire méthodique du français.* 4. Auflage, Paris 2009.

Rigaud, Lucien: *Dictionnaire de l'argot moderne.* Paris 1888.

Robert historique = *Dictionnaire historique de la langue française.* Paris 1992.

Robert oral-écrit = *Le Robert oral-écrit. L'orthographe par la phonétique*, rédaction dirigée par Dominique Taulelle. Paris 1989.

Roberts, Ian: *Diachronic Syntax.* Oxford 2007.

Roberts, Ian/Rousseau, Anna: *Syntactic change: a minimalist approach to grammaticalization.* Cambridge 2003.

Röder, Peter: *Französische Phonetik und Phonologie.* Erlangen 1996 (= Erlanger Studien 105).

Rohlfs, Gerhard: *Vom Vulgärlatein zum Altfranzösischen.* 3. Auflage, Tübingen 1968 (= Sammlung kurzer Lehrbücher der romanischen Sprachen und Literaturen, 15., 2 Ex.).

Sablayrolles, Jean-François: *La néologie en français contemporain. Examen du concept et analyse de productions néologiques récentes.* Paris 2000.

Sachs, Karl/Villatte, Césaire: *Langenscheidts Großwörterbuch Französisch.* Berlin etc. 1979.

Samel, Ingrid: *Einführung in die feministische Sprachwissenschaft.* Berlin 1995.

Sancier-Chateau, Anne: *Introduction à la langue du XVIIe siècle*, 1. Vocabulaire, 2. Syntaxe. Paris 1993.

Sarfati, Georges-Élia: *Précis de pragmatique.* Paris 2005.

Saussure, Ferdinand de: *Cours de linguistique générale.* 5. Auflage, Paris 1969 (= publié par Charles Bally et Albert Sechehaye avec la collaboration de Albert Riedlinger).

Schafroth, Elmar: »Die französische Standardsprache in Quebec«. In: Reutner, Ursula (Hg.): *400 Jahre Quebec: Kulturkontakte zwischen Konfrontation und Kooperation.* Heidelberg 2009, S. 45–72.

Schapira, Charlotte: »La féminisation des noms de métiers dix ans après«. In: Shyldkrot, Hava/Kupferman, Lucien (Hg.): *Tendances récentes en linguistique française et générale.* Amsterdam, Philadelphia 1995, S. 383–390.

Schemann, Hans/Raymond, Alain: *Idiomatik Deutsch-Französisch. Dictionnaire Idiomatique Allemand-Français.* Stuttgart, Dresden 1994.

Schlieben-Lange, Brigitte: »Frauen – eine Haupt-›Störvariable‹ der Variationsforschung?«. In: Bandhauer, Wolfgang/Tanzmeister, Robert (Hg.): *Romanistik international. Festschrift für Wolfgang Pollak.* Wien 1980, S. 481–494.

Schlieben-Lange, Brigitte: *Soziolinguistik. Eine Einführung.* 3. Auflage, Stuttgart etc. 1991.

Schlobinski, Peter: *Empirische Sprachwissenschaft.* Opladen 1996.

Schmitt, Christian: »Frankophonie I. Der Begriff der Frankophonie«. In: Holtus, Günter et al. (Hg.): *Lexikon der Romanistischen Linguistik*, Band V,1: Französisch. Tübingen 1990, S. 686–703.

Schmitt, Christian: »Sondersprachen«. In: Holtus, Günter et al. (Hg.): *Lexikon der Romanistischen Linguistik*, Band V,1: Französisch. Tübingen 1990, S. 283–307.

Schpak-Dolt, Nikolaus: *Einführung in die französische Morphologie.* 3. Auflage, Tübingen 2010 (= Romanistische Arbeitshefte 36).

Schroeder, Christoph: »Pidgin- und Kreolsprachen: Eine Forschungsübersicht«. In: *Papiere zur Linguistik*, 43, 1990, S. 127–157.

Schroeder, Klaus-Henning: *Geschichte der französischen Sprache im Überblick.* Bonn 1996.

Schuchardt, Hugo: »Die Lingua Franca«. In: *Zeitschrift für romanische Philologie*, 33, 1909, S. 441–61.

Schwarz, Monika/Chur, Jeannette: *Semantik. Ein Arbeitsbuch.* 4. Auflage, Tübingen 2001.

Schwarze, Christoph: *Lexikalisch-funktionale Grammatik. Eine Einführung in 10 Lektionen mit französischen Beispielen.* Universität Konstanz 1996.

Schwarze, Christoph: *Introduction à la sémantique lexicale.* Tübingen 2001.

Schwarze, Christoph/Lahiri, Aditi: *Einführung in die französische Phonologie.* Konstanz 1998 (= Fachbereich Sprachwissenschaft, Arbeitspapier Nr. 88).

Searle, John R.: *Speech Acts.* Cambridge 1969.

Searle, John R.: *Expression and Meaning.* Cambridge 1979.

Seguin, Jean-Pierre: *La langue française au XVIIIe siècle.* Paris 1972.

Seguin, Jean-Pierre: *L'invention de la phrase au XVIIIe siècle.* Louvain, Paris 1993.

Selig, Maria: *La naissance des langues romanes.* Avignon 2008.

Sémantique = Où en est la sémantique? Paris 1989 (= La Linguistique, Vol. 25, Fasc. 1).

Siepmann, Dirk: »Eigenschaften und Formen lexikalischer Kollokationen: wider ein zu enges Verständnis«. In: *Zeitschrift für französische Sprache und Literatur*, 112, 2002, S. 240–263.

Silberztein, Max: *Dictionnaires électroniques et analyse automatique de textes: le système INTEX.* Paris 1993.

Sinclair, John: *Corpus, concordance, collocation.* Oxford 1991.

Sokol, Monika: *Französische Sprachwissenschaft. Eine Einführung mit thematischem Reader.* 2. Auflage, Tübingen 2007.

Söll, Ludwig: *Gesprochenes und geschriebenes Französisch.* 3. Auflage, Berlin 1985 (= bearbeitet von Franz Josef Hausmann).

Sommant, Micheline: *Les épreuves des championnats d'orthographe. Les tests et les dictées commentés et corrigés.* 2. Auflage, Paris 1992.

Soutet, Olivier: *Linguistique.* Paris 1995.

Squartini, Mario/Bertinetto, Pier Marco: »The Simple and Compound Past in Romance Languages«. In: Dahl, Östen (Hg.): *Tense and Aspect in the Languages of Europe.* Berlin 2000, S. 403–439.

Stammerjohann, Harro: *Französisch für Lehrer. Linguistische Daten für Studium und Unterricht.* München 1983.

Stefenelli, Arnulf: *Geschichte des französischen Kernwortschatzes.* Berlin 1981.

Stefenelli, Arnulf: »Die lateinische Basis der romanischen Sprachen«. In: Ernst, Gerhard/Gleßgen, Martin-Dietrich/Schmitt, Christian/Schweickard, Wolfgang (Hg.): *Romanische Sprachgeschichte. Ein internationales Handbuch zur Geschichte der romanischen Sprachen und ihrer Erforschung, Teilband I.* Berlin, New York 2003, S. 530–544 (= Handbücher zur Sprach- und Kommunikationswissenschaft).

Stein, Achim: »Das Französische als internationale Verkehrssprache«. In: Kolboom, Ingo/ Kotschi, Thomas/Reichel, Edward (Hg.): *Handbuch Französisch. Studium – Lehre – Praxis.* Berlin, 2. Auflage 2008, S. 141–148.

Stein, Achim/Schmid, Helmut: »Étiquetage morphologique de textes français avec un arbre de décisions«. In: *Traitement automatique des langues*, Volume 36, Numéro 1–2: Traitements probabilistes et corpus, 1995, S. 23–35.

Stein, Peter: *Kreolisch und Französisch.* Tübingen 1984 (= Romanistische Arbeitshefte; 25).

Stein, Peter (Hg.): *Frankophone Sprachvarietäten.* Tübingen 2000.

Storz, Friederike: Abkürzungen und Wortbildungsmuster der französischen Jugendsprache am Beispiel des Jugendmagazins ›20 ANS‹, unveröffentl. Magisterarbeit, Universität Stuttgart 1997.

Swiggers, Pierre: *Les conceptions linguistiques des encyclopédistes.* Heidelberg 1984.

Tagliavini, Carlo: *Einführung in die romanische Philologie.* Tübingen 1998 (= UTB).

Tellier, Christine: *Éléments de syntaxe du français. Méthodes d'analyse en grammaire générative.* 2. Auflage, Montréal 2003.

Tesnière, Lucien: *Éléments de syntaxe structurale.* 2. Auflage, Paris 1965.

Thésaurus Larousse = *Thésaurus Larousse. Des idées aux mots, des mots aux idées.* 2. Auflage, Paris 1992.

Thiele, Johannes: *Wortbildung der französischen Gegenwartssprache.* 3. Auflage, Leipzig 1993.

TLF = *Trésor de la Langue Française. Dictionnaire de la langue du XIXe et du XXe siècle (1789–1960).* Paris 1971ff.

Tobler, Adolf/Lommatzsch, Erhard: *Altfranzösisches Wörterbuch.* Berlin u.a. 1925ff.

Touratier, Christian: *La sémantique.* Paris 2000.

Trabant, Jürgen (Hg.): *Die Herausforderung durch die fremde Sprache. Das Beispiel der Verteidigung des Französischen.* Berlin 1995.

Trier, Jost: *Der deutsche Wortschatz im Sinnbezirk des Verstandes. Die Geschichte eines sprachlichen Feldes.* Heidelberg 1931.

Trips, Carola/Stein, Achim: »Was Old French ›-able‹ borrowable? A diachronic study of word-formation processes due to language contact«. In: Dossena, Marina/Dury, Richard/Gotti, Maurizio (Hg.): *English Historical Linguistics. Volume 2: Lexical and Semantic Change.* Amsterdam 2008, S. 217–239 (= Current Issues in Linguistic Theory 296).

Truchot, Claude: »Le français langue véhiculaire en Europe«. In: Ammon, Ulrich (Hg.): *Verkehrssprachen in Europa - außer Englisch.* Tübingen 2001, S. 18–31 (= sociolinguistica. Internationales Jahrbuch für Europäische Soziolinguistik; 15).

Ullmann, Stephen: *Précis de sémantique française.* 5. Auflage, Bern 1975.

Valdman, Albert (Hg.): *La créolisation: à chacun sa vérité.* Paris 2002 (= Études créoles, vol. 25, no. 1).

Van den Eynde, Karel/Mertens, Piet: *Dicovalence. Dictionnaire de valence des verbes français.* http://bach.arts.kuleuven.be/dicovalence/ 2010.

Vandeloise, Claude (Hg.): *Langues et cognition.* Paris 2003.

Vater, Heinz: *Einführung in die Textlinguistik. Struktur, Thema und Referenz in Texten.* 3. Auflage, München 2001 (= UTB 1660).

Vater, Heinz: *Einführung in die Sprachwissenschaft.* 4. Auflage, München 2002 (= UTB 1799).

Verdelhan-Bourgade, Michèle: »Communiquer en français contemporain: ›Quelque part ça m'interpelle‹, phénomènes syntaxiques en français branché«. In: *La linguistique*, 26, 1990, S. 53–69.

Vogler, Bernard: *Histoire culturelle d'Alsace.* Strasbourg 1994.

Walter, Henriette: *L'aventure des mots français venus d'ailleurs.* Paris 1997.

Walter, Henriette/Walter, Gérard: *Dictionnaire des mots d'origine étrangère.* Paris 1999.

Wandruszka, Mario: *Wörter und Wortfelder.* Tübingen 1970.

Literaturverzeichnis

Ward, Gregory L.: *The semantics and pragmatics of preposing.* PhD Thesis 1985.
Wartburg, Walther von: *Französisches Etymologisches Wörterbuch. Eine Darstellung des galloromanischen Sprachschatzes.* Basel 1928ff.
Wartburg, Walther von: *Évolution et structure de la langue française.* 12. Auflage, Tübingen 1993.
Weber, Heinz J.: *Dependenzgrammatik. Ein Arbeitsbuch.* 2. Auflage, Tübingen 1997.
Wehrli, Éric: *L'analyse syntaxique des langues naturelles: problèmes et méthodes.* Paris 1997.
Weidenbusch, Waltraud: *Funktionen der Präfigierung: präpositionale Elemente in der Wortbildung des Französischen.* Tübingen 1993 (= Zeitschrift für Romanische Philologie, Beiheft 247).
Weinreich, Uriel: »Structural Dialectology«. In: *Word*, 10, 1954, S. 388–400.
Weinrich, Harald: »Ist das Französische eine analytische oder synthetische Sprache?«. In: *Lebende Sprachen*, 8, 1962, S. 52–55.
Welke, Klaus: *Einführung in die Satzanalyse: die Bestimmung der Satzglieder im Deutschen.* Berlin 2007 (= DeGruyter-Studienbuch).
Werlich, Egon: *Typologie der Texte.* Heidelberg 1975 (= UTB 450).
Winkelmann, Otto: »Sprachnormierung und Standardsprache«. In: Holtus, Günter et al. (Hg.): *Lexikon der Romanistischen Linguistik*, Band V,1: Französisch. Tübingen 1990, S. 334–353.
Winkelmann, Otto (Hg.): *Stand und Perspektiven der romanischen Sprachgeographie.* Wilhelmsfeld 1993.
Wolf, Heinz-Jürgen: *Französische Sprachgeschichte.* Heidelberg 1979 (= UTB 823).
Wolf, Lothar: *Texte und Dokumente zur französischen Sprachgeschichte: 17. Jahrhundert.* Tübingen 1972.
Wunderli, Peter: *Französische Lexikologie: Einführung in die Theorie und Geschichte des französischen Wortschatzes.* Tübingen 1989.
Wunderli, Peter: »Intonationsforschung und Prosodie«. In: Holtus, Günter et al. (Hg.): *Lexikon der Romanistischen Linguistik*, Band V,1: Französisch. Tübingen 1990, S. 34–46.

Yaguello, Marina: *Les mots et les femmes.* Paris 2002.
Yaguello, Marina (Hg.): *Le grand livre de la langue française.* Paris 2003.

Zang Zang, Paul: *Le français en Afrique. Norme, tendances, dialectisation.* München 1998.
Zemmour, David: *Initiation à la linguistique.* Paris 2008.
Zink, Gaston: *Le moyen français (XIVe et XVe siècles).* Paris 1990 (= Que sais-je? 1086).
Zock, Michael/Sabah, Gérard: »La génération automatique de textes: trente ans déjà, ou presque«. In: *Langue française*, no. spécial sur la génération, dirigé par J. Anis, 1992.

12.2 | Personenregister

Personenregister

12.3 | Sachregister Deutsch-Französisch

Sachregister
Deutsch-
Französisch

12.4 | Index des termes français-allemand

déictique: *deiktisch*, 93
dénotation: *Denotation*, 131
dépendance: *Dependenz*, 46
dérivation: *Derivation*, 36, 176
dérivé: *Derivat*, 37
descriptif: *deskriptiv*, 9, 96
descriptivisme: *Deskriptivität*, 12
désignation: *Bezeichnung*, 71
détachement, segmentation: *Segmentie-rung*, 64, 95
dévaluation: *Abwertung*, 130
déverbal: *deverbal*, 38
diachronie: *Diachronie*, 99
diachronique: *diachron*, 9
dialecte: *Dialekt*, 153, 157
diastratique: *diastratisch*, 149
diasystème: *Diasystem*, 149
diatopique: *diatopisch*, 146, 149
dichotomies saussuriennes: *Dichotomien, Saussuresche*, 9
dictionnaire à alphabet droit: *glattalpha-betisch (Wörterbuch)*, 139
dictionnaire à niches: *nischenalphabetisch (Wörterbuch)*, 139
dictionnaire à nids: *nestalphabetisch (Wörterbuch)*, 139
dictionnaire bilingue: *Wörterbuch, zweisprachiges*, 144
dictionnaire de définitions: *Definitions-wörterbuch*, 143
dictionnaire de prononciation: *Aussprachewörterbuch*, 145
dictionnaire d'époque: *Epochenwörter-buch*, 144
dictionnaire des constructions: *Konstruktionswörterbuch*, 145
dictionnaire des fréquences: *Frequenzwör-terbuch*, 147
dictionnaire des synonymes: *Synonym-wörterbuch*, 146
dictionnaire des valences: *Valenzwörter-buch*, 145
dictionnaire électronique: *Wörterbuch, elektronisches*, 143
dictionnaire encyclopédique: *Lexikon*, 138
dictionnaire encyclopédique: *Sachwörter-buch*, 138
dictionnaire étymologique: *Wörterbuch, etymologisches*, 144
dictionnaire: *Wörterbuch*, 138
diglossie: *Diglossie*, 170, 174
diminutif: *Diminutiv*, 38
diphtongue: *Diphthong*, 108
distribution complémentaire: *komplemen-tär distribuiert*, 25, 30

distribution: *Distribution*, 25, 45, 62, 137, 195
distributionalisme: *Distributionalismus*, 8
dominance: *Dominanz*, 52
dominer: *dominieren*, 52
doublet: *Dublette*, 75, 133
duratif: *durativ*, 136
durée: *Dauer*, 23
dynamisme communicatif: *kommunikati-ve Dynamik*, 94

économie linguistique: *Sprachökonomie*, 76, 100
écriture gothique: *Schrift, gotische*, 115
écriture: *Schrift*, 9, 115
écroulement des quantités: *Quantitäten-kollaps*, 106
emprunt de luxe: *Luxusentlehnung*, 132
emprunt de nécessité: *Bedürfnisentleh-nung*, 132
emprunt direct: *Entlehnung, direkte*, 132
emprunt indirect: *Entlehnung, indirekte*, 132
emprunt sémantique: *Lehnbedeutung*, 132
emprunt: *Entlehnung*, 110, 132
encyclopédie: *Enzyklopädie*, 141
énoncé: *Äußerung*, 85
énonciation: *Äußerung*, 85
entrée: *Input*, 16, 54
éphithète: *Attribut*, 53
étiqueteur: *Tagger*, 195
étymologie populaire: *Volksetymologie*, 128
étymologie: *Etymologie*, 127
étymon: *Etymon*, 116, 127
euphémisme: *Euphemismus*, 130
explicatif: *explikativ*, 96
expression figée: *nicht-freie Verbindung*, 78
expression idiomatique: *Idiom*, 78, 122, 146
expressions déictiques: *Deiktika*, 93
extension de sens: *Bedeutungserweite-rung*, 131
extension du radical: *Stammerweiterung*, 31, 35
extension: *Extension*, 72, 78, 131
extraposition: *Extraposition*, 64

factif: *faktiv*, 89
figement: *Fixiertheit*, 78, 79, 122
flamand: *Flämisch*, 157
flexion: *Flexion*, 29, 34
flexion: *Formenlehre*, 29
fonction grammaticale: *Funktion, grammatische*, 62

Index des termes
français-allemand

morphème lexical, lexème: *Morphem, lexikalisches*, 31

morphème libre: *Morphem, freies*, 31

morphème lié: *Morphem, gebundenes*, 31

morphème portemanteau: *Portemanteaumorphem*, 32

morphème: *Morphem*, 29

morphogramme: *Morphogramm*, 28

morphologie: *Morphologie*, 29

mot composé spontané: *ad-hoc-Kompositum*, 39

mot composé syntagmatique: *syntagmatisches Kompositum*, 39, 138

mot composé: *Kompositum*, 38

mot hérité: *Erbwort*, 37

mot vedette, entrée: *Stichwort*, 138

mot: *Wort*, 29

motivation: *Motivation*, 128

motivé: *motiviert*, 9, 12, 32, 130

mot-valise: *Wortmischung*, 40, 177

mouvement de tête: *Kopfbewegung*, 57

mouvement wh: *WH-Bewegung*, 58

mouvement: *Bewegung*, 57

narratif: *narrativ*, 96

nasal: *nasal*, 20

nativisme: *Nativismus*, 15

néo-grammairiens: *Junggrammatiker*, 6, 99

néologie: *Neologie*, 36

néologisme: *Neologismus*, 36, 123

neurolinguistique: *Neurolinguistik*, 15

neutralisation: *Neutralisation*, 25, 35, 77, 187

niveau paradigmatique: *paradigmatische Ebene*, 9, 12, 67

niveau syntagmatique: *syntagmatische Ebene*, 9, 11, 67, 78

nom d'agent: *Nomen agentis*, 38

nombre: *Numerus*, 35

nominalisation prédicative: *prädikative Nominalisierung*, 38, 138

non marqué: *unmarkiert*, 77

non sporadique: *nicht-sporadisch*, 102

normatif: *normativ*, 12

norme descriptive: *Norm, deskriptive*, 149

norme d'usage: *Gebrauchsnorm*, 149, 184

norme prescriptive: *Norm, präskriptive*, 149, 184

norme situative: *Norm, Situations-*, 149

norme statistique: *Norm, statistische*, 149

norme: *Norm*, 12, 149, 184

nœud sœur: *Schwesterknoten*, 52

nœud: *Knoten*, 82

objet direct: *Objekt, direktes*, 62

objet indirect: *Objekt, indirektes*, 62

objet prépositionnel: *Präpositionalobjekt*, 62

objet: *Objekt*, 45, 48, 50, 52, 54, 62

occitan: *Okzitanisch*, 105, 154, 156

occlusive: *Okklusiv*, 22, 194

occlusive: *Verschlusslaut*, 22

onomasiologie: *Onomasiologie*, 69

onomasiologique: *onomasiologisch*, 69, 146

onomatopées: *Onomatopoetika*, 12

ontologie: *Ontologie*, 135

opposition contradictoire: *kontradiktorische Opposition*, 77

opposition converse: *konverse Opposition*, 77

opposition directionnelle: *direktionale Opposition*, 77

opposition équipollente: *äquipollente Opposition*, 77

opposition graduelle: *graduelle Opposition*, 77

opposition inclusive: *inklusive Opposition*, 77

opposition scalaire: *skalare Opposition*, 77

opposition: *Opposition*, 10, 70

oral: *oral*, 20

orthographe analogue: *analoge Schreibung*, 108

orthographe étymologique: *etymologische Schreibung*, 116

orthographe: *Orthographie*, 26

orthographe: *Schreibung*, 26, 109, 115

oxytons: *Oxytona*, 108

paire attribut-valeur: *Attribut-Wert-Paar*, 60

paire minimale: *Minimalpaar*, 24

palatal: *palatal*, 22

paradigme flexionnel: *Paradigma, Flexions-*, 35

paradigme: *Paradigma*, 12, 67, 94

paramètre du sujet vide: *Null-Subjekt-Parameter*, 103

paramètre V2: *V2-Parameter*, 103

paramètre V2: *Verbzweit-Parameter*, 103

paramètre: *Parameter*, 54

parasynthèse: *Parasynthese*, 38

parler: *Parler*, 157

parseur, analyseur syntaxique: *Parser*, 196

partie de discours: *Wortart*, 36, 38, 44

patient: *Patiens*, 48

péjoratif: *pejorativ*, 71

performatif: *performativ*, 86, 87

Französische Kultur im Spiegel der Literatur